學貫大成

百〇七歲叟

馬識途

国学经典

中华上下五千年

张婷婷　编著

第三卷

民主与建设出版社
·北京·

班固修《汉书》

　　光武帝建立东汉王朝以后，想把西汉这段历史整理编纂出来，以便于后人总结历史经验教训，少犯错误，就招请当时最有名的大学问家班彪担此重任。班彪接受任命以后，夜以继日地干了起来。编写史书是件十分辛苦的工作，班彪到临死的时候也未能把这部史书编写出来。班彪有两个儿子、一个女儿，在他的培养教育下，都聪明好学。大儿子班固，性情敦厚，自小跟随父亲，学问最好；小儿子班超，自小志向远大，兴趣广泛，练武习文，文武双全；女儿班昭也十分聪颖好学。

　　班彪死后，汉明帝便叫班固接替他父亲班彪的工作，继续编纂《汉书》这部史书。班固打算完成父亲的夙愿，于是开始了漫长的创作过程。

　　明帝永平五年，班彪去世已11年，班固写了很多的史作，不料被人诬告私改国史，明帝马上下令逮捕他，把他关入洛阳监狱。

　　官吏将查抄的手稿交给明帝后，明帝亲自阅读，很快就被班固的文章吸引住了，觉得写得很好，观点正确，并没有私改国史，许多地方是在唱汉朝的颂歌，明帝对此颇为赞叹。正好在这时，班固的弟弟班超托人奏疏，替兄申冤，是想要表明班固只是编写史书，并无异心。明帝只觉班家的人都很有意思，于是就召见了班超，与他谈论。班超举止大方，措辞得当，讲话有条有理，令明帝很意外。

　　事后不久，明帝又召见了班固，他发现这个人气度不凡，很有才能，看待问题的见解很独特，善于思考，不仅赦他无罪，还让他当了兰台令史。后来又提升为典校秘书郎。从此，班固就在后汉宫廷藏书处潜心研究，阅查大量的图书资料，准备继续写作史著。

当时有一件事情在朝中争论得很激烈，有些老臣要求迁都长安，而许多官员不同意，就这样形成两派，他们相互攻击。班固反对迁都，以避免费资及动乱，还写了《两都赋》这篇文章，显示了他的看法和立场。明帝看后，坚定决心，没有迁都。

《两都赋》写得的确不同凡响，班固因此声名大振，明帝对他愈加亲信。班固经常到后宫去陪明帝读书，明帝出去巡狩，也让他跟随，凡有重大问题，班固可参加与公卿的辩论。同年，班固升为玄武司马。不久，明帝驾崩，章帝继位，班固继续一心一意写《汉书》。

这一写就是二十余年，班固以他卓越的才华，精心创作，完成了《汉书》的大部分稿件和章节提纲，包括汉高祖刘邦起兵至王莽新朝覆灭一共230年的历史事件。

当时的汉朝大将窦宪也非常欣赏班固，相当器重他。和帝登基不久，汉朝与北匈奴发生战事，窦宪因刘畅之案，弄得十分被动，但他是个精明强干的人，便抓住时机，要求出征。走时，他召班固到军营中，班固由于母亲去世还穿着丧服。窦宪封他做中护军，即参谋之职，参与讨论作战。班固答应了。后来，窦宪获胜，班固在燕然山为他刻石碑记录功绩，碑文这样写道："陵高阙，下鸡鹿，经碛（qì）卤，绝大汉"，又写道："骁骑三万，元戎轻武"。充分赞扬汉军的英勇无畏及窦宪的战斗作风。

又过了不久，班固受窦宪的牵连入狱，受到严酷拷打。班家人想方设法救班固出狱，没能成功，班固也没有写完《汉书》。永平四年，一代历史学家班固在洛阳监狱中去世了，成为统治阶级内部斗争的牺牲品，终年61岁。

班固去世了，而《汉书》尚未完成，和帝觉得这是汉朝政府的重大损失，他阅读完班固的遗稿，觉得分外惋惜。"你认为何人能续完《汉书》？"和帝征求宦官郑众的意见。郑众因在平定窦氏兄弟叛乱的过程中立有大功，被拜为皇宫近侍，经常与皇帝讨论政务，和帝也非常信任他。"我自去调查，请陛下放心。"郑众立即着手办理这件事。几日后，他拿着一道奏折来找和帝，说："有人奏道，扶风曹寿妻叫班昭，是班固的妹妹，此女深受班彪与班固影响，知书达理，才学深厚，喜善文章，尤偏史作，定可完成班固的《汉书》，陛下认为如何？""很好，她十分合适，速召班昭入宫，到宫中以尽班固未尽之功。"和帝点头道。

于是班昭来到洛阳，进宫续书，那时她已经四十多岁了。班昭在家排行最小，当年班彪特别疼爱她，精心指导她读书。班昭受传统教育思想很深，14岁嫁给曹寿为妻，婚后仍旧刻苦学习，勤练文笔。曹寿没活多少年，早早地便去世了，班昭一直守寡，再没嫁人。她进宫后住在东观，潜心研究汉史。

班固留下的手稿未经过任何修改，全是草稿。写得很乱，那时还没有发明纸张，汉字是一个一个刻到木简上的，班昭十分细致地阅读、修改、续写，每晚都工作到深夜，辛苦极了。由于不是原作者，所以遇到的困难也很多，需要查阅大量资料，所以班昭不得不终日泡在书堆里。班昭的字写得很漂亮，班固计划写的《八表》和《天文志》没能动笔，班昭将《八表》工工整整写在绢上，读起来令人赏心悦目。

经过几年坚持不懈的努力，班昭终于完成兄长的遗稿，使

《汉书》成为一部完整的史学著作，和帝看后很满意，便下令传抄，收藏在东观与兰台等处。《汉书》是我国继伟大历史著作《史记》之后的一部断代体巨著，而《史记》是一部通史，它与《史记》的不同之处正是这一点。

《汉书》在内容含量和史学价值上之所以没能超过《史记》，是因为它只写到了前汉一个朝代230年的历史事件，除断代体（事件介绍得很详细，但时间跨度短且不连续地记载朝代历史）写法外，无其余的新创造。它采用了《史记》的笔法，又增加许多有关刑法、地理、文艺等篇章，对后世研究有相当大的帮助。然而班氏父子兄弟都生活在儒学推广的时代，他们以儒家的观点来从事历史著作的创作，这就不免使得《汉书》在历史进步性上逊色于《史记》。

王充著《论衡》

王充（27—97），字仲任，浙江上虞人，是东汉前期杰出的唯物主义思想家和文学理论家。王充的祖籍本是魏郡元城（今河北大名），先祖因立军功受封于会稽阳亭，但只过了一年就失去了爵位。随后就在当地安家，以农桑为业。王充的家庭非常重义气，好行侠。他的祖先因为要避开仇敌，迁到了钱塘，后来就弃农经商。王充的父亲与伯父因为与豪族结怨，最后迁居到上虞。王充6岁开始学习读书写字，8岁到书馆学习，从小品学兼优。

15岁的时候，他到京师洛阳的太学深造，并拜当时著名的儒学大师班彪为师。在求学的过程中，他饱读经书，并以怀疑、批判的态度对待已有的规则，在这一点上，他站到了同时代读书人的前列。

王充离开洛阳后，做过州郡佐吏，但因为人刚直不阿，得罪权贵，被罢职回家。回到故乡，王充一边教书，一边著书立说。他一生共写过四部书：痛恨俗情而写《讥俗节义》，忧心朝政而写《政务》，反谶纬（古代中国官方的儒家神学，谶书和纬书的合称。谶，chèn）而写《论衡》，晚年写《养性》。除了《论衡》，其他三本均已失传。

《论衡》历时30年而成，今存85篇，其中《招致》一卷，有录无书，所以实存84篇，共计二十多万字。它是我国古代思想史上一部具有划时代意义的著作，也是我国古代科学史上极其重要的典籍。

《论衡》的主要思想就是"疾虚妄"。王充曾说过："伤伪书俗文，多不诚实，故为《论衡》之书"，"是故《论衡》之造也，起众书并失实，虚妄之言胜真美也。"他反对"虚妄"的东西，利用广博的科学知识和逻辑推理，大胆指出典籍中非科学的谬误。为此，他敢于向儒家权威和经典发难。

《论衡》在具体分析客观现象时，运用科学的分析和逻辑论述，把无神论思想和朴素辩证法提升到了新的高度。王充对鬼神之说进行了有力的反驳。他指出："人之所以生，精气也，死而精气灭。能为精气者，血脉也，人死血脉竭，竭而精气灭""形体朽，朽而成灰，何用为鬼？"这简直就是对人们迷信鬼神的辛辣反问。这种唯物主义见解，在当时是石破天惊的。

《论衡》对云雨的产生机制、雷电以及潮汐等自然界的客观现象都做了合乎科学的可贵见解，否定了自然现象与神力迷信的联系。王充以科学知识为重要武器，坚持唯物主义思想，矛头直指谶纬之学、天人感应等传统迷信，同当时盛行的正统思想进行了不屈不挠的较量，影响十分深远。

《论衡》是唯物主义思想同谶纬之学、天人感应等神学思想坚决斗争的产物，它的诞生反映出人们坚持科学、探索自然的强大呼声，在中国哲学史上占有重要地位。该书追求真知，反对迷信。它对先秦各家的思想，如儒、墨、道、法，进行了批判的继承，把中国古代唯物主义哲学推进到一个新的高度。《论衡》极具战斗性的唯物主义无神论思想，成为后来中国无神论的重要理论营养，并为后世科技的健康发展提供了有力武器。

数学名著《九章算术》

从春秋战国到西汉中期的数百年间，社会变革和生产发展，给数学提出了不少急需解决的测量和计算的问题，比如实行按田亩多寡"履亩而税"的政策，就需要测量和计算各种形状的土地面积；合理地摊派税收，就需要进行各种按比例分配和摊派的计算；启动大规模的水利工程、土木工程，就需要计算各种形状的体积以及考虑合理地使用人力、物力；等等。《九章算术》正是由各类问题中，选出 246 个例题，并按解题的方法与应用对象分为 9 大类，编纂而成。

《九章》的前身名"九数"，在战国前，已有了后来的基本形式结构，将它作为贵族子弟的课程之一。汉代产生了重差、夕桀、勾股等算学新法，并把它并入九章相类或相近的篇章中去，使它仍具"九数"的形式。约到东汉建武末（50）至永元（100）年间，定名为《九章算术》，并最终使其定型。

《九章算术》的内容分章表述：

第一章，方田。是讲田亩面积的计算。包括正方形、矩形、三角形、梯形、圆形、环形、弓形、截球体表面积的计算，还有对分数的系统叙述，并给出约分、通分、四则运算、求最大公约数等运算法则。

第二章，粟米。讲比例，特别是按比例互相交换谷物的问题。

第三章，衰分。讲依等级分配物资或按等级摊派税收的比例分配问题。

第四章，少广。讲由已知面积和体积，反求一边之长，用的是开平方和开立方的方法。

第五章，商功。讲各种工程，即城、垣、沟、堑、渠、仓、窖、窑等的体积计算，还有按季节、劳力、土质的不同来计算巨大工程所需土方和人工安排等问题。

第六章，均输。计算如何按人口多少、物价高低、路途远近等条件，合理摊派税收和派出民工等问题，还包括复比例、连比例等比较复杂的比例分配问题。

第七章，盈不足。其中大多是对如下一类题目的求解方法，如"有若干人共买东西，每人出八就多三，每人出七就少四，问人数和物价各多少？"因为这类问题一般都有两次假设，故在其他国家的一些中世纪著作中称为"双设法"。

第八章，方程。即一次联立方程的计算。一个方程摆一个竖行，方程组中有几个方程就摆几行，是筹算位置制的一次新发展。其中还引入了负数，并给出了正负数的加减运算法则。

第九章，勾股。即运用勾股定理测量计算高、深、广、远的问题。

《九章算术》总结概括了前人在算术方面的知识，发明了一套在当时世界堪称精湛的算法，帮助人们解决实际遇到的各种计算问题。以后，它一直是人们学习数学的主要教科书，并影响了后来中国数学著作的撰写。后世许多著名的数学家也曾对它做过不同程度的注释工作，从中又引出新的数学概念和方法。

张衡与天文学研究

汉章帝在位时期，东汉的政治比较稳定。到汉章帝一死，继承皇位的汉和帝才 10 岁，窦太后临朝执政，让她的哥哥窦宪掌握了朝政大权，东汉王朝就开始走下坡路了。

在这个时期，出了一位著名的科学家张衡。

张衡是南阳人。17 岁那年，他离开家乡，先后到了长安和洛阳，在太学里用功读书。当时洛阳和长安都是很繁华的城市，城里的王公贵族过的是骄奢淫逸的生活。张衡对这些都看不惯。他写了两篇文学作品《西京赋》和《东京赋》(西京就是长安，东京就是洛阳)，讽刺这种现象。据说他为了写这两篇作品，经过深思熟虑，反复修改，前后一共花了十年工夫，可见他研究学问的精神是很认真严肃的。

但是张衡的特长并不是文学，他特别爱好数学和天文研究。朝廷听说张衡是个有学问的人，便召他到京里做官。先是在宫里做郎中，后来，担任了太史令，叫他负责观察天文。这项工作正好符合他的研究兴趣。

经过他的观察研究，他断定地球是圆的，月亮是借太阳的照射才反射出光来。他还认为天好像鸡蛋壳，包在地的外面；地好像鸡蛋黄，在天的中间。这种学说虽然不完全精确，但在一千八百多年以前，能说出这种科学的见解来，不能不使后来的天文学家钦佩。

不光是这样，张衡还用铜制造了一种测量天文的仪器，叫作"浑天仪"，上面刻着日月星辰等天文现象。他设法利用水力来转动这种仪器。据说什么星从东方升起来，什么星从西方落下去，都能在浑天仪上看得很清楚。

那个时期，经常发生地震。有时候一年一次，有时一年两次。发生一次大地震，就影响到好几十个郡，城墙、房屋发生倒塌，还死伤了许多人畜。

当时的封建帝王和一般人都把地震看作是不吉利的征兆，有的还趁机宣传迷信、欺骗人民。

但是，张衡却不信神，不信邪，他对记录下来的地震现象经过细心的考察和试验，发明了一个测报地震的仪器，叫作"地动仪"。

地动仪是用青铜制造的，形状有点像一个酒坛，四围刻铸着八条龙，龙头向八个方向伸着。每条龙的嘴里含了一颗小铜球，龙头下面，蹲了一个铜制的蛤蟆，对准龙嘴张着嘴。哪个方向发生了地震，朝着那个方向的龙嘴就会自动张开来，把铜球吐出。铜球掉在蛤蟆的嘴里，发出响亮的声音，就给人发出地震的警报。

138 年二月的一天，张衡的地动仪正对西方的龙嘴突然张开来，吐出了铜球。按照张衡的设计，这就是报告西部发生了地震。

可是，那一天洛阳一点也没有地震的迹象，也没有听说附近有哪儿发生了地震。因此，大伙儿议论纷纷，都说张衡的地动仪是骗人的玩意儿，甚至有人说他有意造谣生事。

过了几天，有人骑着快马来向朝廷报告，离洛阳一千多里的金城、陇西一带发生了大地震，有的地方连山都崩塌下来了。大伙儿这才信服。

可是在那个时候，朝廷掌权的全是宦官或是外戚，像张衡这样有才能的人不但不被重用，反而受到打击和排挤。张衡做侍中的时候，因为与皇帝接近，宦官怕张衡在皇帝面前揭他们的短，就在皇帝面前讲了张衡很多坏话。所以后来张衡被调出了京城，到河间去当国相。

张衡在 61 岁那年病死了。他在我国科学史上留下了光辉的业绩。

蔡侯纸

蔡伦（？—121），字敬仲，东汉桂阳人，完善了我国造纸术。蔡伦出身卑微，但很有才学。公元 75 年入宫为宦官，担任职位较低的小黄门，后来升为中常侍，掌管宫内杂事，参与机要大事的谋划，成了皇帝的亲信。他为人正直，敢于向皇帝坦率直谏，办事认真尽职，很受朝臣敬重。公元 97 年，升任尚方令，负责皇宫内的手工作坊，专门为皇帝制造剑和其他器物。他制造的剑非常好，成为后世造剑效法的榜样。

蔡伦平时注意观察各种社会现象，爱动脑筋，富于想象力和创造力，富于技术革新精神。在担任尚方令期间，他创造了新的植物纤维纸，对造纸术的改进和推广做出了卓越贡献。

我国大约在 3500 年以前的商朝，就有了比较完备的文字，当时的文字是刻在龟甲和兽骨上的，叫作甲骨文。到了春秋战国时期，用竹片和木片代替了龟甲和兽骨，称之为竹简和木简。"简"

同龟甲兽骨相比已经便利多了，但是仍然十分笨重。战国时，思想家惠施外出讲学，随身携带的书就装了五车，所以有"学富五车"的典故。这样多的简册，运输、存放都很麻烦，人们由此用"汗牛充栋"来形容。与此同时，人们又用缣（jiān）帛写字。缣帛是蚕丝的织造品，质地轻薄，便于书写，但是价格昂贵，来之不易。然而，后来由于缣帛的演化和发展，便产生了原始的纸。

公元 2 世纪初，蔡伦从制造丝织品的过程和前人造纸的经验里，受到很大启发，创造性地发明了用麻头、破布、树皮和旧渔网等做原料来进行造纸。

蔡伦的发明，使造纸原料多样化，又降低了纸的成本。利用树皮做原料，是近代木浆纸的雏形，为造纸业的发展开辟了广阔的途径。

蔡伦造纸的基本工序是：先把原料切碎，捣成浆状物，再经过蒸煮，除去杂质，然后在席上摊成薄片，放在阳光下晒干。用这种方法造出来的纸，表面细致、光滑，书写性能好，颜色洁白，长期保存也不会变黄。今天，手工造纸基本上被机器造纸所代替。造纸的基本工序并没有什么变化。

公元 105 年，蔡伦把他监造的第一批纸呈献给朝廷，受到汉和帝的称赞，从此他的造纸术得到广泛推广。这种纸张体轻价廉，深受人们欢迎。8 世纪阿拉伯人才开始用破布造纸；15 世纪，德国、意大利等国才掌握这种造纸技术。

蔡伦用简单的设备，从纺织品废料中制成植物纤维纸，是人类文化史上的一件大事。造纸术是我国古代科学技术"四大发明"之一。它不仅对我国科学文化的发展起了促进作用，也是我们中华民族对世界文明的伟大贡献。

蔡伦之后，我国历代造纸工人在蔡伦造纸技术的基础上，又不断改进和提高工艺，拓展原料的品种和来源，制成适应各种用途的纸张。我国的造纸术后来传到越南、朝鲜、日本及欧洲、美洲，对世界造纸业的发展起到了不可磨灭的作用。

张仲景在医学上的贡献

张仲景，东汉后期医学家。生于公元 150 年正月十八日，于公元 219 年溘（kè）然长逝，享年 69 岁。他出生于一个没落的官僚家庭。其父张宗汉曾在朝为官。由于家庭条件的特殊，他从小就接触了许多典籍。他从史书上看到了扁鹊望诊齐桓公的故事后，对扁鹊产生了敬佩之情，也为他后来成为一代名医奠定了基础。

他从小爱好医学，"博通群书，潜乐道术"。当他 10 岁时，就已读了许多书，特别是有关医学的书。他的同乡何颙（yóng）赏识他的才智和特长，曾经对他说："君用思精而韵不高，后将为良医"（《何颙别传》）。后来，张仲景果真成了良医，被人称为"医中之圣，方中之祖"。这固然和他"用思精"有关，但主要是他热爱医药专业，善于"勤求古训，博采众方"的结果。他年轻时曾跟同郡张伯祖学医，经过多年的刻苦钻研和临床实践，医名大振，成为中国医学史上一位杰出的医学家。

东汉末年，连年混战，"民弃农业"，都市田庄多成荒野，人民颠沛流离，饥寒困顿。各地连续暴发瘟疫，尤其是洛阳、南阳、会稽（绍兴）疫情严重。"家家有僵尸之痛，室室有号泣之哀"，张仲景的家族也不例外。对这种悲痛的惨景，张仲景触目心伤。据载自汉献帝建安元年（196）起，10 年内有 2/3 的人死于传染病，其中伤寒病占 70%。"感往昔之沦丧，伤横夭之莫救"（《伤寒论》自序），于是他发愤研究医学，立志做个能解脱人民疾苦的医生。当时，在他的宗族中有个人叫张伯祖，是个极有声望的医生。张仲景为了学习医学，就去拜他做老师。张伯祖见他聪明好学，又有刻苦钻研的精神，就把自己的医学知识和医术，毫无保留地传授给他，而张仲景竟尽得其传。何颙在《襄阳府志》一书中曾赞叹说："仲景之术，精于伯祖。"

《伤寒杂病论》序中有这样一段话："上以疗君亲之疾，下以救贫贱之厄，中以保生长全，以养其身"，表现了仲景作为医学大家的仁心仁德，后人尊称他为"医宗之圣"。

医学家华佗

华佗，是我国历史上一位著名的医学家，和曹操是同乡。华佗自小熟读经书，尤其精通医学，不管什么疑难杂症，到他手里，大都药到病除。当地官员和朝廷太尉听说了华佗的名声，征召他做官，华佗推辞不去。

华佗诊病极其准确。一次，有两个官员闹头疼发热，先后找华佗看病。经华佗问明病情，给一个开了泻药，给另一个开了发汗药。有人在旁边看华佗开药方，问他为什么病情相同，用药却不一样。华佗说："这种病表面看来一样，其实不同。前一个病在内部，该服泻药；后一个只是受了点风寒，所以让他发发汗就好了。"这两人回去服了药，果然病都好了。

还有个姓李的将军，请华佗给他妻子治病。华佗去了，一摸脉，说："这是怀孕的时候伤了身子，胎儿留在肚子里了。"李将军说："我妻子已经小产过，胎儿已经下来了。"华佗说："夫人原来怀的是双胞胎，一个先小产下来了，另一个仍然留在肚子里。"华佗给病人服了汤药，又给她扎针，果然产下一个死胎，不久病人就恢复健康了。

华佗不但能治内科，还擅长做手术。他配制了一种麻醉剂叫麻沸散。有个病人患肚痛病，痛得厉害，过了十多天，胡须眉毛全都脱落了下来。华佗一诊断，说："这是脾脏溃烂了，得赶快开腹治疗。"华佗让病人服了麻沸散，打开腹腔，把坏死的脾脏切除，再缝好创口，敷上药膏。过了四五天，创口愈合，一个月之后，病人就康复了。

历史书记载的有关华佗治病的传说还有很多，但是华佗无与伦比的医术却是真实的。

曹操一直患头风病。一紧张，头风病就发作，痛得受不了。他听说华佗的医术高明，就把华佗请来，华佗扎了几针，头痛就好了。曹操不肯放他走，把他留下来做了随从医官，好随时给他治病。

华佗行医是为了济世救人，造福更多的黎民百姓，当然不愿意只做一个人的医生。有一次，他借口回家探亲，顺便去取点药，曹操没有怀疑，让华佗走了。华佗回到家里，托人给曹操捎了一封信，说他妻子病得厉害，一时回不了许都。曹操一再催促，华佗还是拖着不去。曹操又命令郡县官吏去催，也碰了软钉子。这可惹恼了曹操，曹操派个使者到谯（qiáo）县去调查，并告诉使者，如果调查下来，华佗妻子确实有病，就送他四十斛小豆，听任华佗推迟假期；要是华佗谎言搪塞，就把华佗抓来。调查结果出来，华佗被抓走了。

曹操把华佗抓到许都，他认为华佗故意违抗他的命令，是大逆不道的行为，下令将华佗处死。

谋士荀彧（yù）认为这个处罚太重了，劝曹操从轻发落。曹操本来也是个爱惜人才的人，可是自从他打败袁绍后，就有点骄傲起来；再说，他正在气头上，哪肯听荀彧的劝阻，就下令把华佗杀了。

华佗被捕离开家乡的时候，随身还带着一部医书，这是他根据多年的行医经验写成的。他没想到得罪曹操竟会招来杀身大祸。他觉得让这部书湮没了太可惜，就在临刑前一天，把狱吏请来，对他说："请您把这部书好好保存，将来可以靠它来治病救人。"

狱吏胆小，怕接了这部书会受到牵连，所以说什么也不肯保管。

华佗十分失望，他叹了口气，向狱吏要来火种，在监狱里把书一把火烧毁了。

华佗死后，曹操的头风病就再也没有人能治好了。但是曹操并不肯承认自己做错了事，直到他的小儿子仓舒死了，他才懊丧万分。

华佗死后，他的几个学生继承他的事业，继续为百姓治病。可惜记载华佗经验的那部医书失传了。

佛教东传

有一次，汉明帝做了个梦，梦里看见有个金人，头顶上有一道白光，绕其飞行，忽然升到空中，往西去了。第二天，他把这个梦告诉大臣们，许多大臣说不出那个头顶发光的金人是谁。有个博士傅毅说："天竺有神名叫佛。陛下梦见的金人准是天竺的佛。"傅毅所说的天竺，是佛教创始人释迦牟尼出生的地方。释迦牟尼出生在公元前 565 年，原是个王子。传说他在 29 岁那年，抛弃了王族的舒适生活，出家修道。他创立了一个宗教，叫作佛教。

释迦牟尼到处宣传佛教的道理。他传教 40 多年，收了不少信徒，大家尊称他"佛陀"。他死了以后，他的弟子把他生前的学说记载下来，编成了经，这就是佛经。

傅毅的话，引起了汉明帝的好奇心。汉明帝就派蔡愔(yīn)和秦景两名官员到天竺去求佛经。蔡愔和秦景经过千山万水，终于到达天竺国。天竺人听说中国派使者来求佛经，都表示欢迎。天竺有两个沙门(梵语的音译，出家的佛教徒的总称)，一个叫报摩腾，一个叫竺法兰，向蔡愔和秦景传授佛经，使他们懂得了一些佛教道理。蔡愔和秦景就邀请报摩腾和竺法兰到中国来。

公元 67 年，蔡愔和秦景带着两个沙门，用白马驮着一尊佛像和四十二章佛经，经过西域，回到了洛阳。汉明帝并不懂佛经，也不清楚佛教道理，对前来送经的两位沙门倒是很尊敬。第二年他命令在洛阳城西面按照天竺式样，造一座佛寺，把送经的白马也供养在那儿，这座寺就叫白马寺。

汉明帝并不懂佛经，王公大臣也不相信佛教，到白马寺里去烧香的人不多。只有楚王刘英十分重视，专门派使者到洛阳，向两位沙门请教。两个沙门就画了一幅佛像，抄了一章佛经交给使者。使者带着佛像和经书回到楚王的封国，楚王刘英真的在宫里供起佛像来，早晚礼拜。楚王刘英是个有野心的人，他借着信佛的名义，结交一批方士，还用各种迷信的手法欺骗人。

公元70年，有人向汉明帝告发，说楚王刘英纠集党徒，自己设置官员，想要造反。汉明帝派人一调查，认为刘英确实有谋反的事，就把楚王的爵位革了，将他送到丹阳。刘英到了那儿，自己觉得罪行严重，就自杀了。汉明帝还派人专门查办跟刘英有往来的人。楚王刘英曾经把与他交往过的全国有名的人编在一本名册里。这个名册被搜查出来后，官府就按照名册将那些人一个个逮了来，受到牵连的人很多。这样折腾了一年多，逼死了不少人。

后来，有个大臣劝说汉明帝，认为被逮的大多是受冤屈的人。汉明帝亲自查问一下，果然发现洛阳监狱关着一千多无辜受连累的人。他下了一道诏书，把他们赦免了。汉明帝虽然派人求经取佛像，但他其实并不相信佛教，倒是提倡儒家学说的。他还亲自到太学去讲过经。据说去听讲的和观看的，竟有10万人之多。

从汉明帝开始，佛教进入中国并不断发展壮大，成为中国最大的教派之一。

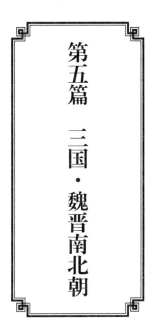

第五篇　三国·魏晋南北朝

〔三　国〕

何进袁绍诛宦官

经过黄巾军起义的冲击，东汉王朝本来就已经摇摇欲坠，到汉灵帝一死，外戚和宦官两个集团闹了一场大火并，更加速了它的崩溃。公元189年，年仅14岁的皇子刘辩即位，这就是汉少帝。按照惯例，由何太后临朝，外戚大将军何进掌权。宦官蹇硕，原是禁卫军头目，想谋杀何进，没有成功。何进掌权以后，把蹇硕抓起来杀了。何进手下有个中军校尉袁绍，是大士族的后代。他家祖上四代都做过三公一级的大官，许多朝廷和州郡的官员是袁家的门生或者部下，所以势力特别大。蹇硕被杀以后，袁绍劝何进把宦官势力彻底除掉，他说："以前窦武想消灭宦官，由于泄露了机密，反被宦官杀了。现在将军执掌兵权，应该替天下除害，可别错过了机会。"

何进不敢做主，去跟太后商量，何太后说什么也不答应。袁绍又替何进出谋划策，劝何进秘密召集各地兵马进京，迫使太后同意除掉宦官。何进觉得这是个好办法，于是决定召集各地的兵马来吓唬太后。

何进的主簿陈琳听了，连忙阻拦何进说："将军手里有的是兵马，要消灭几个宦官，还不像炉火上烧几根毛发那样容易？如果召集外兵进京城，这好比将权柄交给别人，不闹出乱子来才怪呢。"何进不听陈琳的劝告。他想各州人马中，数并州牧董卓兵力

505

雄厚，找他帮忙肯定错不了，于是就派人给董卓送了一封信，叫他迅速带兵进洛阳。这个消息很快就传到宦官耳朵里去了，几个宦官商量说："再不动手，咱们就全完了。"于是，他们在皇宫里埋伏了几十个武士，假传太后的命令，召何进进宫。

何进一进宫，就被宦官围住杀了。袁绍得知何进被杀，立刻派他弟弟袁术攻打皇宫。袁术干脆放了一把火，把皇宫的大门烧了。大批的兵士冲进宫里，不分青红皂白，见了宦官就杀。有的人不是宦官，只是因为没有胡须，也被认为是宦官误杀了。

经过这场火并，外戚和宦官两败俱伤。何进招来的董卓却带兵进了洛阳。董卓原本就是凉州的豪强，在凉州结交了一批羌族豪强，称霸一方。黄巾起义以后，他又靠镇压起义军，升到了并州牧的职位。他本来就有侵占中原的野心，这次趁何进征召的机会，急匆匆带着三千人马就赶来了。

董卓进了洛阳，就想掌握大权。可是人马太少，怕压不住洛阳的官兵。他就玩了个花招，在夜深人静时，让人马悄悄地开到城外去，到了第二天白天，再让那支人马大张旗鼓地开进来。这样接连几次进出，洛阳的人都闹不清董卓到底调来多少兵马。原来隶属何进的将士看到董卓势力大，也纷纷投靠董卓。这样一来，洛阳的兵权就全落到了董卓手里。

为了独揽大权，董卓决定废掉汉少帝，另立少帝的弟弟陈留王刘协为帝。他知道洛阳城里的士族官员，数袁家的势力大，就请袁绍来商量这件事，董卓说："我看陈留王比现在的皇帝强，我打算立他为帝，您看怎么样？"袁绍回答说："皇上年纪轻，刚刚即位，也没什么过失。您要废掉他，只怕天下人不服。"董卓碰了个钉子，气得瞪圆双眼，手按着剑把，威胁地说："大权在我手里。

我要这样做,谁敢反对?你以为我董卓的戟不够快吗?"袁绍也气红了脸,说:"天下的好汉难道只有你姓董的一个人!"一面说,一面拔出佩刀,走了出去。他怕董卓不会放过他,匆忙奔冀州去了。袁绍的弟弟袁术听到这个消息,也逃出洛阳,奔往南阳去了。

袁绍兄弟走了以后,董卓就召集文武百官,宣布废立的决定。刘协即了皇位,这就是汉献帝。董卓自己当了相国。

董卓原本就是个极其残忍的家伙,他担任相国之后,纵容兵士残杀无辜的百姓。有一次,洛阳附近的阳城举行庙会,百姓聚集在那里赶集。董卓派兵到那里,竟命人把集上的男子全都杀死,还把掳掠到的妇女和财物,用百姓的牛车装载着,耀武扬威地返回洛阳,一路上高呼万岁,说是打了大胜仗回来啦。

董卓倒行逆施,造成洛阳城一片混乱。一些有见识的官员纷纷离开洛阳,其中也包括洛阳的典军校尉曹操。

董卓洗劫洛阳城

公元 189 年,汉灵帝驾崩,大将军何进辅佐少帝刘辩即位。何进的势力日益扩大,宦官蹇硕等人看在眼里,急在心头,因为何进势力强大,对他们构成了威胁。经过一番策划,蹇硕与其他几个宦官制订了铲除何进的计划。没想到有人向何进告密,何进先下手除掉了蹇硕。蹇硕的几个同伙惊恐万分,纷纷求助于何进的妹妹何太后。何太后一向宠信宦官,便阻止了何进。

何进心中不服,但碍于自己势单力薄,只得暂时忍耐着。他私下里邀请各地兵马进京,想以此为筹码,要挟何太后同意自己铲除宦官。西凉军阀董卓素来野心勃勃,接到何进的邀请,喜出望外，他认为自己夺权的时机已经成熟，便停止围剿黄巾军，率大军直奔京城而来。进京途中，他们截获了少帝和陈留王，原来，宫中大乱，已无他们的容身之所。

没想到，宦官张让等人先动了杀机，铲除了何进。袁绍、曹操等人率军杀入宫中，将这些宦官一网打尽，控制了朝廷。董卓晚一步进入洛阳，他收编了何进的兵马，又让自己的义子吕布斩杀了执金吾丁原，吞并了他的人马。董卓因此实力大增，在朝中说一不二。他杀掉何太后，废黜少帝，还改立陈留王刘协为汉献帝，自己则成了太尉，受封为郿（yōng）侯，并且进位相国，自己掌握了军政大权。

董卓手下的军士基本上来自凉州蛮荒之地，生性粗野，不懂礼数，再加上董卓刻意放纵，他们更是无法无天，为所欲为，百姓们苦不堪言。有一次，董卓率军外出游猎，恰好碰上百姓赶集，路上行人熙熙攘攘。他认为这么多的行人阻碍了自己骑马奔驰，于是让手下的士兵把妇女和钱财统统掳到马车上，把男人全部斩杀，并砍下头颅系在车辕上，声称自己是杀敌得胜归来的。

董卓本人也生性残暴，毫无怜悯仁爱之心，经常对朝中大臣施以严刑峻法。他好色成性，居然在后宫淫乱。他的所作所为搞得朝廷上下混乱不堪，人心浮动。许多朝臣看不惯董卓的行径，便在暗中联合，共同寻找对付董卓的方法。

时任骁骑校尉的曹操下决心要铲除董卓，为民除害，于是想办法逃离了洛阳。他以陈留（今河南开封陈留镇）为根据地，招兵买马，还到冀州找袁绍商议，决定联合各地军阀，共同讨伐董卓。各地军阀纷纷响应，表面上是讨伐董卓，其实各有私心，都是为了壮大自己的势力。时间不长，数十万人马就在盟主袁绍的带领下进军洛阳。

董卓闻讯大惊，觉得盟军人多势众，自己难以抗衡，便想出了撤离之计。他说洛阳难守易攻，难以保证皇帝和臣民的安全，必须迁都长安。由于没有任何准备，匆忙迁都，一路上，百姓连基本的温饱都没有保证，死伤无数，场面惨不忍睹。董卓怕百姓们还存有返乡之念，便下令放火焚城，洛阳城方圆二百里陷入一片火海之中，可惜这座昔日繁华的古都被焚烧殆尽。

关东军讨伐董卓

黄巾起义被镇压下去之后，地方豪杰却利用组织起来的兵力开始混战，乘机发展势力，变成割据一方的军阀。于是，东汉王朝转入了军阀割据时期。这些军阀弱肉强食，互相兼并，战争连年不断，给百姓带来了深重的灾难。

凉州军阀董卓就是其中的一个，他是陇西临洮人，从小有勇有谋，聪明过人。年轻时曾和羌族的豪强贵族交朋友，赠礼物，培植自己的势力。他因镇压黄巾起义有功，步步高升，做了破虏将军，势力越来越大。这时，朝廷中外戚和宦官间争权夺利的斗争愈演愈烈。何太后的哥哥何进担任大将军，负责守卫洛阳，他势力强大，引起了宦官的不满和反对。

负责京城治安的大将丁原看出董卓有野心，对董卓的行为深表不满；董卓也知道不除掉丁原，就不能掌权。董卓听说丁原的部将吕布是个反复无常的人，便用金钱去收买吕布。吕布接受了董卓的重贿，没几天便将丁原杀掉了，替董卓扫除了障碍。公元189年年九月间，董卓废了少帝，毒死何太后，另立刘协为帝，史称汉献帝。董卓依靠拥立之功，自封为丞相，独揽朝中大权。他参拜不名，入朝不趋，剑履上殿，全无人臣之礼。从此，他在洛阳为所欲为。

有一天，董卓带兵到郊外闲游，正赶上庙会，人山人海，十分热闹。董卓兽性大发，竟命令士兵冲进人群，把男人全部杀掉，赶走他们的牛车，抢走妇女和财物，还把那些砍下来的人头绑在车辕上带回洛阳。一路上，董卓让士兵狂呼乱喊道："打了大胜仗回来啦！"董卓在洛阳的所作所为引起人们的强烈反对。袁绍因为和董卓意见不合，逃到渤海郡去了。典军校尉曹操怕董卓对他下毒手，也逃出洛阳，到了陈留。

这时，有十多个州郡先后起兵反对董卓，他们集合在一起，共推袁绍做盟主，组织联军讨伐董卓。这支联军称为"关东军"。

关东军从东面对洛阳采取了半圆形的包围阵势，但他们各有各的打算，为了保存实力，都观望不前，没有对董卓构成威胁。董卓也没把他们放在眼里，董卓担心的是黄巾起义军的余部郭太。当时，郭太在西河重整旗鼓，多次打败董卓派去的军队。董卓怕起义军渡过黄河，切断他的后路，便急忙挟汉献帝撤出洛阳，逃往长安。

董卓撤出洛阳后，要把百姓全都带走。百姓不愿意跟他走，他就把洛阳附近二百里内的几百万人分成许多小队，每个小队派一队士兵押送，驱赶着向西迁徙。董卓怕百姓在半路上逃回洛阳，派军队把洛阳一带的房屋、宫殿全都烧光，洛阳顿时变成一片废墟。

由关东军讨伐董卓转为大规模的豪强混战，使关中及中原一带连年战乱，海内涂炭，民不聊生，到处是"白骨露于野，千里无鸡鸣"的惨状。黑暗的东汉后期进入社会空前大混乱的纷争时期。

王允吕布谋杀董卓

董卓看到反对他的那批刺史、太守，各有各的打算，没有什么可怕的，就在长安自称为太师，要汉献帝尊称他"尚父"。他还把他的弟弟、侄儿都封为将军、校尉，连他刚生下的娃娃也被封为侯。

为了寻欢作乐，他在离长安二百多里的地方，建筑了一个城堡，称作郿(méi)坞。他把城墙修得又高又厚，把从百姓那里搜刮得来的金银财宝和粮食都贮藏在那里，单是粮食，就够吃30年的。

郿坞筑成之后，董卓十分得意地对人说："大事成了，天下就是我的；即使不成功，我就在这里安度晚年，谁也别想打进来。"

董卓在洛阳的时候，就杀了一批官员；到了长安以后，变得更加专横跋扈。文武官员说话一不小心，触犯了他，就会丢了脑袋。一些大臣怕保不住自己的性命，便想暗中除掉这个坏蛋。董卓手下有个心腹，名叫吕布，是个出了名的勇士，力气特别大，擅长骑马射箭，武艺高强。吕布原本是并州刺史丁原的部下，董卓进洛阳时，丁原正带兵驻守洛阳，董卓派人用大批财物去拉拢吕布，要吕布杀死丁原。吕布被董卓收买后，背叛了丁原，便去投靠董卓。

董卓把吕布收做干儿子，叫吕布随身保护他。人们惧怕吕布的勇猛，不好对董卓下手。司徒王允决心除掉董卓，他知道要除

511

掉董卓，先要拉拢他身边的吕布。他就常常请吕布到他家里，一起喝酒聊天。日子久了，吕布觉得王允待他好，也就把他跟董卓的关系谈了出来。原来，虽说董卓、吕布两人是父子关系，但是董卓性格暴躁，稍不顺他的意，就向吕布发火。有一次，吕布说话顶撞了他，董卓竟将身边的戟扔了过去。幸亏吕布眼疾手快，闪身躲过去了，才没有被刺着。后来，吕布向董卓赔了礼，董卓也表示宽恕他，但吕布心里很不痛快。他将这件事告诉了王允。王允听了挺高兴，就把自己想杀董卓的打算也告诉了吕布，并且说："董卓是奸贼，我们想为民除害，您能不能帮助我们，做个内应？"

吕布听到真要杀董卓，倒有点犹豫起来，说："我是他的干儿子，儿子怎么能杀父亲呢？"王允摇摇头说："唉，将军真糊涂，您姓吕，他姓董，本来不是骨肉至亲，再说，他向您掷戟的时候，还有一点父子的感情吗？"吕布听了，觉得王允说得有道理，就答应跟王允一起干。

公元192年，汉献帝生了一场病刚刚痊愈，在未央宫会见大臣。董卓从郿坞到长安去。为了提防人家暗算，他在朝服里面穿上铁甲。在乘车进宫的大路两旁，派卫兵密密麻麻排成一条夹道。他还叫吕布带着长矛在他身后保卫着。经过这样安排，他认为万无一失了。他哪儿知道王允和吕布早已商量好了。吕布约了几个心腹勇士扮作卫士混在队伍里，专门在宫门口守着。董卓的座车一进宫门，就有人拿起戟向董卓的胸口刺去。但是戟扎在董卓胸前铁甲上，刺不进去。董卓用胳膊一挡，被戟刺伤了手臂。他忍着痛跳下车，叫着说："吕布在哪儿？"吕布从车后站出来，高声宣布说："奉皇上诏书，讨伐贼臣董卓！"董卓见他的干儿子背叛了他，就骂着说："狗奴才，你敢……"他的话还没说完，吕布已经举起长矛，一下子戳穿了董卓的喉头。兵士们拥了上去，把董卓的头砍了下来。吕布从怀里拿出诏书向大家宣布："皇上有令，只杀董卓，别的人一概不追究。"董卓的将士们听了，都高兴地呼喊万岁。

长安的百姓受尽了董卓的残酷压迫，听说除了奸贼，成群结队地跑到大街上，唱着、跳着。许多人还把自己家里的衣服首饰变卖了，换了酒肉带回家大吃一顿。恶贯满盈的董卓被消灭了，但是百姓的灾难并没有完，没多久，董卓的部将李傕、郭汜就打进长安，杀死王允，赶跑了吕布，长安百姓又一次遭到烧杀抢掠。

曹操取关中

公元 211 年，丞相曹操派司隶校尉钟繇（yáo）、征西将军夏侯渊等人率军讨伐占据汉中的中郎将张鲁。关中是通往汉中的必经之地，偏将军马超、镇西将军韩遂以为朝廷派大军袭击他们，于是就串通关中将领，聚集十万兵马，据守潼关。曹操听说后，连忙派安西将军曹仁告诫诸将："关西军队精锐强悍，你们紧守营寨，不要出战。"

曹操亲自率领大军征讨马超。将领们议论纷纷，有人提醒曹操说："关西士兵擅长使用长矛，杀伤力强，如果不用精兵，恐怕难以对付他们。"曹操听后微微一笑，说道："交战的主动权在我手中，而不在敌军手中。他们的长矛再长，我也会让它无法刺杀，你们等着看吧。"随后，曹操大军到达潼关，与马超隔关对峙。曹操表面上做出急攻潼关的样子，暗中却派大将徐晃率领步兵和骑兵4000人,偷渡黄河,在马超军队前方安营扎寨。接着,曹操指挥大军从潼关北面强渡黄河。

马超闻讯,急忙率军前来进攻。曹操带领100多名武士留在南岸,阻击马超军队。马超的军队来势凶猛,万箭齐发,曹操的阵地箭如雨下,一时间曹军死伤不少。曹操毫无惧色,坐在折椅上镇定自若地指挥。后来,都尉许褚把曹操扶上小船,他左手举着马鞍为曹操遮挡乱箭,右手奋力撑船。正在危急关头,校尉丁斐把曹军的牛马放了出来,马超军队顿时乱作一团,纷纷去抢牛马。曹操这才得以脱身,渡过黄河。

曹操大军到达黄河北岸后,又渡河到了黄河西岸,与徐晃等人会师。曹操沿河岸修筑甬道,向南推进。马超见状只得退守到渭河与黄河的交汇口。为了把军队从渭河北岸运到南岸,曹操命人在河上架起一座浮桥,用来迷惑和吸引敌人,让他们以为曹军主力将要从浮桥过河。夜里,曹军却乘船偷偷渡过渭河,在南岸修筑营垒。马超闻讯,慌忙带兵进攻,被曹军的伏兵击退。曹军全部渡过渭河后,马超几次挑战,曹操都不许部下应战。马超无奈,只好请求割让土地,并表示愿意送子弟做人质。曹操采用贾诩的计策,假意答应讲和,乘机离间马超等人。

有一天,韩遂偷偷跑来与曹操相见。因曹操与韩遂的父亲同一年举孝廉,又和韩遂年纪相当,辈分相同,是老朋友,两人相见显得很亲热。他们谈了很长时间,说的都是过去在京都的亲朋旧事,没有说到当前的战事,谈到高兴时不禁拍手欢笑。

韩遂回到军营后,马超急切地问:"曹操说了些什么?"韩遂说:"没说什么,只是聊聊往事。"马超对此将信将疑。几天后,曹操派人给韩遂送来一封信,故意在信中圈改涂抹了许多地方,做成像是韩遂涂改的样子。马超见后更加怀疑韩遂了。

后来，关中将领之间产生了隔阂，曹操见开战时机已到，就与马超约定战期。到了开战那天，曹操先派轻装军队挑战，与马超等人大战多时，然后才派精锐进行夹击，把马超打得大败。随后，韩遂、马超逃回凉州。

得胜后，有的将领问曹操："开始，马超的主力据守潼关，渭河以北的道路都空虚无备，曹公为什么不从河东发起进攻，反而屯兵潼关，过些日子才北渡黄河呢？"

曹操说："敌军据守潼关，如果我军进入河东，他们就会分兵把守各处渡口，阻止我们渡过西河。所以，我才把主力集中在潼关，吸引他们的注意力，徐晃才能轻而易举夺取西河。这样，我军北渡黄河，敌军就无法与我军争夺西河了。我用车辆和树木向南修建甬道，既是为了安全，也是向敌军示弱。渡过渭河后坚守不出，是使敌军骄傲自大，因此，敌军未修营垒，只好请求割地。我答应马超的请求，是使他们放松警惕。这样，我们就能以迅雷不及掩耳之势，击垮敌军。战场上变化莫测，绝不能执着于一种方法。"

有的将领问曹操："我见当初敌军中每增加一支军队，你就面露喜色，这是为什么？"曹操听了，笑道："关中地域辽阔，如果各路将领各自凭险而守，要征讨他们至少也得一两年的工夫。现在他们都集中到一起，虽然人数众多，却彼此不服，又没有统一的统帅，一举便可歼灭。所以我才暗暗高兴啊。"

袁绍进攻许都

公元196年，曹操把汉献帝迎接到许县建都以后，袁绍曾经以许县卑湿（地势低下潮湿），洛阳残破为借口，让曹操把皇帝迁移到鄄城（今山东濮县东），以便于自己就近控制。但是，这一建议被曹操拒绝了。

袁绍自从占据冀州以后，就同北方的另一个大军阀公孙瓒（zàn）连年发生战争，陆续占领了为公孙瓒所割据的青州和并州（今山西大部和内蒙古南部一带），直到公元199年才打败了公孙瓒。于是，袁绍又将矛头转向同他隔河相对的曹操，他打算用数量和装备上占绝对优势的兵力，一举攻下许都，消灭曹操。他手下的谋士沮授、田丰等都不以为然，他们认为：曹操在政治上处于"奉天子以令诸侯"的有利地位，而且法令统一，士兵精练；自己方面却因为连年用兵，百姓疲劳，府库空虚。在这种情况下，发动大规模的战争是不利的。他们主张首先发展农业生产，奠定经济基础，充实军事力量，然后再去攻打曹操。但是，这个意见没有被野心勃勃、骄傲自大的袁绍所接受。袁绍终于在郭图、审配等人的迎合、怂恿下，点选大军10万人向许都进攻。

在兴兵以前，袁绍原本命沮授统率三军。郭图等人为了争功邀宠，对袁绍说，沮授在军中享有很高的威望，再任其发展下去，将来就不好控制了。袁绍对沮授不赞成自己用兵，本来就已经不满，又听了郭图的谗言，就决定把沮授原来统率的军队分别让沮授、郭图、淳于琼三人各带领一军。这样，就削弱了沮授总领三军的大权。

　　袁绍在进攻以前，曾经派人去劝说荆州牧刘表从南面进攻曹操。刘表只是在口头上答应了袁绍，实际上并没有出兵助战。袁绍的第一着棋落空了。他又派使者到穰城（今河南邓州市。穰，ráng）去见张绣，动员张绣从侧面袭击曹操。但是，张绣不仅没帮他的忙，反而接受谋士贾诩的劝告，率领所部官兵归降了曹操。这样，就相对地减弱少了袁绍的优势。袁绍不得不推迟大举进攻的时间。

　　曹操听说袁绍要来进攻，就同他的谋士郭嘉、荀彧等人分析当时的客观形势。郭嘉很有智谋，他把曹操和袁绍双方的情况做了对比，指出曹操必胜，袁绍必败。他的分析，主要有以下几点：第一，袁绍出兵，对汉朝说来，是一种叛逆举动，不得人心；而曹操却是以皇帝的命令为号召，能够得到别人的支持。第二，袁绍猜忌心很重，对有才能的人不信任；而曹操却敢于大胆用人，一些有远见、有才能的人都愿意为曹操所用。第三，袁绍计谋虽多，但是做事不果断；而曹操在确定了策略以后，就决心实行，并且能够随机应变。第四，袁绍的部下争权夺势，钩心斗角，袁绍也是非不分，赏罚不明；而曹操却能明断是非，不受迷惑，赏罚分明。第五，袁绍喜欢虚张声势，不懂得兵法；而曹操很会用兵。

　　根据以上分析，曹操决定采取积极防御的战略方针。公元

199年八月，曹操把部队推进到黎阳(今河南浚县东南)，并且先后做了以下的战略部署：

（一）派臧霸带领精兵进入青州，用来牵制袁军，同时巩固自己的右翼。

（二）派于禁带领步骑兵两千人屯守延津(今河南延津北)，同白马(今河南滑县东北)太守刘延共同防御袁绍的正面进攻。

（三）在官渡布置防线，作为阻挡袁军的主要阵地。

公元200年春，正当曹操布置对袁绍作战的时候，刘备占据了徐州、下邳(今江苏宿县西北)等地，附近的郡县也大多归附了刘备，军队发展到几万人。刘备同袁绍有联系，打算合力对付曹操。面临这个意外情况，为了避免处于两线作战的不利地位，曹操决定亲自领兵去攻打刘备。结果，曹军很快就把刘备打垮，接着，又攻下下邳，擒了刘备的大将关羽，收为己用。刘备兵败，被迫退到青州，去投奔袁绍的儿子袁谭，后来又转到邺城(今河南安阳北，是袁绍的根据地)去投靠袁绍。这样，曹操就取得了局部优势。曹操打败刘备以后，亲自领兵出屯官渡，准备迎击袁绍。

官渡之战

曹操挟天子以令诸侯，独揽朝政，引起了袁绍的不满。于是袁绍决心进攻许都。原本劝他攻打许都的田丰，这时候却不赞成他马上进攻。田丰说："现在许都已经不空虚了，怎么还能去袭击呢？曹操兵马虽然少，但是他善于用兵，诡计多端，可不能小看他。我看还要做长期的打算。"

袁绍不听田丰的话，认为他扰乱军心，把他抓进监狱，而后向各州郡发出文书，声讨曹操。

公元 200 年，袁绍聚集了 10 万精兵，派沮授为监军，从邺城出发进兵黎阳。他先派大将颜良渡过黄河，进攻白马。沮授向袁绍建议："颜良虽然勇猛，但骄傲自大，缺少智谋，不适合单独统兵作战。"可袁绍仍然固执己见，下令迅速渡河，打下白马。

留守白马的刘延听说袁军进攻，急忙派人向曹操报告。曹操要听取大家的意见。谋士荀彧说："袁军虽兵多，但军法不严；田丰刚愎自用，无法与袁绍长期合作；许攸贪心太重，不能顾全大局；审配过于专断，缺乏谋力；逢纪心胸狭窄，又骄傲自大。这些谋士凑到一起怎么能相容呢？至于颜良、文丑那些武将，都是有勇无谋的人，擒拿他们，对曹公来说，真是小事一桩。"

曹操根据大家的建议，决定不和袁绍硬打硬拼，而是采取声东击西，避实就虚的打法。曹操亲率大军西进延津，以诱惑袁军主力西移，从而麻痹在白马的颜良。曹操见袁绍中计，就悄悄率领轻骑，急奔白马。围攻白马的颜良在仓促应战中，被一个将军劈下马。袁军失去主将，顿时乱了阵脚，刘延也从城里杀出，同曹操的兵马两面夹击，一举击溃了颜良的队伍。

袁绍得知白马战败，又失去爱将，气急败坏，下令全军渡河，西追曹操。监军沮授劝袁绍把主力留在延津（今河南延津北）南面，分一部分兵出击。但是袁绍不听沮授劝告，决意渡河，并且派大将文丑率领五六千骑兵打先锋。这时候，曹操从白马向官渡撤退。听说袁军来追，就把 600 名骑兵埋伏在延津南坡，叫兵士解下马鞍，让马在山坡下溜达，把武器盔甲丢得满地都是。文丑的骑兵赶到南坡，看见这样子，认为曹军已经逃远了，叫士兵收拾那丢在地上的武器。曹操一声令下，600 名伏兵一齐冲杀出来。

袁军来不及抵抗，被杀得七零八落。文丑也糊涂地丢了脑袋。

两场仗打下来，袁绍接连损失两员大将，袁军将士被打得垂头丧气。但是袁绍不肯罢休，一定要追击曹操。监军沮授说："我们人尽管多，可不像曹军那么勇猛；曹军虽然勇猛，但是粮食没有我们多。所以我们还是坚守在这里，等曹军粮草用完了，他们自然会退兵的。"

袁绍又不听沮授劝告，命令将士继续进军，一直赶到官渡（今河南中牟东北），才扎下营寨。曹操的人马也早已回到官渡，布置好阵势，坚守营垒。

袁绍看到曹军守住营垒，就吩咐士兵在曹营外面堆起土山，筑起高台，让士兵们在高台上居高临下向曹营射箭。曹军只得用盾牌遮住身子，在军营里走动。

曹操跟谋士们一商量，设计了一种霹雳车。这种车上安装着机钮。士兵们扳动机钮，把十几斤重的石头发出去，打垮了袁军的高台，袁军许多士兵被打得头破血流。

袁绍吃了亏，又想出一个办法。他叫兵士在深夜里偷偷地挖地道，打算从地道里钻到曹营去偷袭。但是他们的行动早被曹军发现了，曹操吩咐兵士在兵营前挖了一条又长又深的壕沟，切断地道的出口。袁绍的偷袭计划又失败了。

就这样，双方在官渡相持了一个多月。日子一久，曹军的粮食越来越少，兵士疲劳不堪。曹操也有点支持不住了，写信到许都将情况告诉荀彧，准备退兵。荀彧回信，劝曹操无论如何要坚持下去。这时候，袁绍方面的军粮却从邺城源源不断地运来。袁绍派大将淳于琼带领 1 万人马运送军粮，并把大批军粮囤积在离官渡 40 里的乌巢（今河南封丘西）。谋士许攸探听到曹操缺粮的情报，向袁绍献计，劝袁绍派出一小支人马，绕过官渡，偷袭许都。袁绍很冷淡地说："不行，我要先打败曹操。"许攸还想劝他，正好有人从邺城送给袁绍一封信，说许攸家里的人犯法，已经被当地官员逮了起来。袁绍看了信，把许攸狠狠地责骂了一通。许攸又气又恨，想起曹操是他的老朋友，就连夜逃出袁营，投奔曹操去了。

曹操在大营里刚脱下靴子想睡觉，听说许攸来投奔他，高兴得来不及穿靴子，光着脚就跑出去迎接他，说："好啊！您来了，我的大事就有希望了。"许攸说："我知道您的情况很危急，特地来给您捎个信。现在袁绍有1万多车粮食、军械，全都放在乌巢，淳于琼的防备很松，您只要带一支轻骑兵去袭击，把乌巢的粮草全部烧光，不出三天，袁绍就会不战自败的。"曹操得到这个重要情报，立刻把荀攸、曹洪找来，吩咐他们守好官渡大营，自己带领5000骑兵，连夜向乌巢进发。他们打着袁军的旗号，沿路遇到袁军的岗哨查问，就说是袁绍派去增援乌巢的队伍。袁军的岗哨没有怀疑，放他们过去了。

曹军到了乌巢，就围住乌巢粮囤，放起一把火，把1万车粮食烧得个一干二净。乌巢的守将淳于琼匆忙应战，也被曹军杀了。

正在官渡的袁军将士听说乌巢起火，都惊慌失措。袁绍手下的两员大将张郃（hé）、高览带兵投降了曹操。曹军乘势猛攻，袁军四下逃散。袁绍和他的儿子袁谭，带着剩下的800多骑兵向北逃走。

经过这场决战，袁绍的主力已经消灭。过了两年，袁绍病死了。曹操又花了7年时间，扫平了袁绍的残余势力，统一了北方。

曹操统一北方

　　曹操，字孟德，小字阿瞒，一名吉利，汉族，沛国谯（今安徽亳州）人。东汉末年著名的军事家、政治家和诗人，三国时代魏国的奠基人和主要缔造者，后为魏王。

　　东汉建安五年（200），袁曹官渡之战后，曹操打败了北方头号军阀袁绍，消灭了袁绍的有生力量，接着乘胜发起统一北方的战争。

　　袁绍率残兵败将退回邺城后，便因气愤过度患病了，于建安七年（202）五月，呕血而死。袁绍有三子：长子袁谭，次子袁熙，少子袁尚。袁绍后妻喜欢少子袁尚。袁绍生前，她常在袁绍前称赞袁尚，袁绍也想传位给袁尚，但因袁尚是少子，上有二兄，传位给他不合礼法，颇感为难，也不好提出来与大臣商议，于是就出任袁谭为青州刺史。部下沮授深知袁绍用意，反对这种安排，他指出，袁谭是长子，理当继嗣，如今却把他排斥出外，恐怕将来会引发大的祸端。袁绍支吾说："我是想让诸子分别占据一州，来考察他们的才能。"袁绍手下的部将逢纪、审配等人依附袁尚，另外一些部将，如辛评、郭图等人，都依附袁谭。袁绍死后许多人以袁谭是长子为由，提议让他继位。审配等人害怕袁谭继位后，辛评、郭图会恃宠加害自己，便伪造了一份袁绍的遗书，拥戴袁尚继位。袁谭奔丧回来，袁尚已成邺城之主，袁谭不满，就自称为车骑将军，屯兵黎阳（今河南浚县东）。为限制袁谭的力量，袁尚只拨给他很少军队，又遣逢纪去监军，袁谭要求再增拨军队，袁尚不给，袁谭大怒，杀了监军逢纪。袁谭、袁尚兄弟俩的矛盾至此完全公开。这年九月，曹操率军渡过黄河，进攻袁谭，袁谭军力偏弱，不得已向袁尚求援。袁尚留下审配等人镇守邺城，自带大军去帮助袁谭抗击曹操，结果两军交战数次，袁氏兄弟是屡战屡败，只好退兵固守不战。曹操也退兵河南。

这时河东被曹操占领，袁尚想争夺河东，派他任命的河东太守郭援与并州刺史高干、南匈奴单于分头向河东进攻，并遣使者前赴关中，与马腾等军阀联络，相约共同拒曹。曹操派司隶校尉钟繇攻击袁军，包围了驻扎在平阳的匈奴南单于，郭援闻讯，带兵前来援救。钟繇遣新丰县令张既赶到关中，劝说马腾，使他倒向曹操一边。马腾命儿子马超率军1万与钟繇联兵，大败郭援军，南匈奴单于顶不住曹军的进攻，投降了曹军。建安八年（203）二月，曹操又率大军北攻黎阳，与袁谭、袁尚联军在黎阳城下大战，袁军再度失利，被迫弃城北走，退守邺城。曹军追到邺城，正赶上麦子成熟，顺便将邺城周围的麦子全部收割完毕。然后还想攻城，谋士郭嘉劝曹操暂缓进攻，待其兄弟间矛盾激化后再攻城，更容易得手。曹操这个建议很对，留下部分将士屯守黎阳，自己回到许昌。曹操退兵后，袁氏兄弟的内讧又激烈起来，袁谭心怀怨恨，率部进攻袁尚，反被袁尚击败，引兵退还南皮（今河北沧州南皮县）。八月，袁尚又率军攻打袁谭，获得大胜，袁谭逃到平原郡，凭城坚守，袁尚仍不放松，下令攻城。袁谭见情势危急，遣辛评之弟辛毗赴许昌向曹操求救。曹操答应了他的请求，率军至黎阳，攻打袁尚大本营邺城，逼着袁尚从平原撤回邺城，解了袁谭的围。在撤军途中，袁尚的部将吕旷、高翔叛降了曹操，袁谭又暗中送将军印给吕旷和高翔，企图拉拢他们。曹操得知此事后，知道袁谭有诈，乃为儿子曹整聘娶袁谭的女儿，以稳住袁谭，然后回师许昌。

第二年正月，曹军又渡河北上，拦引淇水入白沟，以便再次攻打邺城时运输军粮。二月，袁尚见曹军没有大的举动，率军再次攻打袁谭，留下部将审配、苏由守卫邺城。曹操乘机出兵围攻邺城，苏由派人与曹操联系，欲为内应，不料事情败露，苏由匆匆逃出邺城，归降了曹操。曹军堆土山，挖地道，猛攻邺城，均不能奏效。曹操打败了屯守毛城的袁尚将领尹楷，切断了上党至邺城的粮道，又占领了邯郸、易、涉等城池，邺城还是攻不破。五月，曹操命令围攻邺城的军队毁弃土山和地道，沿城四周挖沟围城，白日挖得很浅，邺城守将审配由城上望见，毫不在意。到了晚上，曹操下令突击挖沟，宽和深俱达二丈，引入漳水灌城。城中与外面交通隔断，粮食缺乏，从五月到八月，城中饿死的人达一半以上，审配仍然坚守不降。袁尚得悉邺城危急，率军1万回救。曹操许多部将认为，这批援军必然有决死之志，不如暂且避开。曹操却不同意，坚持等袁尚军队赶到再相机而动。袁尚人马到距邺城17里的阳平亭驻扎下来。晚上皆举火通知城中，城中也举火相应。审配出兵城北，想和袁尚来个里外夹击，曹操分兵迎击，审配败退回城，袁尚军也被击溃，退到曲漳，曹军紧追不舍，袁尚遣使投降，曹操不许，围攻更急。袁尚又逃到祁山，部将马延、张顗（ǎi）等人临阵投降，袁军溃散，袁尚只带了少数人逃到中山。曹操停止追击，将缴获的印绶、节钺及盔甲等陈列在邺城下，城中人心大乱。审配的侄子审荣任东门校尉，夜里打开城门，引曹军入城，审配率军巷战，被曹军俘虏，邺城终于被曹操占领。十月，并州刺史高干也投降了曹操，曹操仍任命他为并州刺史。

就在曹军全力围攻邺城之时，袁谭率众叛曹，攻取甘陵、安平、勃海、河间等地，又向袁尚发起进攻。袁尚退往故安，投靠幽州刺史袁熙。袁谭收编了袁尚残部，驻军龙凑。曹操写信给袁谭，谴责他背信负约，退还他的女儿，与他断绝婚姻，然后发兵进讨。十二月，曹操驻军其门，袁谭退军南皮，临清河屯兵，曹军顺势平定了平原郡诸县。次年正月，曹军大举进攻南皮，袁谭迎战，双方死伤甚多，不分胜负。曹操有心缓攻，议郎曹纯说："今大军深入，难以持久，如进兵不能克敌，退兵必丧军威。"曹操于是亲自擂鼓指挥进攻，将袁谭击败，攻破南皮。袁谭、郭图等人外逃，被曹军追杀，袁谭所辖诸城全部投降。这时候幽州还在袁熙手里，袁熙部将焦触、张南密谋降曹，率部袭击袁熙。袁熙毫无防备，与袁尚仓皇出逃，投奔辽西乌桓。焦触自号为幽州刺史，召集诸郡县太守、令长，陈兵数万，杀白马而盟，齐降曹操。曹操封他们为列侯。十月，并州刺史高干又举州叛曹，派兵扼守壶关口。河内郡张晟、弘农郡张琰等人也起兵响应，河东郡掾卫固和中郎将范先也暗中与高干交通，扯曹军后腿。曹操闻讯，派大将乐进、李典征讨高干，任杜畿为河东太守，平叛卫固、范先，征马腾等人进攻张晟、张琰。马腾军大败张晟、卫固、张琰等人先后被杀。建安十一年（206）正月，曹操亲自率军讨伐高干，围攻壶关。三月，壶关守城将士投降。高干逃入匈奴求救，匈奴单于不敢接受，高干又南奔荆州，途中被上洛都尉王琰斩杀，并州完全被曹操平定。

袁绍在世时，与北部少数民族乌桓关系很好，皆立其酋豪为单于，还以家人之女与其联姻。在乌桓诸部中，辽西蹋顿部最为强大，蹋顿后为乌桓王，一向为袁绍所厚重，故袁熙、袁尚兄弟俩投奔蹋顿。蹋顿数次入寇，企图帮助袁尚收复故地。因此曹操决心远征蹋顿，除掉后患，他先命将士凿开平虏渠和泉州渠，以便远征。建安十二年（207）春，曹操集结大军征讨蹋顿，诸将都认为不妥，说：如果刘表从南边袭击许昌，后果将不堪设想。唯独郭嘉力主远征蹋顿，理由是不击垮蹋顿，青、冀等州终不能安定。曹操同意郭嘉的意见，令大军轻装疾进，同时请出隐士田畴任莜县县令，率领他的人做大军的向导。这时正值雨季，道路泥泞难行，曹操采用了田畴的建议，一面在大道旁立一大木牌，写上"方今夏暑，道路不通，且俟秋冬，乃复进军"，来迷惑和麻痹乌桓；一面绕道上徐无山（今河北省玉田县北）穿山越谷五百余里，经过白檀、平冈、鲜卑庭，向东直指柳城（今辽宁省朝阳县南）。离柳城200里时，乌桓的人马才发觉。蹋顿、袁尚、袁熙慌忙与辽西单于楼班、右北平单于能臣抵之等，集合三郡乌桓骑兵来迎战。八月，曹军在白狼山（今辽宁省建平县南的市祜图山）与乌桓骑兵相遇。操登高远望，见乌桓骑兵数量虽多，但队伍凌乱，于是令大将张辽为先锋，纵兵击之，乌桓骑兵顿时崩溃，当阵斩杀了蹋顿和许多乌桓王，胡汉降者达20余万。乌桓辽东单于速仆丸与袁尚、袁熙率众数千去投奔辽东太守公孙康，被公孙康设计捕杀，将袁尚、袁熙和速仆丸之首献给曹操，表示归附之意。

　　曹操击败乌桓，彻底消灭袁氏残余势力后，除关西地区尚被马腾、韩遂等人占领外，基本上统一了北方。曹操统一北方的战争，结束了北方地区长期割据、混战的局面，使北部边境得到安宁，为北方社会的进一步发展创造了基本条件。

曹操厉行法治

曹操统一北方以后，为了远征江南的孙权和西蜀的刘备，统一天下，便努力做好巩固后方的工作。他觉得虽然打垮了豪强集团，镇压了一批反动儒生，但不能说政治上已经巩固了。近来，他发现一些原来出身于豪强贵族的部将，恶性不改，恃势横行，无法无天，如果不依法惩办，他们就会更加放肆，统一了的北方将会重新面临分裂割据的局面，所以他特别注意打击这种豪强复辟势力。这种势力在许昌（今河南许昌东）特别严重，他就亲自到许昌去镇压他们。

一日，正当曹操仔细审阅案件的时候，小官李申成求见，曹操传他进来，问他有什么事，李申成说："刘勋将军自恃和主公是老朋友，又是功臣，飞扬跋扈，最近无缘无故杀死了一个人，他的卫士上前劝阻，又被他杀死了。有人对他说：'你如此无法无天，主公知道了，定不饶你。'他说：'主公知道了又怎么样？他敢动我一根毫毛！'我认为这种人非严惩不可。"说完，便把刘勋的罪行材料递给曹操。曹操看完材料，怒不可遏，拍着桌子说："岂有此理！"原来在李申成告发以前，已有许多人告过刘勋，曹操认为不会有假，便派人去传刘勋来。

过了一会儿，刘勋奉命到来了。他若无其事，像往常一样不待曹操相请，便坐下谈笑起来。曹操问道："你因何任意杀人？"刘勋说："两个无知小人对我无礼，我便把他们杀了。小小贱民，杀几个何足挂齿！"曹操怒道："法律规定，无故杀人者偿命，你不知道？！"刘勋笑道："礼不下庶人，刑不上大夫，自古以来都是如此。"曹操说:"那是腐儒之说,你可听说过,'法不阿(ē)贵','刑过不避大臣'吗?你今天犯法,就要依法惩办,不得多言。"说着,就传令把刘勋拉出去斩首。刘勋一听,扑通一声跪下,声泪俱下地说,"主公!不看僧面看佛面,主公不念旧友之情,也该念老臣也曾有功于主公呀!"曹操说,"你有功劳,已经论功行赏,封你为列侯;你今天犯罪,该依法惩办。只赏功而不罚罪,这是不行的!"于是又喝令将刘勋拉出去处决了。

刘勋刚被处决不久,一天,曹洪满头大汗地走进来。曹操问:"洪弟有何急事?"曹洪气呼呼地说:"人命关天,请大哥出面相救。快,要快!"说着,就想拉曹操一起出去。曹操问到底是怎么回事,曹洪只好把事情经过说了一遍。原来他家里养着许多门客,那些门客依仗主人的势力,经常欺压百姓,曹洪不但不制止,反而纵容他们。前几天,有两个门客出外打鸟,见有一个年轻女子挑水走过,他们便要污辱那个女子。女子的哥哥赶去相救,又被他们打死了,邻人将这件事向许昌令满宠告发了。满宠得知后,十分震怒,立即派人把曹洪家那两个犯罪的门客抓起来审问,那两个家伙有恃无恐,供认不讳,满宠决定严惩他们,曹洪得知消息,便去找满宠,叫他放人。满宠说:"国有国法,哪能徇私?"无论曹洪怎么威逼利诱,都不肯放人。曹洪只好来找曹操帮忙。

曹操听了以后,问道:"满宠一点面子也不肯给你?"曹洪说:"我跟他说了半天,嘴唇都磨破了,他就是不肯放人。满宠真是不讲情面,不把我放在眼里。"曹操说:"真的是这样?"曹洪说:"一点也不假,所以我才来找大哥,这下非大哥出面不可了!"曹操说:"好!我马上找他来,这件事我自有安排!"曹洪高兴得不得了,边走边说:"这才是我的好哥哥!"曹洪走了之后,曹操便派两个卫士去找满宠。

且说满宠气走了曹洪以后，本想把两个犯人关进监狱，等第二天再拉出去斩首，又觉得曹洪门客很多，怕他们在主人的教唆下前来劫狱，便下令将犯人立即正法。他的夫人说："曹洪是曹公的从弟，又是权贵重臣，他来说情，你一点面子也不给，还杀了他的人，恐怕会惹出大祸呀。"满宠说："不怕，主公是个铁面无私的人，常常教我们要法不阿贵。就是他自己犯了法，也会处分自己的。"他夫人说："天下哪有这样的人啊？"满宠说："如果不是我亲眼看到，我也不相信。"于是把曹操割发自刑的事说给他夫人听。

那是好久以前的事了，有一次，曹操挥军追赶敌人，途中碰上一大片麦田，麦子已经熟了。曹操便派人到各处出安民告示，请逃避兵燹的老百姓回来割麦子，同时又向全军颁布一道命令：行经麦田，不得踏坏麦子，如有违犯，不论何人，一律斩首。大家都知道曹操令出必行、执法如山，所以上至将校，下至士兵，个个都小心翼翼，生怕搞坏麦子。军官统统自动下马，以手扶麦一步一步地走。曹操也是如此。那天，正到麦田中间时，田中忽然飞起一只白鹭，那马受惊，跃入田中，踏坏了一些麦子。旁边的人看见了，都出了一身冷汗，心里暗想：幸亏是主公的马，要是别人的，那就倒霉了。曹操拉住马，立即找行军主簿来判自己的罪，主簿说："主公哪里还要判罪？！"旁边许多人也说："算了吧，主公的马虽然踏坏了一些麦子，又不是故意的。"曹操说："不行，令出必行。"主簿说："按照古代制度，礼不下庶人，刑不上大夫，法不加于至尊。"曹操说："我立法而又犯法，若不加刑罚，怎能服人？但我身为主帅，不能自杀。让我用割发来代替斩首吧！"说着，便拔出剑来，割了一把头发掷在地上。

满宠夫人听了曹操割发自刑的故事，赞叹不已，对满宠说："如此说来，就算曹洪告到主公那里去，也不必怕他。"

话声刚落，曹洪已经飞马来到门口，见了满宠，气势汹汹地说："我已禀告主公，主公要找你去。你快把我那两个门客放出来！"满宠听说要交人，还说是主公的意旨，不禁一怔。人都杀了，哪里还能交人？但他转念一想，主公是不会徇私的，这可能是曹洪假借曹操的名义来要放人。于是他毫不退让地说："人不能放，犯了法哪能逍遥法外？"曹洪说："你敢违抗主公的命令？"满宠说："我相信主公不会下这样的命令。"曹洪说："主公是我哥哥，多年来我跟随他出生入死，现在求他帮忙办这么一点小事，他还不肯？谁像你这样不讲情面？还不赶快交人！"满宠说："犯人已经被关进了监狱，等禀明了主公之后再说。"曹洪说："你还以为我欺骗你。哼！你真是不见棺材不落泪，主公马上就会派人来提你去问罪了，等着瞧吧！"说着，便怒气冲冲地走了。

满宠见曹洪说得煞有介事，心中不禁狐疑。他想进去把这件事告知夫人，刚往回走了几步，忽然听到嘚嘚的马蹄声由远而近，心想莫非真是曹操派差役来了？他停住脚步，只听得门口有人大声喊道："主公有请，请满大人立即前往！"满宠走出去一看，果然是曹操的两个近卫，全副武装地站在门口。满宠暗想，这回糟了，他叫差役等一等，让他进去备马更衣。他回到内室，把这事情告诉夫人，夫人一听，不禁放声大哭。外面的差役等得不耐烦，一催再催，满宠只好别了夫人，随着差役去见曹操。

到了曹操的府第，两个侍卫把满宠一直带进客厅，只见里面一个人也没有，厅里摆着一席酒菜，四面还摆了许多绵绢布匹，还有金银珠宝，满宠说："入错门了。"卫士也弄不清是怎么回事，便带满宠到另一小房间等候。满宠心里想："原来曹洪送了那么多礼物给主公，难怪主公袒护他，还设宴款待他呢！"

不久，曹操走进来，坐定以后便对满宠说："你做得好呀，太好了！"满宠一听，便以为曹操谴责他杀掉曹洪宾客。满宠是个硬汉子，对于死，并不感到可怕，也不后悔，只怪曹操太徇私，这时他默不作声，也没什么表情。曹操说："你不说我也知道了，好呀，真够胆量！"满宠说："主公要斩就斩，干脆点吧！"曹操站起来击掌说："好！好！不愧是个好汉，"说着走到门口，大声叫道："来人！"满宠以为要被拉出去杀头了，于是站起来对着曹操，大义凛然地说道："死，我并不怕，只求死得光明磊落。过去主公时常教诲我们说，要学商鞅、韩非、李斯的执法精神，要做到'法不阿贵，刑无等级，令出必行'。我依法斩了曹洪的门客，主公怎能加罪于我呢?！我一向认为主公言行一致，赏罚无私，今日才知道都是些欺人之谈，我不怨天不尤人，只怨自己瞎了眼跟错了人。"曹操开始时感到莫名其妙，听到最后才知道是满宠误会了。他忙走过去一把拉住满宠的手，大笑道："哈哈，这真是天大的误会！我哪里是想杀你？我是要请你喝酒，嘉奖你呀。"这时，两个侍卫端着几盒珠宝走了进来，曹操接过珠宝，双手捧着送给满宠。满宠看看礼物，然后又看看曹操，眼泪不禁扑簌簌地流下来，好久才说出一句话："主公，我错怪你了，请主公原谅。"曹操笑道："没关系，如果我真是那样，也该骂！"说着，便拉着满宠的手走进大客厅，指着两边的绢帛说，"这也是奖赏给你的。"满宠受到奖赏，十分感动，一时不知说什么才好。

这时，曹操邀请的几位客人都到齐了，曹操等人便开始喝酒。满宠一面饮酒，一面暗自惊奇：怎么今天的客人都是些骄横傲慢、

531

不大守法的人呢？满宠曾多次斥责或处罚过他们。当天同席共饮，大家都不说话，那几位宾客也不知喝的是什么酒，心想既然是主公请喝酒，只管喝就是了。酒过三巡，曹操才把宴请众人的目的说出来。曹操先将曹洪的门客犯法被处死和曹洪找他说情的事说了一遍，最后才说："今天我设宴是为了祝贺满宠的，他执法如山，可敬可佩，我要重赏他。"接着，他又问满宠："听说尚有一些骄横违法的人，今后你打算怎么办？"满宠答道："坚决执法，严惩不贷！"曹操说："好！就是要这样办！"说着，便叫侍卫取出一把宝剑送给满宠，说："如有不从，但斩无妨。"又向其他几位客人说："诸君，听到没有？话说了可就算数了。"曹操接着又讲了许多法治的道理，散席的时候，那些宾客都向曹操和满宠做了检讨，并保证以后遵守法纪，不再乱来。

曹操私下问满宠道："今天饮酒高兴吗？"满宠说："谢谢主公，高兴得很！但与这些客人同席，话不投机，虽有佳肴，味同嚼蜡。"曹操笑道："我今天是有意请他们来受教育的，你嚼一顿蜡，今后你这个官儿就好当了。"满宠说："主公想得真周到。谢谢主公！"

这时，有人进来说，外面有个妇人啼啼哭哭，要找满大人，满宠说："一定是我内人。"说着就要出去见她。曹操说："请她进来吧。"一会儿，侍女带着满宠夫人进来了，满宠一看，只见她哭得眼睛都肿了；满宠夫人见了满宠，喜出望外，高声说："真想不到你还在人间呀！"大家见了这情景，忍不住哈哈大笑起来，满宠夫人也揩干泪眼，破涕为笑，叩谢曹操赦了她丈夫的罪，曹操笑道："满令哪儿犯了罪呀？他做得对，我还要特别嘉奖他呢！"

自此之后，曹操刚正不阿、执法如山的美名就更传遍四方了。

赤壁之战——三国鼎立

公元 208 年，曹操率领大军南下，进攻刘表。他的人马还没有到荆州，刘表就病死了。刘表的儿子刘琮听到曹操大军来袭，吓得心惊胆战，先派人求降了。这时候，刘备正驻守在樊城（今湖北襄樊）。听到曹军南下的消息，刘备十分着急，他知道单凭自己的力量无法对抗曹操，便委托诸葛亮前往柴桑会见孙权。诸葛亮到达东吴之后，舌战群儒，劝说孙权联合刘备迎战曹操。于是，孙、刘的军队与曹军在赤壁隔江对峙，拉开了赤壁大战的序幕。

曹军多北方士卒，不善水战，刘备占了上风。曹操命令荆州降将蔡瑁、张允训练水军。周瑜通过来劝降的蒋干巧施离间计，使曹操误杀了蔡瑁、张允。失去了擅长水战的将领，曹操不得不将大船、小船首尾相连，在江中形成一片"陆地"似的营地。这样一来，再怎么风大浪急，战船都不再颠簸了。周瑜得知消息，大喜过望，他想：曹操此举，我军正好可以火攻！但周瑜转念一想，又犯了愁：现在是冬季，江上刮的是西北风，发动火攻的话，恐怕曹军战船无事，反倒烧了自家战船。诸葛亮夜观天象，测知冬至前后将有一场东南大风出现，便自告奋勇，"借"来了一场东南大风，让周瑜佩服不已。

在周瑜的安排之下，东吴大将黄盖以"苦肉计"骗得曹操信任，与曹操约好要带船投降。东南风刮起之夜，黄盖带人驾着 10 余只战船驶向曹方阵营，战船上载满了浇透油和裹有硫黄等的干草。当接近曹操战船的时候，黄盖下令点燃干草，让着火的战船顺着强劲的东南风直扑曹操的战船。片刻间，江面火焰冲天。曹操的战船因为被铁链首尾相系，一船着火，迅速蔓延至所有的船只。曹操的水军大部分被烧死或溺死，全营溃散。孙、刘联军乘胜追击，20万曹军全军覆没。曹操从华容道侥幸逃走，才得以保全性命。

经此一战，魏、蜀、吴"三国鼎立"的局面基本形成。

曹魏的建立

曹魏的建立同曹操的功绩是分不开的。曹操，字孟德，沛国谯县人，世为官宦家庭。东汉末期，名士张劭（shào）曾品评曹操是"清平之奸贼，乱世之英雄"。曹操20岁时，举孝廉为郎，任洛阳北部尉。他曾制造五色棒（执法所用，由红、黄、绿、白、黑涂在棒上，因此称五色棒）几十枚，悬于县廨（xiè，官署，旧时官吏办公处所的通称）门的左右墙壁上，有违犯京城禁令的人，无论平民或豪强，一律用棒击死。许多近戚宠臣不满他的做法，却又对他无可奈何。黄巾起义爆发后，曹操被任命为骑都尉，随皇甫嵩、朱儁等人一起镇压起义军。由于屡立战功，他很快由骑都尉升为济南相，随后又提升为西园八校尉之一的典军校尉，成为东汉皇室武装力量的将领。董卓把持朝政后，曹操曾讨伐董卓，但因寡不敌众，惨遭失败。东汉初平三年（192），青州黄巾军百余万人进逼兖州，兖州牧刘岱战死，在"州中无主"的情况下，任东郡太守的曹操被推为兖州牧。经过他"明设赏罚，承间设奇，昼夜会战"，不久就击败了青州黄巾军，又从青州30万降兵中挑选出精锐之士改编为他的队伍，号为"青州兵"。从此，曹操的军事实力大为增强，跻身于东汉末大军阀之列。建安元年（196），曹操采用谋士荀彧之谋，奉迎饥寒交迫、穷途末路的汉献帝迁都许昌，被任为大将军，又转为司空。从此，曹操挟天子以令诸侯，外伐群雄、内诛异己，都声称是奉汉帝的号令，成为诸军阀中最有政治权力者。同年，曹操又开始在许下屯田（汉以后历代政府为取得军队给养或税粮由政府直接组织经营的一种农业集体耕作制度），一年得谷百万斛。随后又将屯田之制推广到占领区各地，解决了当时最难解决的军粮问题，为他争夺天下奠定了经济基础。此外，曹操从争夺天下出发，特别注意广泛招募人才，笼络世家大族，竭力争取地主阶级的支持。自从他任东郡太守起，就将荀彧、李典、典韦、吕虔、于禁、乐进、程昱等名士武将吸引到身边。汉献帝定都许昌后，他又逐渐把许褚、荀攸、戏志才、郭嘉、钟繇、陈群、司马懿、杜畿等人拉入其军事统治集团。这些人在曹操争夺天下，建立曹氏政权的过程中，都起到了极大的作用。这以后，对曹操威胁最大的军阀是西边占据南阳的张绣，东边占据徐州的吕布，南边占据淮南的袁术和北边占据冀州等地的袁绍。在四面临敌的形势下，曹操利用与袁绍旧有的联盟关系，采取了北和袁绍而向东、西、南用兵的策略。他委派侍中钟繇兼司隶校尉，督关中诸军，稳住占据关中的马腾、韩遂等人，自己于建安二年（197）春季，亲率大军征讨张绣，张绣战败，举众投降。不久张绣反悔，率众袭击曹军，杀曹操长子曹昂，曹操也身中流箭，校尉典韦死守营门，受伤几十处，奋战而死。曹操退到舞阴（今河南省泌阳县西北），设计击破了追来的张绣。次年，曹操再次率军攻打张绣，包围张绣所在的穰城，还未攻克，听说袁绍想袭取许都，忙率众退兵。张绣和刘表紧追不舍，在安众（今河南省邓州市东北）遭到曹操伏击，惨败而归。第二年十一月，张绣在贾诩的劝说下，率众再次归降曹操。曹操大喜，拜张绣为扬武将军，贾诩为执金吾，解除了西南的威胁。南方的袁术在汉献帝定都许昌后，在寿春（今安徽省寿县）自立为帝，并拉拢吕布对付曹操。曹操利用其政治优势，分化吕布与袁术的关系，挑起吕、袁之战。曹操又乘袁术败于吕布之机，发兵进攻袁术，将袁术的生力军消灭殆尽。袁术从此衰落，再也无力与曹操抗争。建安三年（198），曹操又进攻势力越来越大的吕布，先攻克袁城，后围吕布于下邳（今江苏省宁县北），围攻两个多月，攻破下邳，俘杀吕布，收降其将领张辽。这样，曹操便逐步消灭和收降了东、西、南三方的对手。建安五年（200），曹操又打败了占据青、幽、并、冀四州的袁绍，后来又用几年时间，击败了袁绍之子袁谭、袁尚、袁熙和袁绍的外甥高干，占领青、幽、并、冀四州。此后，远征辽东、辽西、右北平三郡乌桓，杀乌桓王蹋顿和三郡乌桓单于，翦灭了袁氏的残余力量，基本统一北方。建安十三年（208），曹操恢复丞相名称，自任丞相，总揽朝政。同年，他又兵锋南指，占据荆州，收编了刘琮的军队。在赤壁之战中，曹操被孙、刘联军击败，打消了短时间内统一全国的计划，开始致力于内部整顿，进一步招揽人才，巩固他在北方的统治。

　　建安十五年（210）春，曹操下求贤令，令部下"唯才是举"，推荐人才。同年十二月，为安抚内部的拥汉势力，他又下了《让县自明本志令》。在令文中，曹操回顾了自己的起家过程，声明自己矢志忠于汉室，并退出封邑三县二万户，"以分损谤议"。同时又声称，绝不图虚名而放弃军权。次年，汉献帝下诏以曹操世子曹丕为五官中郎将，允许他自置属官，实领副丞相之职。同年三月，曹操命司隶校尉钟繇和部将夏侯渊进军关西，马超、韩遂联络关中侯选、程银、杨秋、李堪、张横、梁兴、成宜、马玩等10部将领，集众10万，阻止曹军入关。曹操亲临潼关指挥，令主力与马超等军夹关对峙，密遣徐晃、朱灵率精兵4000，由蒲坂津渡过黄河，紧接着，大军也陆续过河，迫使马超等军放弃潼关，撤到渭南。曹军又巧渡渭水，向10部联军发起攻击，成宜、李堪等人被杀，马超、韩遂等人逃奔凉州。经过四年时间，曹操赶走马超，杀掉韩遂，招降了河西诸羌，将关西割据势力一一消灭，完全统一了北方。

随着曹操统一战争的逐步胜利，曹操的政治地位也越来越高。建安十七年（212）正月，汉献帝下诏，今后曹操参拜皇帝不称名字，入朝不趋（古代的一种礼节，小步快走，表示恭敬），可佩剑上殿，和汉初的丞相萧何一样。这年十月，大臣董昭对曹操说："自古以来，人臣匡世，未有您今日之功者；即使有您今日之功者，也未有久处人臣之位者。现在您虽愿保守名节，但是您在大臣之位，容易使人怀疑，您不可不认真考虑。"曹操认为此话言之有理，乃与列侯诸将计议，认为丞相应当晋爵为国公，配备九锡（中国古代皇帝赐给诸侯、大臣有殊勋者的九种礼器：车马、衣服、乐县、朱户、纳陛、虎贲、斧钺、弓矢、秬鬯jù chàng，是最高礼遇的表示），以表彰

殊勋。荀彧却从维护汉室出发，反对这样做，使曹操极不高兴。后来，曹操借故将荀彧扣押在军中，荀彧知道他与曹操的矛盾不会消除，于是服毒自杀了。建安十八年（213）五月，汉献帝以冀州十郡封曹操为魏公，仍旧以丞相兼职冀州牧，加赐九锡等殊礼。不久，曹操开始建造魏社稷、宗庙。十一月，曹操又在自己的封国初置尚书、侍中和六卿等官职，以荀攸为尚书令，凉茂为仆射（yè），毛玠（jiè）、崔琰、常林、徐弈、何夔为尚书，王粲（càn）、杜袭、卫觊（jì）、和洽为侍中，钟繇为大理，王修为大司农，袁涣为郎中令，行御史大夫事，陈群为御史中丞，初步建立曹魏政权。次年，汉献帝又下诏：曹操位在诸侯王之上，改授金玺等物。又过了两年，汉献帝下诏，把曹操爵位由魏公升魏王。曹操成为魏王后的第二年，汉献帝又下诏，魏王曹操设天子旌旗，出入称警跸（古代帝王出入时，于所经路途侍卫警戒，清道止行。跸，bì）。又以曹操世子五官中郎将曹丕为太子。至此，曹操虽名为魏王，表面上低于汉帝一级，实际上已是真皇帝，汉献帝徒有虚名，早已经成为傀儡和曹操的政治工具，国家的政治、军事、经济等权力，全掌握在曹操父子手里。

从曹操迎汉献帝都许，控制朝政时起，一些忠于汉室的大臣，曾几次想谋杀曹操，从他手中夺回实权。建安五年（200），车骑将军董承等人就想谋杀曹操，不料事情泄露，董承等人全被曹操诛杀。建安十九年（214），伏皇后也写信给父亲伏完，陈述曹操残忍威逼汉献帝，令伏完密杀曹操，结果伏完不敢下手，事情反而被曹操得知。曹操令御史大夫郗（xī）虑收回伏皇后的玺绶，将伏皇后和她生的两个皇子，以及室宗一百多人杀戮。次年，曹操又逼汉献帝立他的女儿为皇后。建安二十三年（218），太医令吉本与少府耿纪、司直韦晃等人谋反，火烧丞相长史王必的军营，想要抢走汉献帝投降刘备，最后也兵败被杀。建安二十四年（219），魏相国西曹掾魏讽，勾结长乐卫尉陈祎（yī）密谋袭击邺城，陈祎恐惧告发，曹丕下令捕捉魏讽，这次牵连被杀者达数千人，魏相国钟繇也因此被免官。通过一次次斗争，拥护刘氏宗室的势力全部被清除，曹氏取代刘氏为帝的条件已经完全具备，但曹操却不想由自己来取代刘氏。这年十二月，孙权袭杀关羽，曹操任命孙权为骠骑将军，封孙权为南昌侯。孙权遣使者来致谢，并上书向曹操称臣，劝曹操顺应天命，早即帝位。曹操将来信传示诸将，说："这小子是想把我架上火炉去烧烤啊！"大臣陈群、大将夏侯惇等人也劝曹操不要犹豫，早正大位，曹操见部下都拥护他称帝，才吐露了真心话，说："如果我真有天命，那我就当周文王吧。"表示他愿极力为儿子当皇帝创造条件，自己却不愿称帝。

魏黄初元年（220）正月，曹操病死在洛阳，太子曹丕即魏王、丞相、冀州牧之位。这年七月，左中郎将李伏、太史丞许芝上表，奏称"魏当代汉，见于图纬，其事甚众"。群臣也纷纷上表，劝曹丕顺应天人之望，禅代刘氏。十月，汉献帝被迫遣御史大夫张音奉皇帝玺绶诏册，禅位于魏。曹丕假意推让一番，才下令在繁阳筑坛。坛建成后，曹丕登坛，由公卿、列侯、诸将、匈奴单于、四夷使者数万人陪同，接受皇帝玺绶，正式即皇帝位，是为魏文帝，改元黄初。十一月，魏文帝曹丕下诏，改汉献帝为山阳公，追尊父亲武王曹操为魏武皇帝，正式建立了曹魏政权，中国历史也随之进入三国时期。

建安风骨

曹操父子不仅是当时政坛上的领袖，而且还是当时文坛的领袖人物，他们继承了汉代乐府民歌的现实主义精神，在文学史上开创了被后人称之为"建安风骨"的优良传统。

"建安风骨"是指东汉建安时期文学作品内容充实、活泼，感情真实丰富，语言刚劲有力。当时人们对文学的看法和一代文风的转变起着推动和促进作用。

曹操不仅是一位政治家、思想家，而且是一位杰出的文学家。他的作品主要表现在诗歌和散文方面，在当时有一定的代表性，在中国古代文学史上，也占有重要的地位。

曹操现存诗歌共20多首，全部是乐府诗。他用诗歌来表达对现实的看法和态度，抒写他的政治思想与抱负，他的诗被誉为"汉末实录，真史诗也"。著名的有《薤(xiè)露行》和《嵩里行》。《薤露行》记述的是公元189年"董卓之乱"这一史实，诗中揭露了这场暴乱给国家和人民造成的严重灾难。《嵩里行》揭露以袁绍为盟主的各路地方豪强以讨董卓为名，实则相互争权夺利，作者对此表示出极端的愤慨，对劳动人民流离失所、饥寒交迫的生活表示同情。

最能体现曹操诗歌悲凉慷慨特色的，是那些抒写抱负，表现雄心壮志的诗篇，其代表作是《短歌行》和《步出夏门行》。《短歌行》一开始就以悲凉的情调，表达了对人生易老、生命有限这个不可克服的自然现象的无限感慨。"对酒当歌、人生几何，譬如朝露，去日苦多……"曹操在诗中因国家统一事业未能完成，感叹人生短暂，希望有更多的贤士来帮助他完成统一大业。在《步出夏门行》中，表现出了诗人不信天命、重视人力的朴素唯物主义思想。人总是要死的，任何英雄最终都难免一死，即使是号称长寿的神龟，善于乘雾的腾蛇，其生命也会有终结的时候，最后都要化为灰土。此时曹操已 53 岁了，但"老骥伏枥，志在千里；烈士暮年，壮心不已，"反映了诗人老当益壮的英雄襟怀，是千古传诵的名句。

汉末魏初的文章的特色是"清峻""通脱"。"清峻"，是文章简洁、严明的意思；"通脱"，是指写文章不受传统思想和形式体制的约束，下笔无所顾忌。曹操的散文最具有这样的特色，他的文章都是直抒胸臆，直言事理的，没有感情虚伪的；语言质朴简明，没有浮华的辞藻；篇幅大都在几十字到百余字之间，言简意赅，意味深远。如《军谯令》一文，是建安七年（202），曹操引军经过家乡谯郡时为抚恤将士亲属而写的：

吾起义兵，为天下除暴乱，田土（谯郡）人民，死丧殆尽，国中终日行，不见所识，使吾凄怆伤怀。其举义兵已来，将士绝无后者，求其亲戚以后之。授土田，官给耕牛，置学师以教之。为存者立庙，使祀其先人。魂而有灵，吾百年之后何恨哉！

全文仅 80 余字，却真切地表达了作者对残酷的战争给人们带来严重灾难的感伤，以及对将士和家属的悼念与关怀。

《让县自明本志令》是曹操现存散文中唯一超过千字的长文。从今天的标准看，它仍然是一篇精粹的短文，文章观点鲜明，这是一篇具有回忆录性质的文章，写于建安十五年（210），曹操 56 岁的时候。曹操在文中回顾了 30 多年来的政治、军事生涯，记述了他的思想、抱负和事业的发展过程。在文中，作者对当时攻击他有野心、要夺皇权的人给予还击，极力表白自己忠于汉室的心

中华上下五千年——第五篇 三国·魏晋南北朝

迹。他明确宣告，为了避免国家重新陷入分裂动乱，为了把统一全国的事业进行下去，他绝不轻易交出政权和兵权——"江湖未静，不可让位"。曹操在世时，一直没有废除汉称帝，这样做是有利于维护国家的安定和统一的，诚如他自己所说："设使国家无有孤，不知当几人称帝，几人称王。"这反映了当时的现实，表现了曹操过人的政治远见。

曹操在文学上，从内容到形式，都对旧的一套做了改革，而且取得了很大的成功，正因为如此，鲁迅先生称曹操为"改革文章的祖师"。

曹操在文学史上的杰出成就和贡献，还在于他召集文士，开创"建安文学"，对当时的文学发展起到了很大的推动作用。

曹操对文化学术很关心。公元202年，他下令兴建学校，一县满500户的，就置校官，给文学之士以很高的政治地位。在当时文学界占较高地位的"建安七子"，除孔融外，陈琳、王粲、徐幹、阮瑀（yǔ）、应场（yáng）和刘桢，政治上都是曹操的僚属，曹操不管他们以前做过什么事，从不计较。像陈琳，原来在袁绍手下，曾起草过谩骂曹操及其祖先的檄文。曹操打败袁绍后，陈琳落到曹操手里，以为自己必死无疑了。可是曹操一见到陈琳，就对他说："代替袁绍写文章骂人，骂我本人也就可以了，讨厌我也就罢了，怎么能把我的祖宗八代都骂进去呢？"陈琳谢罪，曹操说过去的事情就算了，不但没杀陈琳，还封他和阮瑀为司空军谋祭酒，军国檄书都由他们起草，发挥他们的特长。

曹丕在文学上的成就，总的来说，是低于曹操和曹植的，但他在文学史上也占有不可低估的地位。

曹丕的诗以描写男女爱情和离愁别恨见长。他善于运用清新

晓畅、形象鲜明的语言,描摹游子思乡和少妇思君的场面,写得
悱恻缠绵,令人悯惜,如《钓竿》诗:

> 东越河济水,遥望大海涯。
>
> 钓竿何珊珊,鱼尾何簁簁(shāi,鱼跃貌)。
>
> 行路人好者,芳饵欲何为?

此诗运用比兴手法,刻画一个渔家少女对爱慕她的路人表示的
情恋。《秋胡行·朝与佳人期》描写一个男子与爱人约会而对方迟迟
不来赴约的心情,也刻画得比较细腻。《燕歌行》两首更是言情名作,
其第一首:

> 秋风萧瑟天气凉,草木摇落露为霜。
>
> 群燕辞归鹄南翔,念君客游多断肠。
>
> 慊慊(qiè)思归恋故乡,君何淹留寄他方?
>
> 贱妾茕茕(qióng,悲愁)守空房。忧来思君不敢忘,
>
> 不觉泪下沾衣裳。
>
> 援琴鸣弦发清商,短歌微吟不能长。
>
> 明月皎皎照我床,星汉西流夜未央。
>
> 牵牛织女遥相望,尔独何辜限河梁?

此诗描写一个女子在凉秋月夜,遥想一河相隔的牵牛织女,
怀念远出不归的丈夫。感情委婉真挚,语言秀丽简洁,使少妇那
种惹人怜惜的愁容、泪痕、低眉弄琴的妩媚情态,和她那思念夫
君的真挚情怀,皆惟妙惟肖地跃然纸上。

曹丕的诗，大多是代人言情，所倾诉的都是一些离愁别怨，缺乏重大的社会内容，从思想性来说，意义不大。但从其艺术成就来说，在文学史上又有很高的价值。《燕歌行》是我们所见到的最早的较完整的音节优美的七言诗，为我国诗歌形式的发展开辟了一条新的途径。

曹丕对各种诗歌形式都做过大胆尝试，除七言诗《燕歌行》外，还有六言诗《令诗》和《黎阳作·奉辞讨罪遐征》；五言诗更为曹丕所大量运用，占据他全部现存诗歌的一半以上。杂体诗《大墙上蒿行》，长三百六十余字，大大突破了汉乐府古题的篇幅，句法参差多变，在形式上有首创意义，对后来的长篇歌行有很大影响。王夫之评这首诗说："长句长篇，斯为开山第一祖，鲍照、李白领此宗风，遂为乐府狮象。"为此，鲁迅先生说："曹丕的一个时代，可以说是文学的自觉时代。"

与曹操一样，曹丕也有一部分诗歌抒写对人生无常的感慨，但在情调上两人又有显著的不同。曹操对人生的咏叹，常常和急欲建功立业的思想抱负结合在一起，基调是积极的，富有进取精神的；而曹丕的这类诗，所缺乏的正是这种精神，这与他的现实生活是分不开的。如《丹霞蔽日行》：

丹霞蔽日，彩虹垂天。

谷水潺潺，木落翩翩。

孤禽失群，悲鸣云间。

月盈则冲，华不再繁。

古来有之，嗟我何言！

这是一首四言体诗。全诗把自然界常见的各种现象罗列在一起，用来比喻各种社会现象，但是对于"月之阴晴""流水落花""孤禽失群"等这些现象，感到无能为力，而发出"古来有之，嗟我何言"的感叹，与曹操的"老骥伏枥，志在千里；烈士暮年，壮心不已"的气势相比，显然是逊色多了。

值得一提的是，曹丕的《典论·论文》是中国最早的文学批评专著之一，在我国文学批评史上占有重要的地位。它主要探讨了文学的价值和作用，文学的体裁和特征，作家的气质才性与作品风格的关系，以及文学批评的态度等四个问题。他认识到文学的独立地位和文学作品的功能和价值，这在我国文学史上有划时代的意义。由于他的首创，文体论成为魏晋六朝文学批评的一个重要方向。后来，陆机的《文赋》、刘勰（xié）的《文心雕龙》等对文体的论述，则都是对曹丕这一理论的继承和发展，其影响是很大的。曹丕在文中尖锐地批评了历史上"文人相轻""各以所长，相轻所短"等不良风气。他指出正确的批评态度应当是"审己度人"，曹丕开创了批评作家作品的良好风气，对于文学及文学批评理论的发展也有积极的意义。

在曹氏父子中，文学成就最大的要数曹植，他是建安时代最杰出、最有代表性，对后世影响最大的一位作家。曹植现存的作品，不仅数量多，而且形式繁富，除诗、赋、章、表、书、论等外，还有颂、碑、赞、铭、咏和哀辞等各种文体。

曹植的作品，无论是在内容上还是在风格上都明显地反映出两个迥然不同的时期。前期，他在父亲的庇护下生活，很得父亲宠爱，所以对生活充满信心，更有自己的理想和抱负。反映在诗歌中，基调是开朗豪迈的，充满昂扬的精神，在《与杨德祖书》中，他对自己的文学才能表示高度自信，但却不甘心仅仅做个文学家，功名事业对他有更为强烈的诱惑力。在政治上有所作为，为国为民建立一番功业，使自己因而名垂后世，这是他的最高理想。《白马篇》是曹植前期的文学代表作，诗中塑造了一个英俊勇武、不怕牺牲的爱国壮士的形象。诗末写道：

长驱蹈匈奴，左顾凌鲜卑。

弃身锋刃端，性命安可怀？

父母且不顾，何言子与妻！

名编壮士籍，不得中顾私。

捐躯赴国难，视死忽如归。

诗中歌咏壮士为国捐躯、视死如归的精神，也是作者理想和抱负的自我抒写。除此之外，《箜篌（kōng hóu）引》《名都篇》《美女篇》等，也是借景抒情、借物咏志的优秀作品。

曹丕上台后，对曹植进行了迫害，因为他很嫉妒曹植的文才。有一次，曹丕命令曹植在走七步路的短暂时间内作一首诗，作不成就行"大法"。曹植略加思索，七步成诗："煮豆燃豆萁，豆在釜中泣。本是同根生，相煎何太急？"诗中以萁豆相煎比喻骨肉相残，一语道出：曹丕，你作为我的兄长，何苦这样来迫害我呢？

由于兄长的迫害，曹植为国建功立业的愿望受到压抑，所以在他后期的诗文中，又增添了更为丰富的内容，在情调上也因壮志难酬和横遭迫害而显得隐曲深沉，许多地方甚至流露出无限的哀伤和极度的忧愤，最有代表性的作品是《赠白马王彪》。在这首诗中，诗人一反那种隐晦曲折、哀怨如诉的笔触，以充满激愤的情调，不加掩饰地倾吐了内心郁积的曲折复杂感情。黄初四年（223）五月，曹植和白马王曹彪、任城王曹彰一起到洛阳"会节气"，曹彰到洛阳后突然不明不白地死了，同年七月，曹植和曹彪同归封地，本想同路而行，顺便一叙阔别之情，但监国使者不允许，强迫他们分途而行。这首诗就是和曹彪分手时怀愤而作。这首诗共七章，前面有序，前两章写离开洛阳东归封地，有对京城的眷恋和旅途的困顿；第三章写兄弟被迫分途，有对小人离间骨肉、搬弄是非的愤慨；第四章描写秋天原野的萧条景色，感物伤怀，无限凄惨；第五章追悼曹彰暴死，联想到自己也朝不保夕，不禁悲惧交集；最后两章写诀别时对曹彪的慰勉，却抑制不住自己悲痛、矛盾的心情。诗中，诗人以无法按捺的激愤，痛骂专横残暴的监国使者，直斥他们是"鸱鸮"（chī xiāo，鸟类的一科，属夜行猛禽），是"豺狼"，是"苍蝇"。监国使者是皇帝的特使，是代表皇帝监视诸侯的，辱骂监国使者，实质上也就是对曹丕迫害他们兄弟的行为的控诉。

由于曹植后期生活上毫无自由，政治上看不到出路，思想上感到压抑而又无法摆脱，于是就只有通过幻想，到另一个世界去寻求自由和解脱，借升天凌云来发泄苦闷。在这种思想支配下，曹植在这期间写了不少游仙诗，如《仙人篇》："四海一何局，九州安所知？"《五湖咏》："九州不足步，愿得凌云翔。"《远游篇》："昆仑本吾宅，中州非我家。"这些诗句都是有感而发。屈原在《远游》说："悲时俗之迫厄兮，愿轻举而远游。"曹植写游仙诗与屈原写《远游》的思想感情和表现手法有异曲同工之妙，曹植一生的实际遭遇，使他在思想上消极遁世，这种思想对后代特别是对晋代和南北朝诗人如阮籍、嵇（jī）康、陶渊明、谢灵运等都有

547

较为深远的影响。

曹植诗歌在艺术创作上有突出的成就，他学习汉乐府民歌，创作五言诗，对中国古代五言诗的发展做出了积极的贡献；他还善于运用比兴手法，借助于其他事物来进行譬喻和象征，如《野田黄雀行》：

> 高树多悲风，海水扬其波。
>
> 利剑不在掌，结友何须多？
>
> 不见篱间雀，见鹞（yào）自投罗。
>
> 罗家得雀喜，少年见雀悲。
>
> 拔剑捎罗网，黄雀得飞飞。
>
> 飞飞摩苍天，来下谢少半。

当时，他的好友丁仪、丁廙（yì）兄弟被曹丕所杀，而他却无法营救，为抒发自己的悲愤，他写下了这首诗。但他不能直书其事，直抒悲恨，而是通过具体的形象间接地表达。他用"风波"比喻险恶的环境，以"利剑"比喻权力，以"投罗之雀"比喻遇难的朋友。少年捎罗救雀是假想有人来救难友。

在修辞手法上，曹植也超脱乐府古辞中句与句之间的"顶真"（用前面结尾的词语或句子作下一句的起头）手法，发展为章与章之间的"顶真"，如《赠白马王彪》一诗，全诗共七章，除第一章外，其余六章的后一章首句必和前一章末句相呼应。即后一章用前一章的结尾来起头。这样，不仅使全诗的音节更加合拍、匀称，增加了读者的兴趣，而且各章节之间的层层相递，使这首长达七章的诗篇在结构上联成一个整体，在思想感情上一层深一层，而读者感情也随之起伏，深深地被诗歌所吸引。

建安文学

建安文学指中国东汉末期建安年间（196—220）及其前后撰写的各种文学作品，风格独特，在文学史上获得极高评价。

建安文学源自时代环境的刺激。汉末政治动荡，戚宦争权，党锢之祸，州牧割据，连年战争，社会动乱，民生困苦，给文人提供了创作题材。他们借文学作品发出慨叹，反映社会实况及个人遭遇。诗人也继承汉末以天下为己任的士风，发展出一种昂扬奋发的建功立业精神。

建安文学源自儒学衰微（衰落）。由于政治混乱，国家体制崩坏，人们对礼教产生怀疑，转而相信佛道思想，摆脱儒家经学的束缚。正统思想失去约束力，士人思想解放，开阔了创作的空间。文学的作用不再是阐发经义，而是反映现实生活，抒发个人思想感情。

建安文学源自政治领袖的倡导。建安末年，曹氏父子掌握政治大权，他们雅好文学，于是形成了以曹氏为中心的文学集团，以及盛极一时的"邺下文风"。

建安文学受汉乐府民歌的影响。汉代乐府"感于哀乐，缘事而发"，产生了大量反映社会民生的作品。建安时代，环境剧变，使诗人得以继承汉乐府精神而从事大量创作。此外，建安文学也受《诗经》《楚辞》及《古诗十九首》等文学传统的影响。

建安文学亦源自文学价值的肯定。长期创作经验的积累，促进了文学批评的发展，文人对文学本质和文学特点的认识都有所提高。曹丕《典论·论文》谓文章乃"经国之大业，不朽之盛事"，肯定了文学价值，有助于文学发展。

建安时期五言诗大盛。曹氏父子以政治领袖的身份，大量写作五言诗；文士中有建安七子等人，经常唱和，尤其是在宫廷宴会场合，往往有即席赋诗的习惯。现今流传下来的公宴诗，多是五言之作。

建安的五言诗在文学史上的评价非常高，建安诗歌从乐府民歌脱颖而出，并逐渐文人化，到曹植时已经具有明显的文人诗面目。内容上主要是游仙以及反映当时社会现状两大类，后一类有很多优异之作，如曹操的《薤露行》《嵩里行》、王粲《七哀诗》等。题材上可分七类：（一）战乱和征戍艰辛；（二）怀念家乡；（三）民生疾苦；（四）政治理想与抱负；（五）人生短暂，世事沧桑；（六）游仙；（七）诗酒饮宴。建安文学内容具有现实性，反映汉末社会动乱的实况，表现出慷慨悲凉的特色，如王粲著有《七哀诗》《登楼赋》，被刘勰誉为"七子之冠冕"。建安文学内容亦具抒情性，表达作者个人理想，及其拯物济世的抱负，言辞恳切，具有刚健明朗的特色，被后人称为"建安风骨"。

建安文学抒发个人切身感受，直抒胸臆，有沉郁悲悯、个性鲜明的特色；作品想象丰富，作者为求精神安慰，有宴游、游仙、出世之作。

实行屯田制

东汉末年动乱发生后，中原地区的经济遭到严重破坏。两汉时期经济繁荣的河南、关中地区遭受战争洗劫更是残破不堪，西汉都城长安被董卓及其部将李傕、郭汜掳掠一空，"二三年间，关中无复行人"。建安元年（196），献帝回洛阳后，"宫室烧尽，百官披荆棘，依卧墙壁间，州郡军阀各自拥兵杀夺，贡输不至，朝官饥饿困乏，尚书郎以下自出樵采。"其他城镇也是"名都空而不居，百里绝而无民者，不可胜数"。东汉顺帝时冀州有人口 500 万，曹操占据冀州后，仅有人口 30 万，还说是大州。北方农村到处"田无常主，民无常居"，农业生产已经无法进行，农民逃亡流徙、饿殍载道（形容到处都是饿死的人。殍，piǎo）。混战割据的各地军阀则是"饥则寇略，饱则弃余"，靠游掠生活。饥饿不仅成为当时严重的社会问题，也成为兼并战争中各方瓦解流离、无敌自破的直接原因。拥有北方四州之地的大军阀袁绍也不得不"仰食（依靠他人而得食）桑椹蒲赢"，曹操与吕布争兖州，东阿豪强程昱抢掠附近郡县的粮食，供应部队三日军食，还加了许多"人脯"。黄巾起义虽然被镇压了，但引发农民起义的社会问题，即流民问题并没有得到解决，反而因军阀混战更趋严重了。许多小股的农民起义军，正在各地活动、聚合、发展，而当时各军阀豪强大都醉心于争夺地盘，对这个问题却熟视无睹。面对这种局面，保持较为清醒认识的唯有曹操。

在这之前曹操打败青州的黄巾军，受降卒 30 余万，男女百余万口，曹操把他们改编为青州兵，曹操清醒地认识到，如果不使他们与土地结合，他们会很快沦为豪强地主的部曲（古代豪门大族的私人军队，带有人身依附性质）家兵，甚至重新组织力量，异军突起。慑于人民的力量，曹操在同各地豪强争夺中首先解决后顾之忧，考虑农民同土地结合的问题。而当时是具有解决这些问题的客观条件的，首先是黄巾农民军起义后，大土地所有者受到打击，出现了大量闲置的公田，另外，曹操收编黄巾军后，有了现成的劳动力和生产工具，因而曹操接受部下枣祗（zhī）、韩浩的建议，推行屯田制。

建安元年（196），曹操先在许昌（今河南许昌县）、颍川（今河南禹县）屯田，取得成功，接着迅速推行到其他地区，当时全国主要的屯田地区除许昌、颍川外，还有洛阳、荥阳（今河南荥阳东北）、原武（今河南原阳）、弘农（今河南灵宝北）、河内（今河南武陟西南）、野王（今河南沁阳）、襄城（今河南襄城）、汝南（今河南汝南东北）、南阳（今河南南阳）、梁国（今河南商丘南）、沛国（今安徽淮北西）、谯郡（今安徽亳州）、魏郡（今河南磁县东南）、巨鹿（今河北宁晋西南）、河东（今山西夏县东北）、上党（今山西长治北）、长安（今陕西西安）、上邽（今甘肃天水）等郡国。

屯田的组织机构，有民屯和军屯两种。民屯的管理方式是，全国所有民屯都归大司农掌管，民屯所在郡国设典农中郎将，其职位与郡守平行，县设典农都尉，职位与县令平行，以下由屯田司马管辖，每屯 50 人，典农官自成系统，直接由典农中郎将负责，不属郡县管理，主要农官直接由吏部任免。军屯保持原有的军事建制，以营为单位，每营 60 人，由军官督领同大司农属官度支中郎将协同管理。为保持固定兵源，曹操对士兵采用高压政策，实行"士家制"，士家另置户籍，世子称士息，世代为兵，士家之女称士女，必须陪嫁士家，士如有逃亡，罪及妻、子。由此可见，曹操的士兵成了世代相袭、父子相承、身份低于平民的兵户了。曹操用这种比军法更严厉的方式把兵士牢牢地束缚在了他的政权之下。

　　曹操在实施屯田的同时，注意招纳流亡人口，分给他们土地，贷给他们耕牛，鼓励他们进行农业生产。关中地区因为屡遭军阀骚扰，10 多人口流徙荆州，后来听说本土生产得以恢复，都愿意返乡，但苦于没有生产工具，卫觊建议贷给他们农具、耕牛，得到曹操的准许，于是"流人归还，关中丰实"，收到了很好的效果。

　　屯田区土地的所有权属于国家，屯田民是国家的佃客（指租种土地的农民），他们对土地的占有是不稳定的，国家随时可以把他们移往别处。屯田制下的分配方式采取每年将收获的产品，按分成的方式上缴国家，具体方法是，使用官牛的按四六分，使用私牛的按对半分。这个租税数额不仅比汉代三十税一或十五税一的剥削远为加重，就是比汉代无地农民耕种地主的土地，缴纳 1/2 的地租也都多。

　　在屯田土地上除可种植稻、粟等粮食作物外，也可栽植桑麻。同时为了提高屯田单位面积的产量和扩大屯田规模，曹魏统治者非常注重水利事业的兴建，先后修睢阳渠，开讨虏渠，此外在今安徽合肥一带兴治芍坡、七门、吴塘，在今河南建造新坡、小弋阳坡、沁水小石门，在今陕西开成国渠，在今淮阳一带修广淮河，在今河北疏导高梁河、造戾陵堰、通车箱渠等。水利工程遍及中原地区，形成了西至关、陕，北至幽冀的大范围的灌溉系统，其中芍坡一处溉田数万顷，车箱渠溉田万余顷。

曹魏的屯田制、士家制是封建国家在特定条件下用豪强地主征敛方式剥削国家佃客，用私人部曲方式组织国家军队的制度，这些制度一方面是豪强地主统治农民的方式在国家政治中的反映，另一方面又是国家同豪强地主争夺流民的有效方法。这种用军事强制形式把农民和士兵固着在封建固有土地上的制度，固然严重地限制了农民和士兵的人身自由，曾经引起屯田客的逃亡和起义，但在当时的历史条件下，它还是起到了保护和发展生产力的作用。对于屯田客来说，避免了颠沛流离，生活在一定程度上得到保障；佃客生产生活水平的提高，促进了经济的发展，为曹操统一北方奠定了经济基础。

曹魏后期，司马氏掌握了政权后，实行"给客制"，把屯田户赏赐给世家大族，对屯田制造成破坏，屯田制无法存在了。司马炎即位的前一年，明令废除屯田制，两年后又重申前令"罢农官为郡县"，民屯基本上被废除了；军屯仍然保留，但景况也大不如从前了。民屯被废除后，屯田民一部分成为由郡县管理的国家佃农，一部分成为私人佃农，还有一部分变成了自耕农。

士家制度

士家，指世代当兵之家。士家一般集中居住，另立户籍，不与民户混杂。曹魏所以推行士家制，首先是为了保持兵源；同时也有向割据势力争夺劳动力的性质。至少从春秋时起，国君已向出征将帅征取质任。汉魏之际，群雄基跱（qí zhì，指相持之势），

554

不仅将校轻于去就，士兵亦多窃逃，为了保持固定的兵源和榨取更多的劳动力，曹魏推行了具有时代特色的士家制。唯曹魏士家制，既无成文条款规定，史书亦缺乏正面阐述，故后人研究，多有疑难，今只根据有限资料，缕述其梗概。

曹操初起兵时，力单势薄，所召集的兵士，常因饥饿叛逃。及操领兖州牧，势力始为之一振，又因陈宫叛迎吕布，一度濒临危殆。到消灭吕布，并打败汝、颍黄巾军以后，曹操才组成一支兵势相当强固的军事集团，但仍处于强邻环伺之中。对新附将领如臧霸等人也只能采取羁縻策略，以收一时之用，自然谈不上向将士索取质任。建安二年（197），操在宛遭到张绣降而复叛的突然袭击，事后操对诸将言：“吾降张绣等，失不便取其质，以至于此。”实际情况是，操原先并非不知取质，但羽毛未丰，不敢贸然行之而已。至官渡之战，操打败袁绍后，兵力才强盛到足以威慑天下的程度。此后操不断打击袁氏势力，至建安八年（203），操下令说：“自命将征行，但赏功而不罚罪，非国典也。其令诸将出征，败军者抵罪，失利者免官爵。”表明到此时，操才结束了以往对部下宽容迁就的态度，而挺起腰杆来执行军法了。至于操向将士索取质任之事，则是在建安九年（204）攻下邺城之后才施行的。《三国志》卷十八《臧霸传》载：

太祖破袁谭于南皮，霸等会贺，霸因求遣子弟及诸将父兄家属诣邺。太祖曰：“诸君忠孝，岂复在是！昔萧何遣子弟入侍，而高祖不拒；耿纯焚室舆榇（yú chèn，载棺以随，表示决死或有罪当死）以从，而光武不逆。吾将何以易之哉！”……霸为都亭侯，加威虏将军。

《臧霸传》注引《魏书》亦载：

孙观……与太祖会南皮,遣子弟入居邺,拜观偏将军,迁青州刺史。

同卷《李典传》亦载:

典宗族部曲三千余家,居乘氏,自请愿徙诣魏郡。太祖笑曰:"卿欲慕耿纯邪?"典谢曰:"典驽怯功微,而爵宠过厚,诚宜举宗陈力;加以征伐未息,宜实郊遂之内,以制四方,非慕纯也。"遂徙部曲宗族三万余口居邺。太祖嘉之,迁破虏将军。

以上三人迁家居邺之事颇类似,时间亦相近,显然,臧霸等人是揣度曹操的意向行事的。送质,既向曹操表达了忠诚,又得加官晋爵,可谓一举两得。在操方面,不仅得到了臧霸等的质任,还可引起其他将领的连锁仿效。可是,跟随主将迁到邺城的宗族部曲,却得不到什么政治、经济上的好处,他们得到的只能是名列士家户籍,长期过着"父南子北,室家分离"的忧思生活。

其他有些被迁到邺城的士家并非出于自愿。例如《三国志》卷十五《梁习传》载:

习以别部司马领并州刺史,时承高干荒乱之余,胡狄在界,张雄跋扈,吏民亡叛,入其部落(《通鉴》胡注:"南匈奴部落皆在并州界"),兵家拥众,作为寇害(胡注:"谓诸豪右拥众自保者"),更相扇动,往往棊跱。习到官,诱谕招纳,皆礼召其豪右,稍稍荐举,使诣幕府(当指曹操幕府)。豪右已尽,乃次发诸丁强,以为义从;又因大军出征,分请以为勇力。吏兵已去之后,稍移其家,前后送邺,凡数万口。

《通鉴》卷六十五将此事系于建安十一年(206)。梁习对并州的豪右和强壮男丁采取了不同的态度:对豪右是以礼相待,以官相诱;对强丁,则编为精勇部队,以令其为曹魏政权效力。等他

556

们走后，剩下的家属便只有听任官府调动了。于是梁习把他们分批迁往邺城，前后达"数万口"，绝大部分都成为士家。这样，曹魏统治者就有兵有粮又有质任，可谓一举而三得了。

九品中正制创立

九品中正制是一种选官制度，始于曹魏时期，是从汉朝的察举制度发展而来的。所谓察举，就是由地方官吏在各自管辖的地区随时考察，选拔封建统治者所需人才，举荐给中央政府。被推荐之人，经过考核后，根据能力大小分派官职。汉朝时期察举制度名目繁多，有的叫孝廉，即做事正直，能尽孝道；有的叫贤良方正；有的叫茂材异等（出众的优秀人才），有的叫孝弟力田（奖励有孝的德行和能努力耕作者）；等等，考核的办法主要是试用。

察举主要由地方政府掌握。这种情况显然对封建专制主义的中央集权统治不利。尤其是到了三国两晋南北朝时期，一些控制国家政权的大地主阶层，形成了一个特殊等级，即"士族"，他们想把持国家政权，合法持久地占有高官贵爵，于是在察举制度的基础上把选官制度发展成九品中正制。

九品中正制，即推选各州郡有名望的人，出任"中正"官，州设大中正，郡设小中正，由这些中央派充的中正官把主管地区内的各类人物，评定为上上、上中、上下，中上、中中、中下，下上、下中、下下九个等级，叫作九品，然后按品推荐他们到政府去做官。名列高品，就可以做大官，下品的只能做小官。而这个品级是按门第的高低类别划分的，故这种制度也叫"门阀制度"。从此，地方政府失去推荐人才的权力，中央政府设在地方上的中正官牢牢把握了选官权力，凡是担任中正官的，都是世家大族，他们品评人物只看门第，不论才能及封建道德；被评为上品的都是世家大族子弟。门第低的人休想列入上品，政府里的高官都把持在豪门大族手中。这种情形在西晋时期尤为严重，形成了"上品无寒门，下品无世族"的局面，九品中正制成了士族操纵政权、发展权势的一种工具。这对最高统治者而言，不利于加强中央集权；对于中小地主阶层来说，则成了他们进一步往上爬的挡路石。

581年，杨坚篡夺北周政权，建立隋朝，为了进一步加强中央集权，扩大政权统治基础，便把选官的权力收归中央，废止了九品中正制度。到了隋炀帝时，创行开科取士，用考试代替考核，用科举代替选举。从此，科举制度成为中国封建社会主要的选官制度，各朝一直沿袭不废。

蜀汉的建立

刘备（161—223），即蜀汉昭烈帝，字玄德，涿郡涿县（今河北涿州）人，据说是汉中山靖王刘胜的后代，三国时期蜀汉的开国皇帝，政治家，221—223年在位。谥号昭烈帝，庙号烈祖，史家又称他为先主。

汉灵帝末年，大常刘焉建议，说刺史太守货赂为官，剥削百姓，以致使百姓离叛，因此应选派清廉重臣，任为州牧，镇安方夏。此时刚好益州刺史俭赋敛烦忧，谣言远闻；而并州杀刺史张益，梁州杀刺史耿鄙；刘焉见天下将乱，暗中寻找日后发展安身之地，就出为盟军使者，领益州牧。这时正是中平五年（188）。

558

当时凉州的马相、赵祗等在绵竹县（今四川德阳市）自称黄巾军，杀绵竹县令，攻破雒县（今四川广汉市。雒，luò），攻益州杀俭。又到蜀郡、犍为（隶属四川省乐山市。犍，qián），九月之间，破克三郡，马相自称天子，士众达十余万人，他们又派人破巴郡，杀郡守赵部。州从事贾龙只领兵数百人，在犍为东界，摄敛（聚集）吏民，得千余人，攻杀马相等，不久即败走。州界平静下来。贾龙就选派吏卒迎接刘焉。刘焉徙治（迁移王都或地方官署所在地）绵竹（益州刺史本治在雒县）。抚纳离叛之人，务行宽惠，阴谋他图。刘焉任张鲁为督义司马，与别部司马张修攻击汉中太守苏固。张鲁却袭击张修并杀了他，夺走张修的士众。刘焉上书称米贼断道，没法沟通，又以其他事情为借口，杀州中豪强十多人，以立威刑。犍为太守任岐及贾龙反攻刘焉。刘焉击杀任岐、贾龙。刘焉的势力渐强，制作乘舆车具千余乘。这时刘焉的儿子刘范为左中郎将，刘诞为治书御史，刘璋为奉车都尉，都跟随献帝在长安，只有小儿子刘瑁一直跟随着刘焉。献帝派刘璋晓谕刘焉，刘焉则留下刘璋不返。马腾与刘范图谋诛杀李傕（jué），刘焉派叟兵（东汉、三国时叟人被征募为兵者，作战英勇，称"叟兵"）五千助之，战败，刘范被杀，刘诞被捕行刑。议郎庞羲与刘焉通家，就把刘焉的几个孙子护送入蜀。这时刘焉突遭火灾，车具烧尽，延及民家，刘焉徙治于成都。天灾人祸，使刘焉一蹶不振。兴平元年（194），刘焉死去。州大吏赵韪（wěi）等人以为刘璋温仁，共同上书举荐刘璋为益州刺史，诏任为监军使者，领益州牧，以赵韪为征东中良将。当初南阳、三辅流民数万户流入益州，刘焉全部收容，名曰东州兵。刘璋性柔仁宽，无威严，东州人侵扰，成为民患，刘璋不能禁制，当地人颇有怨言。赵韪在巴中，甚得众心，刘璋又委以重权，赵韪因此阴谋交结州中大姓，于建安五年（200）还击刘璋。蜀郡、广汉、犍为都响应叛乱。东州人害怕刘璋失败而自己也遭到诛灭，就同心协力为刘璋死战，大败反叛者，进攻赵韪于江州（今四川渝北区），斩赵韪。张鲁认为刘璋懦弱不能承顺，刘璋大怒，杀死张鲁的母亲及弟弟，并派将领庞羲进攻张鲁，但多次被张鲁打败。张鲁的部下多在巴土，庞羲原为巴郡太守，张鲁因此袭取他，称雄于巴、汉间。汉王室无力征讨，于是就笼络张鲁，任命他为镇民中郎将，领汉守太守，只向王室贡奉而已。建安十三年（208），曹操领兵攻荆州，刘璋派人向曹操致敬。曹操封刘璋为振威将军，封刘瑁为平寇将军。刘璋又派别驾张松去见曹操。曹操当时已经平定荆州，赶走先主，不复存录张松，张松由此怨恨。后张松劝刘璋与曹操绝交而转投刘备。刘璋就派法正联好刘备，不久又令法正与孟达送兵数千，帮助刘备进行守御。后刘璋又迎刘备入境，很是礼遇刘备。建安十六年（211）刘璋去会见刘备，为刘备提供军需物资，让刘备征讨张鲁，然后分手。刘璋此举是想借刘备之力抑制蜀中诸将，剿灭张鲁后让刘备屯汉中，而刘璋仍然可以得到益州。刘璋自以为奸计得逞了，不料反被人利用。

赤壁之战后，刘备表举刘表之子刘琦任荆州刺史，刘琦病死了，众人便推刘备为荆州牧。孙权有些畏惧，就让其妹与刘备联姻。刘备到建邺（今江苏南京）会见孙权。周瑜上书孙权说："刘备以枭雄之姿，又有张飞、关羽熊虎之将，必非久屈人下。愚谓大计，应该让刘备留在东吴，多筑宫室，多选美女，多予奇器玩耍，以娱其耳目，懈其大志。把关羽、张飞二人各置一方，在我们统领之下，这样便可以挟二人展开攻战，大事即可定。现在猥割土地，以为其奠定物质基础；聚此三人俱在疆场，恐怕是蛟龙得云雨，终非池中之物。"孙权认为曹操在北方，应该广为招揽英雄，又担心刘备难以驾驭，所以没有采纳周瑜的建议。周瑜于是亲自到建邺见孙权，请求"与奋威俱进取蜀，得蜀而并张鲁，然后留奋威固守其地，好与马超结援，周瑜则还与将军据襄阳以蹙（逼迫）曹操，这样可图北方"。孙权答应了周瑜的这个请求。周瑜返江陵打点行装，不料在进军途中病死了。孙权便以鲁肃代替周瑜。孙权后来要派人与刘备共同取蜀，荆州主簿殷观向刘备进言说："如果作为吴的先驱，进不能去克蜀，退为吴所乘，这样我们就彻底完了。现在我们可以赞成吴去攻蜀，然后又说新据诸郡，有待安抚，不能与他们一道发兵，这样东吴就一定不敢越过荆州而单独攻蜀。那么进退之计由我，可以取吴、蜀之利。"刘备采纳了这个建议，孙权果然辍计。因为周瑜已死，没有人能奋身单独攻取蜀地，所以就想利用刘备为前驱，胜败都于己有利，但刘备却不上这个圈套。

蜀地险要，易守难攻。周瑜之心虽雄，但却没能长寿，即便周瑜不死，能否长驱直入也未可知。刘备之所以轻易取得蜀地，是因为刘璋先开门迎接他。刘璋弱，认为割据汉中的张鲁对益州是一个巨大威胁，便听从手下之言，派人请刘备入蜀，来帮助他防御张鲁。法正之迎刘备，具陈益州可取之策。刘备留诸葛亮、关羽等据荆州，带步卒数万人入益州，到涪（wú），刘璋亲自迎接他，两人相见甚欢。张松令法正禀刘备，谋臣庞统进言，可在相会之所袭刘璋。刘备说："这是大事，不可鲁莽。"刘璋推（推选）刘备行大司马，领司隶校尉；刘备也推刘璋为镇西大将军，领益州牧。刘璋给刘备增兵，让刘备去攻击张鲁，又令刘备督白水

（今四川昭化县西北）军。刘备并军三万多人，车甲器械资货（钱财货物）甚盛。同年，刘璋归还成都。刘备北至葭萌（今四川昭化县东南），不久便讨伐张鲁，厚树恩德，以收买笼络人心。第二年，曹操征讨孙权，孙权向刘备求援，刘备就向刘璋求兵万余人及许多辎重，打算向东行救孙权。但刘璋只答应给兵4000人，其余的都给一半。张松给刘备及法正写信说："眼看着就能成就大事，为何又解兵（解除武装，停止战争）东去呢？"张松的哥哥广汉太守张肃害怕祸及自己，就把张松的话报告给刘璋，揭发张松的阴谋。刘璋于是捕斩张松，与刘备有了嫌隙。刘璋敕令诸将：文书不要再通过刘备。庞统又进言刘备说："暗中挑选精兵，昼夜兼程，直接袭击成都。刘璋既不武，平时又毫无防备，大军突至，一举便可定成都，这是最上策。杨怀、高沛是刘璋的名将，各握强兵，据守关头，听说他们数次劝谏刘璋命你回荆州。你没到之前，先派人告诉他们，就说荆州有急事，要还兵相救。并作一番装束，装成要归还的样子，这二人既服将军威名，又巴望将军离开，听说后必乘轻骑来见您，将军可乘机捕捉他们，俘获其兵，进军成都，这是中计。退还白帝（今四川奉节县东），连引荆州之兵，有机会再回兵以图成都，这是下计。如果犹豫不决，必将陷入困境而不能久存。"刘备从其中计，捕斩了杨怀、高沛，派黄忠、卓膺陈兵对付刘璋，自己率兵迳至关中，把诸将并士卒的妻子作为人质，引兵与黄忠、卓膺等进军到涪，据其城，刘璋派人在涪抵抗刘备，都被打败，而退保绵竹，刘璋又派李严督绵竹军。李严率众投降刘备。刘备势力日盛，分派各将平定下属的郡县。于是诸葛亮、张飞、赵云等带兵定白帝、江州、江阳（今四川泸县），刘备围雒城，刘璋的儿子刘循守城，围攻一年，建安十九年（214）夏攻破雒城,进围成都。数十日,刘璋出城投降,迁于长安,刘备又领益州牧。二十四年刘备攻取汉中,章武元年(221)刘备在成都即皇帝位,蜀汉正式建立。

孙吴的建立

孙吴是由孙坚和孙策、孙权父子兄弟建立的。

孙坚,字文台,吴郡富春县(今浙江富阳)人,自称是春秋兵法家孙武的后代。孙坚起身县吏,曾经历事朱儁、张温、袁术等,做到长沙太守,封乌程侯。孙坚一生虽一直在别人的号令指挥下,但实际上他已在尽量加强自己的地位和力量,替他儿子占据江东、建立政权打下了基础。汉初平二年(191),袁术同刘表争夺荆州时,孙坚为先锋,连败刘表大将黄祖,但在进围襄阳时被黄祖士兵用暗箭射死。孙坚年仅十七岁的长子孙策去投靠袁术,虽然得以继续统领其父旧部(一千多人),却难以得到发展。这时江东有不少割据势力,最大的是扬州刺史刘繇。汉兴平二年(195),孙策以帮助袁术平定江东为由,使袁术同意他率军过江征战。孙策自寿春(今安徽寿县)出发,沿途招募军队,到达历阳(今安徽和县)时发展到五六千人。这时,与孙策结成莫逆之交的周瑜领部下来会合。两人率部渡江后大败刘繇于曲阿(今江苏丹阳),刘繇弃军逃至豫章郡(今江西南昌)。孙策迅速夺取曲阿,占据了丹阳郡(今安徽宣城)。孙策严申军令,士兵不得掳掠民间财物,受到老百姓的欢迎。孙策同时还下令,刘繇部下主动投降的,不咎既往,不愿意从军的也不强迫。刘繇部队有不少投奔了孙策,使他的军队很快增加到两万多人。这次战役是孙策占据江东的关键，从此孙策"威震江东"，继续迅速向东南进军。他先使朱治赶走了吴郡太守许贡，占据吴郡（今江苏苏州）。建安元年（196）袁术准备称帝，孙策写信谴责袁术，并借此和他断绝关系。孙策又东攻会稽（今浙江绍兴），降服了会稽太守王朗，消灭了地方豪强严白虎的武装，孙策自己担任会稽太守。此时，孙策已有军队三万多人，谋臣中以汉末南渡的北方人居多。刘繇病死后，豫章郡也逐渐纳入孙策势力范围。建安三年（198），曹操已觉得没有力量控制孙策，于是表举孙策为讨逆将军，封为吴侯，进行笼络。第二年，袁术病死，军队归于庐江太守刘勋，孙策北攻刘勋，拿下皖城（今安徽潜山），占据了庐江郡，俘获刘勋所部三万多人，刘勋逃依曹操。至此，孙策尽有江东六郡（会稽、丹阳、吴郡、豫章、庐陵、庐江），奠定了孙吴政权的统治基础。建安五年（200）当曹操与袁绍相峙于官渡时，孙策打算袭击许都，并部署诸将整军待发，却在打猎时被原吴郡太守许贡的门客狙击，受重伤而死，时年二十六岁。

继统江东的孙策弟孙权，当时只有 19 岁。这时江东六郡刚刚平定，形势还不稳定，深险之地，多为山越所占，未尽从命；一些部下也各怀彼此，对孙权能否成就大业，也颇怀疑。孙权在其父兄时的老臣周瑜、张昭等人及母亲吴氏的辅佐下，逐渐把孙策旧部安抚下来。同时注意多方"招延俊秀，聘求名士"，尤其是任用了周瑜推荐的鲁肃等人，对孙吴的建立和巩固，起了重要的作用。建安七年（202），曹操开始向袁绍残余势力进攻，兵威正盛，写信给孙权，要他送亲子弟做"质任"，图谋控制并进一步完全征服江东。在曹操强大势力的重压下，张昭、秦松等老臣也犹豫不决，孙权带领周瑜到母亲吴氏那里商议，周瑜认为江东六郡已具备立国之本，不应送人质，深得吴氏赏识，孙权坚定了不送人质的决心，保持独立发展势力。建安八年（203），按照鲁肃的建议，孙权开始讨伐江夏太守黄祖，到建安十三年（208），终于消灭了黄祖势力，将自身势力发展到荆州东部。

曹操在北方打败乌桓、消灭袁绍残余势力以后，于建安十三年（208）初回到邺城（今河北磁县南），立即挥师南下，想乘势一举消灭南方割据势力，尤其是羽翼逐渐丰满的孙权和具有潜在威胁的刘备。荆州牧刘琮投降曹操后，刘备在向江陵方向撤退途中，被曹操骑兵追上打散，退到夏口（今湖北武汉）。曹操一面集中水陆两军沿江东下，准备消灭刘备；一面派人向孙权下战书，扬言自己有水陆大军80万（实为二十三四万），要与孙权在江东决战。在这种形势下，经鲁肃和诸葛亮的共同努力，孙刘结成联盟，在赤壁大破曹操。战争的结果，孙、刘、曹三家瓜分荆州，谁也未能独占这一战略要地。战后，由于北方曹操的威胁还在，又不可能立即将刘备逐出荆州，建安十五年（210），孙权权衡利害，同意鲁肃的建议，将荆州要地借给了刘备，以维持联盟，再图发展。曹操听说此事，不禁惊呆了，连手中的笔都掉到了地上。同时，孙权以步骘（zhì）为交州刺史。

占据荆州毕竟是孙权的既定政策，刘备取得益州的第二年（215）春，孙权即派诸葛瑾去向刘备索要荆州，刘备以夺得凉州以后再归还为由拒绝。孙权派出的官吏去强行接管长沙、桂阳、零陵三郡，又被关羽赶走了。孙权大怒，派吕蒙领兵袭夺了三郡，刘备也立即领兵东下，派关羽争夺三郡。这时传来曹操进攻汉中的消息，刘备怕益州有失，便主动向孙权请和，孙权也感到暂无取胜的把握，于是双方商定以湘水为界平分荆州；湘水以东的江夏、长沙、桂阳归孙权；湘水以西的南阳、零陵、武陵三郡属刘备。刘备因自荆州出兵宛、洛的条件不足，于建安二十四年（219）由镇守荆州的关羽发动襄樊战役，企图夺取军事重镇襄阳和樊城。开始时，关羽进攻顺利，又遇上樊城地区下了十多天大雨，水淹曹将于禁等七军。深知孙权态度的司马懿等建议曹操派人劝说孙权偷袭关羽后方。孙权果然决定乘机夺取荆州，得到曹操事成后将江南封给自己的许诺后，即亲自率军沿江西上，直驱南郡，很快收降关羽部将糜芳和傅士仁，占领了公安（位于湖北省中南部）和江陵（位于湖北省中部偏南）。关羽回救荆州不成，在从麦城（今湖北当阳东南）突围后被孙权军队活捉杀死。这样，刘备占据的荆州各郡就全部被孙权夺去了，孙权集团的势力伸展到三峡以东，三国鼎立局面已经最后形成了。汉延康元年（220）十月，曹丕称帝，建立魏国。第二年四月，刘备也在成都称帝，建立蜀汉。七月，刘备为夺回荆州和替关羽报仇，亲统诸军大举攻吴。孙权为避免两面受敌，八月，遣使向魏称臣，曹丕封孙权为吴王。黄初三年（222），吴军在夷陵（今湖北宜昌东南）一带大败蜀军，刘备逃回白帝城。此时，孙权再次拒绝了魏国要自己送子为质的要求。曹丕派曹休、张辽等率军攻吴，孙权分兵临江抵抗。十月，孙权自建年号黄武，亲自到前线指挥作战。十一月派使臣至蜀汉，恢复盟好。公元223年春，魏国撤军。十月，蜀、魏均遣使至吴，孙权犹豫不决。蜀使邓芝力陈联蜀抗魏之利，孙权下决心绝魏，与蜀和好。吴黄龙元年（229）四月，孙权改称皇帝，九月迁都建邺，孙吴政权正式建立。

关羽大意失荆州

关羽水淹曹军后，曹操对孙权和刘备的威胁暂时解除了，但孙刘之间的矛盾却激化起来。鲁肃在世时，是主张吴蜀和好，一起对付曹操的。后来鲁肃死了，接替他职务的大将吕蒙与鲁肃的主张不同。

吕蒙从小就练得一身好武艺，长大以后，在征战中，屡建奇功，成为孙权不可缺少的左右手。孙权很器重他，但是吕蒙有一个弱点，就是不喜欢读书。孙权关心吕蒙的前途，十分着急。

有一次，孙权对吕蒙说："你现在身居要职，掌管国事，责任重了，抽时间读点书才好。"吕蒙不以为然地回答："军中事务繁忙，哪还有时间读书呢？"孙权告诫吕蒙说："我希望你通过读书了解一些历史，多懂一些兵法，以后指挥作战时可以借鉴。我年轻时读过很多书，我主政后，觉得对自己很有帮助。像你这样天生聪明的人，读书后一定会有成效的。"吕蒙听了孙权的劝告，便利用空暇时间，发奋读书了。

因为出身贫寒，吕蒙遭到了豪门出身的鲁肃的鄙视。一次，鲁肃奉命到陆口（位于今湖北省嘉鱼县陆溪镇）去上任，路过吕蒙的驻地。鲁肃一直瞧不起吕蒙，根本无心去拜见，但有人劝他说："吕将军是功名显赫的人物，不能再像以往那样对待他了，先生应该去拜访他。"鲁想了想，认为手下说的有道理，就亲自去见吕蒙。

鲁肃同吕蒙一起讨论政事，他常常感到理屈词穷，钦佩地拍着吕蒙的背说："我以前以为老弟只是有点军事谋略罢了，现在才知道你学识广博，再也不是以前那个吕蒙了。"吕蒙微笑着回答："士别三日，当刮目相看。"接着吕蒙又说："将军您这次去陆口上任，与蜀国大将关羽为邻，不知有什么好计策防备对方？"鲁肃没有料到吕蒙会提出这样的问题，一时答不上来，便顺口说道："到时再说吧！"吕蒙热情地说："关羽是一员猛将，将军您还是先定下计策为妙。"接着吕蒙为鲁肃献上五条策略，请鲁肃考虑。鲁肃听后喜出望外，不禁佩服吕蒙的才略，也更加敬佩吕蒙有度量。自此以后，两人成了互助互敬的好朋友。

吕蒙向孙权上书请求出兵对付关羽，他说："刘备、关羽君臣，都是反复无常的人，不能把他们当盟友看待。"吕蒙的见解与孙权不谋而合，孙权也觉得关羽狂妄自大。孙权曾经派人去向关羽求亲，希望关羽把女儿嫁给自己儿子。没想到关羽不但不答应，还把使者辱骂了一顿，孙权非常生气。恰好此时，曹操派使者来联络，要与他夹攻关羽。孙权马上回信，表示愿意袭击关羽后方。

关羽率大军进攻樊城时，对处于他背后的吕蒙这一方，并没有放松防备，在蜀吴交界一带，也布置得严严实实。吕蒙为了麻痹关羽，就假装旧病发作，说病得实在厉害，请孙权将自己调回去休养，另派年轻无名的陆逊去接替自己的位置。关羽很快就听说吕蒙病重，又听说陆逊是个年轻的书生，心里暗暗高兴。

没过几天，陆逊到陆口后，特地命人去拜见关羽。关羽接见使者，使者献上书信和礼品。信中大意说：听说将军在樊城水淹七军，俘获于禁，远近哪个不称赞将军的神威。这次曹操失败了，我们听了也高兴。我是个书生，很不称职，今后还得靠将军多多照顾呢！关羽看了陆逊的书信，觉得陆逊态度谦虚、老实，也就放了心，将原来防备东吴的人马陆陆续续调到樊城那边去了。陆逊把关羽人马调动的情况，及时报告给孙权和吕蒙。

这时候，关羽在樊城接受了于禁的投降兵士几万人，粮草供应出现了困难，就把东吴贮藏在湘关的粮食给强占了。孙权得知湘关粮仓被抢，就命吕蒙为大都督，让他带兵迅速袭击关羽的后方。

吕蒙派了3万兵士，18只快船，选水性好的士兵换上白衣，扮成商人，在外面摇橹，精兵都埋伏在船舱里。船抵达北岸，烽火台上的蜀军来盘问，吴军说："我们是商人，因为江上风大，要避一避风。"又献上许多礼物。守军相信了，就让船停到江边。到了半夜，舱中精兵拥出，把几座烽火台上的军士捆了，都押上船。然后长驱直入，骗开荆州城门，没动一刀一枪，就收了荆州。吕蒙下令：保护好关公的家属，不杀一个百姓，不私取民间一物，对待出征的荆州兵的家属，也给予优待。

关公见前有吴兵，后有曹兵，进退两难，就派使者前去荆州，责备吕蒙违背两家的盟约。使者见了吕蒙，吕蒙说："过去我跟关将军结好，是我自己的意思，而夺取荆州是吴侯的命令。请你回去代我向关将军致歉。"

关公困守麦城望穿双眼，都没见到上庸的救兵到来，城中粮草也已经吃完。吕蒙猜出关公当夜要突围，必然走小路，就派朱然领着 5000 兵去小路埋伏。关公与关平、赵累带 200 兵冲出北门，行了 20 多里，遇到朱然领兵拦住去路。关公冲杀过去，朱然拔马就逃。突然一声锣响，四下伏兵杀出，伏兵伸出挠钩套索，把赤兔马绊倒，父子被活捉。孙权见关羽执意不降，下令将他们父子杀害了。

诸葛亮六出祁山

诸葛亮恢复与东吴的联盟、平定南中后，就准备北伐曹魏。

一出祁山。第一次北伐在蜀汉建兴六年（228）春，他令赵云等做疑兵，摆出由斜谷（今陕西眉县南）攻郿城（今眉县北；郿，méi）的态势，以吸引魏军；自己则率主力向祁山（今甘肃西和县祁山堡）方向进攻，陇右（陇山以西，黄河以东）的天水、南安、安定等郡相继叛魏降蜀，又收服了姜维，一时关中大震。可是马谡（sù）违背诸葛亮部署，为张郃所败，丢了街亭；赵云等出兵不利，诸葛亮只得退回汉中。不久，天水、南安、安定三郡又叛汉附魏。

二出祁山。第二次北伐是同年冬天，诸葛亮乘陆逊在石亭

（在今安徽舒城）打败曹休之机，出散关（位于宝鸡市南郊秦岭北麓），包围陈仓（今陕西宝鸡西南），攻打20多天却未攻破，魏援军赶到，他不得已又退回汉中。

三出祁山。第三次北伐是建兴七年，亮进攻武都（今甘肃成县）、阴平（今甘肃文县西北），打败魏援军，占了这两郡，留兵据守，自己率部回师。次年，魏军进攻汉中，诸葛亮加强防守，又增调援军，再加上连续大雨，子午谷（在陕西西安市长安区南）、斜谷（在陕西省秦岭眉县段）等道路不通，魏军撤退。

四出祁山。第四次北伐是建兴九年，蜀军包围祁山，魏军统帅司马懿迎击，诸葛亮准备决战。司马懿知道蜀军远来，军粮不多，便凭险坚守，拒不出战。诸葛亮想用退兵的办法来引诱敌人，但司马懿追赶得很谨慎，蜀军一停，他就扎营拒守。此时李严假传刘禅要求退兵的圣旨，加上蜀军粮草将尽，诸葛亮只得班师，在归途中设伏兵杀了魏国名将张郃。

五出祁山。第五次北伐是十二年春，诸葛亮率10万大军出斜谷口，到达郿城，在渭水南岸五丈原扎营。司马懿也筑营阻拦，但不与蜀军作战，他料定蜀军远来，粮草运输困难，想把蜀军拖垮。诸葛亮也有准备，在渭水分兵屯田，做长期战争的打算。诸葛亮在这次出兵前曾与孙权约定同时攻魏，五月吴军10万攻魏，没有取胜，撤回江东，所以蜀军只得单方面与魏军周旋。

八月间诸葛亮积劳成疾，病情日益严重，不久就与世长辞了。死后，姜维等人遵照他的遗嘱，秘不发丧，整军退入斜谷。诸葛亮出师北伐共为五次，真正出兵祁山只有两次；还有一次是魏军进攻汉中，不是诸葛亮出击。后世概而言之，说成是六出祁山。正史中诸葛亮没有六出祁山。先引凌云雕龙关于祁山、岐山地理位置的片段：“祁山与岐山不同，岐山为山名，位于今日陕西省岐山县东北附近，古公亶父曾率领周室迁居于此，兴建开创周朝八百年天下。祁山亦为山名，位于今日甘肃省西和县西北。光从地图鸟瞰，一个在天水以南，一个在陈仓以东，两地航空距离超过一百公里，实际山路蜿蜒，更胜于漫漫途遥。”

魏灭蜀

公元 263 年，司马昭铲除异己，荡平了朝中的反对势力，然后又大举进攻蜀汉。他派将军邓艾、诸葛绪各带兵 3 万，钟会带兵 10 余万分三路进攻蜀汉。

当时，接替诸葛亮的大臣蒋琬、费祎都已辞世，蜀汉担任大将军的是姜维。当年，姜维向后主刘禅表奏说：“闻钟会治兵关中，欲窥进取，宜并遣张翼、廖化督军分护阳安关口、阴平桥头，以防未然。”但是，在这紧要关头，巧诈弄权的宦官黄皓不听人言，却迷信鬼神，他相信巫者的预言，认为敌人不会到来，禀告后主，把姜维的表章压下，不予理睬。同年八月，魏伐蜀的征西将军邓艾率兵 3 万余人，由狄道（今甘肃临洮）进军，以牵制蜀大将军姜维驻守沓中（今甘肃舟曲西北）的主力；雍州刺史诸葛绪率万余人，进攻武都（今甘肃成县西北），以切断姜维退路；钟会率主力 10 余万人，欲乘虚取汉中，然后直趋成都。

直到魏将钟会将要进入骆谷（在今陕西周至县西南）、邓艾将要进入沓中时，黄皓这才派右车骑将军廖化率军去沓中援助姜维，派左车骑将军张翼、辅国大将军董厥等率兵去阳安关中（今陕西勉县西），作为各个营寨的外援。邓艾命天水太守王颀直攻姜维营地，姜维灵活用兵，暂时摆脱了被动局面。此后，姜维合兵退守剑阁（今四川剑阁县），阻止钟会深入蜀地。

邓艾见蜀军主力守在剑阁，便带精兵偷偷绕道到剑阁西面的一条羊肠小道上向南进军。这一带本来就是人迹罕至的地方，邓艾带领这支精兵，逢山开路，遇河架桥，走了700里路，并没有被蜀军发现。最后，他们来到一条绝路上，山高谷深，无法前进。而此时，邓艾的兵士随身携带的粮草已经快用完了，将士们情绪出现了波动。邓艾当机立断，用毡毯裹着身子，从悬崖峭壁上滑了下去。将士们见邓艾带头，也跟着往下滑。一些灵巧的兵士另辟蹊径，他们攀着树木，一个接一个慢慢地爬下了山。邓艾大军终于越过了绝路，一直赶到江油（今四川江油市）。

驻守江油的蜀军没想到邓艾会从背后杀出来，见魏兵突然出现在城下，已来不及组织抵抗，蜀军守将马邈率军投降。邓艾继续向绵竹（今四川绵阳西南）进攻。守绵竹的是诸葛亮的儿子诸葛瞻。邓艾派人送信劝说诸葛瞻投降，信中说："如果你肯投降，就推荐你为琅琊王。"诸葛瞻听说气得火冒三丈，当即杀了邓艾派来劝降的使者，他摆开阵势，决心和邓艾拼个死活。但蜀军毕竟敌不过邓艾率领的魏军，诸葛瞻和他的儿子诸葛尚一同战死了。

邓艾拿下绵竹，直奔蜀汉都城成都。成都的百姓做梦也没想到魏兵来得那么快，一听邓艾兵临城下，纷纷逃到山上的树林里避难。蜀汉朝廷更是乱成一团，有人主张往南逃，有人主张投靠东吴，有人认为现在魏国大军压境，不如趁早投降。后主刘禅见邓艾兵临城下，顿时慌了手脚，准备逃往南夷。黄皓拼命劝刘禅投降，刘禅既六神无主又无可奈何，只好答应投降。北地王刘谌（chén）得知后主想要投降，怒闯宫中，找到黄皓，斥责道："国家到了危急存亡的关键时刻，理应君臣背城与敌决战，你这个宦官为什么劝陛下投降?!"黄皓吓得不敢吭声，支支吾吾地躲到刘禅背后。刘禅摆摆手，垂头丧气地对刘谌说道："事已至此，不要再吵了，朕已经决定投降了。"

次日，刘禅穿上丧服，让黄皓把自己双手反绑在背后，乘着装有棺材的马车，带着太子刘璿(xuán)和儿子刘瑶、刘琮、刘瓒、刘恂、刘虔出了成都城，来到邓艾军营投降。刘谌阻拦不住，领着妻子、儿子来到昭烈庙中，向刘备哭拜一番，然后全家自杀身亡了。

正在剑阁同钟会对抗的蜀将姜维，得到邓艾袭击成都的消息，想退守成都，不想却接到后主的命令，让他向魏军投降。蜀军将士接到这个命令，又气愤又伤心。有的兵士恨得拔出剑来，在大石头上乱砍。姜维倒是十分冷静，他在心中暗筹复国大计。

姜维主动向钟会投降，因为他知道钟会手握重兵，心存异志。姜维想让钟会先构成祸乱，然后乘机杀钟会复汉。姜维骗取钟会的信任后，劝钟会向司马昭告黑状，让司马昭用谋反的罪名杀掉邓艾。接着，姜维又劝钟会反叛魏国，在成都自立为王。但司马昭早就对钟会怀有戒备，已经派遣中护军贾充率1万步骑入蜀进占乐城，随即亲率10万大军进驻长安，使钟会措手不及。

钟会知道司马昭已经看穿他的意图，于是扣押魏军所有的将领，并出示废黜司马昭的所谓太后的遗诏。姜维见时机已到，便怂恿钟会诛杀被扣将领，预谋趁机杀掉钟会，恢复蜀汉。并密书与刘禅道："请陛下再忍耐几天，臣一定把国家恢复过来，让昏暗的日月重现光明。"但此时钟会迟疑不决，而消息走漏，魏军将士蜂拥杀入蜀宫，被拘宫内的魏将们也冲出来，与他们的部众会合。

双方在宫城内外展开激战，姜维、钟会及部众数百人被杀，复蜀亦成为泡影。

魏吴东兴之战

魏吴东兴之战发生于魏王芳嘉平四年、东吴会稽王建兴元年（252）十一月。魏出动15万大军，兵分三路，向东吴的东西两个方向进击。东吴以太傅诸葛恪为统帅，率军4万，迎击向东部进攻的魏军，一战而大胜，歼灭魏军数万人。

起初，孙权修筑东兴堤，想阻遏巢湖之水，后来因为进攻魏淮南地区时，反受其害，于是停止了修建。太傅诸葛恪当政后，东兴堤在原基础上，于濡须山（在今含山县东关镇境。濡，rú）和七宝山之间，修筑了两座城池，并派兵防守。

魏镇东将军诸葛诞就此事上书大将军司马师说，吴国正对魏国进行侵略，并建议在西部出兵牵制吴军西方的军队，而以精锐之军，攻拔吴军这座城池，定获大胜。

此时，魏征南大将军王昶（chǎng）、征东大将军胡遵、镇南将军毋丘俭等人也都上奏了征伐东吴的计划，三大计划各不相同。魏王曹芳征询尚书傅嘏（gǔ）的意见。傅嘏在回报中详细分析了东吴的军事形势和魏军多年来对东吴作战的基本教训，认为以上三人立即向东吴进军的主张均不可取，并向魏王建议说，在边疆驻军屯田，才是较为完善的策略。傅嘏据此提出七条建议："命王昶、胡遵等据守险要地区，审查各地的防御措施，各个方向均取守势，伺机夺取敌人良田沃土，将敌人逼向贫瘠地区，这是其一；向无人处发展，攻击敌人而不妨害民众，这是其二；注意安抚近处的百姓，降服的人必会越来越多，这是其三；哨兵远设，使间谍无法进入，这是其四；逼敌退后防守，哨兵必然减少，耕种就有保障，这是其五；靠自己生产供给自己食用，不必派兵运输，这是其六；发现有机可乘，应迅速进兵，这是其七。"司马师不接受尚书傅嘏的建议，决心主动出兵攻吴。

十二月，魏大军共约十五万开始出动。征南大将军王昶率军向南郡（今湖北江陵）攻击；镇南将军毌丘俭率军向武昌（今湖北鄂州市）进发；征东大将军胡遵、镇东将军诸葛诞率军7万攻打东兴。

十二月十九日，东吴太傅诸葛恪率兵4万，日夜兼程往救东兴。此时魏将胡遵正指挥魏军架设浮桥渡河，并于东兴堤上列阵，向东、西两城进攻。因为两城城墙高峻，魏军未能攻下。

诸葛恪率军急进，并以冠军将军丁奉和将军吕据、留赞、唐咨等率军为前部，沿山的西部而上。丁奉对诸将说，如今各路行军较为缓慢，如果敌军占据了险要地势，我军就难以与其相争，我欲率兵疾进。于是，丁奉请各军让开通路，由他所率之军3000人先行，这时北吼劲吹，丁奉命船队扬帆急进，两天即到达了东兴堤东南的东关（今安徽巢湖东南），屯兵于徐塘。

当时天降大雪，气候严寒，魏将胡遵等人正聚会饮宴。丁奉发现魏军前部兵少，便鼓舞部众说："取胜就在今天了！于是命令士卒解下铠甲，丢掉矛戟。只戴头盔，手执刀、盾，裸身沿堤而上。魏军见此情景，都大笑吴军愚笨，遂不加戒备。吴军登上堤岸，便高呼着冲向魏军，一举击破魏军前屯！此时，吴将吕据等人也率兵赶到了，魏军惊慌逃走，由于争渡浮桥，桥被压断，淹亡和互相践踏而死者众多。魏前部督韩琮、太守桓嘉等都战死了，魏军被歼数万人，损失军资器具牛马不计其数，吴军大胜而归。

在西部担任进攻江陵和武昌任务的魏将王昶、毌丘俭听到东部战线作战失败的消息，也立即烧营退军了。

晋灭吴

公元 265 年，司马昭刚刚灭了蜀汉，便因中风死去。其子司马炎继位为新的晋公。司马炎即位后，立即召贾充等人商议代魏称帝的事。贾充说："晋公可进宫质问魏主，若其相允，可避免一场争斗。"司马炎听从了他的建议，带铁甲 1000 人进入宫殿。曹奂见司马炎如此到来，早已明白其来意，立即站起来道："晋公不必多说，朕退位便是。"至此，仅立国 54 年的曹魏天下便江山易主，被司马氏所取代。

司马炎在洛阳代魏称帝，成立了晋王朝。司马炎是为晋武帝，他追封其祖父司马懿为晋宣帝，其伯父司马师为晋景帝，其父司马昭为晋文帝，封魏主曹奂为陈留王。从公元 265 年到 316 年，晋朝的国都在洛阳，历史上把这个朝代称为西晋。

西晋建立的时候，三国中唯一留下来的东吴早已经衰落了。东吴最后一个皇帝孙皓残暴是出了名的。他大修宫殿，尽情享乐不算，还用剥面皮和凿眼睛等惨无人道的刑罚镇压百姓，令人恨之入骨。

公元 279 年，晋朝一些大臣认为时机已经成熟，劝说晋武帝消灭东吴。晋武帝决定发兵 20 万，分五路沿长江北岸向吴军齐头并发。其中一路晋军由巴东、益州出发，沿江东下，直捣吴军都城建邺。

龙骧(xiāng)将军王浚是个很有心计的人,他早就做了伐吴的准备,在益州督造大批战船。这种战船很大,能容纳2000多人。船上还造了城墙城楼,人站在上面,可以四面瞭望,所以也称作楼船。造船时,为了不让东吴发觉,都在隐蔽的环境里秘密加工制造。但是日子一久,难免有许多削下的碎木片掉在江面,顺流而下。当木片漂到东吴的地境时,太守吾彦发现了这件事,连忙向吴主孙皓禀报说:"这些木片一定是晋军造船时劈下来的。晋军在上游造船,看来是要进攻我们,陛下可要早做准备呀!"孙皓却不屑一顾地说:"怕什么!我不去打他们,他们还敢来侵犯我!"

吾彦没办法,只好自行设防,他命江边的守军在江面险要的地方打了不少大木桩,钉上大铁链,把大江拦腰截住,又把一丈多高的铁锥安在水面下,好像无数的暗礁,使晋国水军没法通过。

此时,中路军杜预和打东路的王浑两路人马都节节胜利,兵威大振,几路人马很快会集到一起。经过讨论,诸将认为水陆并进,可以一鼓作气攻取建邺。于是,各路兵马一齐展开,各逞英雄。

可是,龙骧将军王浚的水军,刚到了秭归,就因为楼船被铁链和铁锥阻拦,不能前进。兵士报知王浚,王浚听后大笑说:"此为雕虫小技,不足为虑。"随即,他吩咐晋兵造了几十只很大的木筏,每个木筏上面都放着一些草人,披甲持杖。他又派几个水性好的兵士带领这一队木筏随流而下。吴兵看见木筏上人头攒动,以为是晋兵,未待接近便望风而逃。而这些木筏碰到铁锥,铁锥的尖头就扎在木筏底下,有的被直接扫掉,有的被木筏顺势推倒。然后,晋军兵士又在木筏上架起一个个很大的火炬。这些火炬都灌足了麻油，一点即燃。他让这些装着大火炬的木筏驶在战船前面，遇到铁链，就烧起熊熊大火，将铁链铁锁逐一烧断了。

王浚的水军扫除水底下的铁锥和江面上的铁链，大队楼船顺流东下，声势浩大。吴主孙皓闻报慌乱不已，他派将军张象带领水军1万人去抵抗。而当张象的将士看到，满江都是王浚的战船，无数旌旗迎风飘扬，遮天蔽日，吓得早早竖起了降旗。

吴主孙皓知道吴军不能力战，大惊失色，不知如何是好。这时，水军将领陶浚对孙皓说："我所率的水军船只都小，陛下若给我两万水军和大船，我自有计攻破晋军。"孙皓马上封他为大将，把御林军也都用上，叫他指挥水军迎敌。第二天，陶浚率水军行在江面上，忽然北风乍起，昏天黑地，战船上的旗帜都被吹落到江里。陶浚的水军一时军心散乱，四处逃散，王浚即命降将张象为前驱，直扑建邺。

王浚的水军几乎没有遇到抵抗，一帆风顺到了建邺。建邺附近一百里江面，全是晋军的战船，王浚率领水军将士8万人上岸，由张象叫开城门，以摄魂夺魄般的气势进了建邺城。

孙皓听说晋兵进城，吓得六神无主，经中书令胡冲的提醒，也学起了蜀汉后主刘禅那样，脱下上衣，让人反绑了双手，带领一批东吴大臣，到王浚的军营前投降。这样，从曹丕称帝开始的三国分立时期就此宣告结束，全国又进入了统一的时代。

"司马昭之心，路人皆知"

司马懿杀了曹爽，过了两年，他也死了。接替他职位的是他儿子司马师。魏国大权落在司马师和司马昭兄弟两人手里。大臣中谁反对他们，司马师就把谁除掉。魏少帝曹芳恨透了司马师。有人劝曹芳撤掉司马氏兄弟的兵权。但没有等曹芳动手，司马师就逼着皇太后把曹芳废了，另立魏文帝曹丕的一个孙子曹髦（máo）为帝。

魏国有些地方将领本来就不服司马氏的专权，司马师废去曹芳后，就有扬州刺史文钦和镇东将军毌丘（guàn qiū，姓）俭起兵声讨司马师。司马师亲自带兵征讨，打败了文钦和毌丘俭。在回师许都之后，司马师也得病死了。

接着，司马昭做了大将军。司马氏父子三人，一个比一个厉害，一个比一个专横。

魏帝曹髦实在忍耐不住了。有一天，他把尚书王经等三个大臣召进宫里，气愤地说："司马昭之心，路人皆知"，我不能坐等他来收拾我。今天，我要同你们一起去讨伐他。"

大臣们知道曹髦要跟司马昭作对，简直是鸡蛋碰石头，就劝他忍耐，不要闹出大祸来。

可是曹髦从怀里掏出一道预先写好的诏书，扔在地上，说："我已经下了决心，就是拼个死也不怕，再说还不一定死呢。"说着，他便进内宫去禀报太后了。

哪儿知道这三个大臣当中，倒有两个人偷偷溜出去向司马昭通风报信了。

20岁的曹髦，根本不懂得怎么治司马昭。他集合了宫内的禁卫军和侍从太监，吵吵嚷嚷地从宫里杀了出来。曹髦自己拿了一口宝剑，站在车上指挥。

司马昭的心腹贾充，带了一队兵士赶来，挡住了禁卫军的去路。双方打了起来。曹髦上前大喝一声，挥动剑杀过去。贾充手下的兵士一见皇帝自己动手，毕竟有点胆怯，有的准备逃了。

贾充手下有个叫成济的，跟贾充说："您看怎么办？"

贾充厉声说："司马公平时养着你们是干什么的！还用问吗？"

贾充这一说，成济才胆大了，拿起长矛就往曹髦身上直刺过去。曹髦来不及招架，被成济刺穿了胸膛，跌下车来死了。

司马昭听说他手下人真的杀了皇帝，也有点着慌，连忙赶到朝堂上，召集大臣们商量。司马昭假惺惺地装出悲伤的样子，跟一位老臣陈泰说："您说，叫我怎么办呢？"

陈泰说："只有斩了贾充的头，才多少对天下有个交代。"

司马昭很为难地说："还有没有其他办法，您再想想。"陈泰说："依我说，只有比这更重的办法，没有再轻的了。"

司马昭一听不是滋味，就不吱声了。

后来，司马昭以太后名义下了一道诏书，给曹髦加上许多罪状，将他废为平民，把曹髦被杀的事轻轻松松地掩盖过去了。

但是，大伙儿还是议论纷纷，怪司马昭不办凶手的罪，司马昭没法拖下去，就把杀害皇帝的罪责一股脑儿地扣到成济头上，给成济定了个大逆不道的罪，满门抄斩。

司马昭除掉了曹髦，另外从曹操的后代中找了一个 15 岁的曹奂接替皇位，这就是魏元帝。

〔西　晋〕

西晋的建立和统一

晋武帝司马炎（236—290），字安世，河内温（今河南省温县）人。他是晋朝的开国君主。公元 265 年他继承父亲司马昭的晋王之位，数月后逼迫魏元帝曹奂将帝位禅让给自己，国号大晋，建都洛阳。公元 279 年他又命人出兵灭吴，统一全国。公元 290 年病逝，谥号武皇帝，庙号世祖，葬峻阳陵（位于今河南省偃师南蔡庄北一座山坡上）。淮南的叛乱平定后，魏景元年（260），司马昭进位相国，封晋公。魏皇帝曹髦见权势日去，迟早要被废掉，便召来侍中王沈、尚书王经、散骑常侍王业，对他们说："司马昭之心，路人皆知，我不能坐受被废的耻辱，现在我应当同你们一齐去讨伐司马昭。"王经说："过去鲁昭公不能容忍季氏，结果失败丧国，为天下耻笑，如今权归司马氏已经很久了，朝廷以及州郡官员都为他们效力，并且我们掌握的宿卫兵（封建时代宫禁中的警卫部队）太少，这样做太危险了。"魏帝从怀中拿出诏书扔在地上说："我决心已定，即便是死，又有什么可怕的？况且也不一定死呢。"于是进内宫去禀报太后。王沈、王业急忙跑去向司马昭报信，并拉王经一齐去告发曹髦，王经没有答应。曹髦率殿中宿卫、宫仆等鼓噪而出，挥剑与贾充在南阙，贾充部下想逃散，太子舍人成济问贾充："情况危急，该怎么办呀？"贾充厉声喝道："司马公平时养着你们是干什么的！还用问吗？！"成济便拔剑刺向魏帝，魏帝当即死于车下。曹髦死后，司马昭又立 15 岁的曹奂为帝。景元四年（263），司马昭出兵灭了蜀国，灭蜀后又杀了伐蜀的两员大将邓艾、钟会。

司马氏专权，除了受到曹氏武装力量的反对和抵制外，也受到了一部分有影响的名士们的消极抵抗，他们玩世不恭，蔑弃礼法，放纵形骸。司马氏采取分化瓦解的办法，争取了像山涛、向秀、阮籍一些有影响的玄学家，杀害了态度强硬，拒不合作的嵇康。司马氏代魏的障碍全部扫清了。咸熙元年（264），司马昭被封为晋王，增封十郡，以其子司马炎为大将军。次年五月，加司马昭殊礼，进王妃为后，立世子司马炎为太子。八月，司马昭死。十二月，魏帝曹奂禅位于晋，司马炎即帝位。追尊宣王司马懿宣帝，景王司马师为景帝，文王司马昭为文帝。尊王太后为皇太后，以石苞为大司马，郑冲为太傅，王祥为太保，何曾为太尉，贾充为车骑将军，王沈为骠骑将军。西晋建立不久，司马炎又派成隆击败鲜卑秃发树机能，平定凉州。但是江东吴国尚存。吴国在孙权统治的晚年开始发生内争，在无休止的权力争夺中，国力大衰。孙权先立孙登为太子，孙登早死，又立孙和为太子，但却宠爱孙霸，于是朝内形成了两派，斗争异常激烈。孙权怕引起大乱，便废掉了太子孙和，并令孙霸自杀，又立孙亮为太子，诸葛恪和孙峻辅政。孙亮和孙峻合谋杀害了诸葛恪，由孙峻专制朝政。孙峻死后，弟孙綝（chēn）掌权，孙綝废掉孙亮，立孙休为帝，孙休与将军张布等设谋杀死孙綝。孙休做了 6 年皇帝，景元五年（264）病死，由乌程侯孙皓继位。孙皓是三国时期有名的暴君，他粗暴骄盈，多忌讳，好酒色，让大臣们非常失望。丞相濮阳兴和张布后悔立他为帝，孙皓知道后就把他俩杀害了。接着孙皓又杀死孙休的妻子及他的两个儿子，对大臣们更是稍有不如意非杀即罢，还常使用剥面皮和凿眼睛的酷刑。又大兴土木建昭明宫，造苑囿楼观。在他的统治下，"国无一年之储，家无经月之蓄"，国内人民多次举行暴动，同时宗室将领夏口督孙秀、京下督孙楷又先后投降西晋，众叛亲离，国运日衰。当时孙吴都督荆州地区军事的是镇东大将军陆抗，陆抗很有军事才能，负责长江防务，与西晋将领羊祜（hù）领兵对峙。孙皓多次派兵进攻西晋，陆抗上书劝孙皓："要力农富国，审官任能，严明刑赏，安抚百姓，而穷兵黩武（随意使用武力，不断发动侵略战争，形容极其好战。黩，dú，随便、任意），动费万计，士卒劳瘁，这样敌人不会为之衰败，而我们却得了大病，按目前的情况看，大小势异，想入主中原，不是安国之良策。"但孙皓不听。西晋泰始十年（274），陆抗病卒，临终前上书劝孙皓加强西陵、建平方面的防务，防止敌人泛舟顺流而下。

咸宁二年（276），西晋征南大将军羊祜上书请求伐吴，羊祜说："现在东吴江淮险阻不如剑阁，孙皓残暴过于刘禅，吴人困苦甚于巴蜀，而晋朝力量则远盛于往日，是平定东吴、统一海内的好时机，如果我们各路大军齐下，东吴防不胜防，国内必然震动，那时，虽有智能之士，也难以对付我们。而且孙皓众心离叛，将领平时都畏其凶暴，早就想离去，我们大军一到，必然响应，用不了多久，我们就能取得胜利。"晋武帝司马炎很赞同羊祜的看法，但朝议不统一，司马炎没有马上出兵进攻孙皓。

咸宁四年（278）十一月，羊祜病逝，西晋以杜预为镇南大将军，都督荆州诸军事。次年，益州刺史王浚、镇南将军仁预又先后上书请求伐吴。十一月，晋武帝司马炎开始大举伐吴，发兵20万，大军兵为6路，在东西千余里的边境线上，同时出击，以镇东将军琅王司马伷（zhòu）出涂中〔今安徽全椒县滁（chú）河流域〕，安东将军王渐趋（奔赴）横江（今安徽和县东南横江浦），建威将军王戎趋武昌，平南将军胡奋向夏口，镇南大将军杜预自襄阳向江陵，龙骧将军王浚、广武将军唐彬率巴蜀军队顺流而下。太尉贾充为大都督，节制全军。

王浚所统水军顺江东下，先破丹阳。东吴太守吾彦在长江要害之处，设置铁锁链，横断长江航路；又制作一丈多长的铁锥，暗置江中，阻止船舰通过。王浚率军 7 万，乘船东下，用预先做好的大筏，缚草为人，披甲持杖，立于筏上，命会水者推筏前进，排除铁锥。又制大火炬，浇以麻油，烧断横江锁链，破除障碍，然后顺流而下，攻克武昌，直逼建邺。此时，杜预人马也取得了江陵，沅、湘以南到交广的广大地区，各州郡望风归附。王浑所统陆军在历阳（安徽和县）大败吴军，接着直奔南方。孙皓派丞相张悌督丹阳太守沈莹、护军孙震、副军师诸葛靓（jìng），率军 3 万渡江阻击。吴军开至牛渚（今安徽当涂西北长江边上。渚，zhǔ）时，沈莹劝张悌不要渡江北上与晋军决战，要积蓄力量，等东下的晋水军到来时再战。张悌不听，渡江包围王浑部将张乔，吴将沈莹率精兵 5000，向张乔部发起进攻，晋兵不动，连续三次都攻不破敌营，率兵引退，部众顿时溃散，西晋蒋班与张乔趁势前后夹击，吴军大败，张悌及部将孙震、沈莹战死。孙皓又急忙派陶浚准备领兵迎战，当天晚上，召集起来的兵士就全逃散了。

此时，东路司马伷的军队也逼近建邺，孙皓势穷力竭，只得分派使者向王浑、王浚、司马伷处投降。王浚自武昌扬帆东下，兵甲满江，旌旗遮天，直逼建邺。吴水陆军纷纷溃逃，吴主孙皓诣军投降王浚。孙皓投降后，被迁往洛阳，司马炎封他为归命侯。

孙皓登殿叩首，拜见晋武帝。司马炎对孙皓说："朕设此座以待卿久矣。"孙皓回答说："臣于南方亦设此座以待陛下。"司马炎问东吴旧臣有关孙皓灭亡的原因，薛莹回答说："孙皓君临东吴，亲近小人，刑罚妄加，大臣诸将人不自保，此其所灭亡也。"西晋灭吴后，结束了三国长期分裂的局面，使国家重新归于统一。

晋武帝与太康之治

太康盛世是指晋武帝统一全国，经济繁荣，在西晋初期出现的太平盛世。

公元265年，司马昭病死，司马炎继承了相国晋王位，掌握全国军政大权。同年十二月，经过精心准备之后，仿效曹丕代汉的故事，为自己登基做准备。在司马炎接任相国后，就有一些人受司马炎指使劝说魏帝曹奂早点让位。不久，曹奂下诏书说："晋王，你家世代辅佐皇帝，功勋高过上天，四海蒙受司马家族的恩泽，上天要我把皇帝之位让给你，请顺应天命，不要推辞！"司马炎却假意多次推让。司马炎的心腹太尉何曾、卫将军贾充等人，带领满朝文武官员再三劝谏。司马炎多次推让后，才接受魏帝曹奂禅让，封曹奂为陈留王。司马炎于公元265年，登上帝位，改国号为晋，史称为西晋，晋王司马炎成了晋武帝。历史有惊人的相似之处，魏王朝从曹丕让汉帝禅位称帝，传了45年，到此结束；司马昭也同样让魏帝以禅让的手段获取了帝位，魏国遂亡。但这时的司马炎心里并不轻松，他很清楚，虽然他登上了王位，但危机仍然存在。

从内部看，他的祖父、父亲为了给司马氏家族夺取帝位铺平

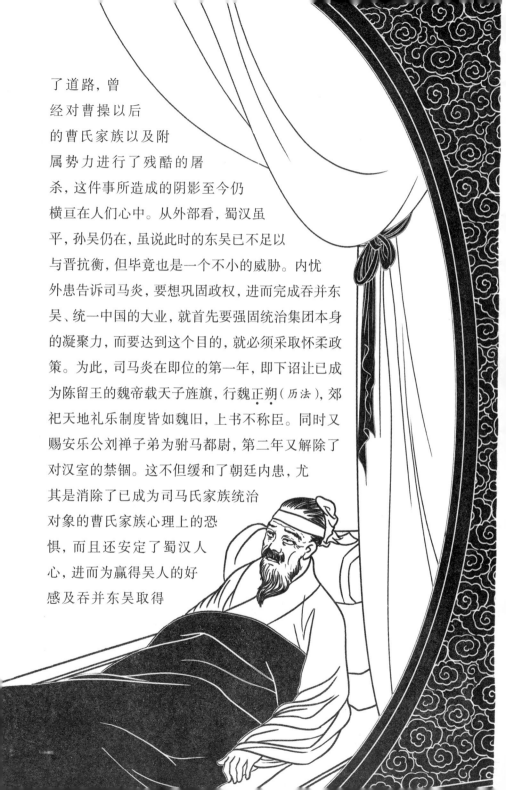

了道路，曾
经对曹操以后
的曹氏家族以及附
属势力进行了残酷的屠
杀，这件事所造成的阴影至今仍
横亘在人们心中。从外部看，蜀汉虽
平，孙吴仍在，虽说此时的东吴已不足以
与晋抗衡，但毕竟也是一个不小的威胁。内忧
外患告诉司马炎，要想巩固政权，进而完成吞并东
吴、统一中国的大业，就首先要强固统治集团本身
的凝聚力，而要达到这个目的，就必须采取怀柔政
策。为此，司马炎在即位的第一年，即下诏让已成
为陈留王的魏帝载天子旌旗，行魏正朔（历法），郊
祀天地礼乐制度皆如魏旧，上书不称臣。同时又
赐安乐公刘禅子弟为驸马都尉，第二年又解除了
对汉室的禁锢。这不但缓和了朝廷内患，尤
其是消除了已成为司马氏家族统治
对象的曹氏家族心理上的恐
惧，而且还安定了蜀汉人
心，进而为赢得吴人的好
感及吞并东吴取得

了主动权。

　　为了尽早使国家从动乱不安的环境中摆脱出来，为统一奠定牢固的基础，无为与宽松政策成了西晋之初的立国精神。这种立国精神在国家的各种领域中充分地体现出来。公元268年，司马炎在诏书中明确指出："为永葆我大晋的江山，现以无为之法作为统领万国的核心。"同年，又向郡国颁下五条诏书：一曰正身，二曰勤（帮助）百姓，三曰抚孤寡，四曰敦本（注重根本，古时多指注重农事）息末，五曰去人事。当年，曹魏王朝的奠基者曹操继东汉的动乱政治之后，为了安定人心，恢复国力，曾实行了比较宽松开放、节俭求实的治国方略。但到了曹丕，政治渐趋严厉，社会风气亦腐败，曹操当年的风范已不复存在。皇帝为了满足自己的私欲，往往不断把强大的物质重负转移到百姓身上，而长期的战乱更使百姓在惨淡的生计之外，还在心理上增添了一种恐惧与疲惫之感。在这种情况下，司马炎反其道而行之，提出无为而治的强国方略是最适合不过的。

　　西晋成立之初，晋武帝为了收买人心，大封功臣，许多大家族都被封为公侯。短短几年时间，晋武帝共封了57个王，500多个公侯。蜀汉灭亡不久，晋武帝为了稳定巴蜀人心，又任用了一批原在蜀汉供职的官吏为朝官。晋武帝没有采取"一朝天子一朝臣"的惯用手法，而是采取拉拢、收买人心的办法，稳定各级官吏，以确保社会稳定地过渡。因为晋武帝还看到，蜀汉虽亡，东吴未灭，全国还未统一。于是他开始运筹帷幄，准备击灭东吴，结束全国的分裂局面。

　　早在三国鼎立之时，魏的势力已超过蜀、吴，如以人口计，魏约占全国人口4/7，蜀、吴合占3/7。公元263年，魏灭蜀之后，三国鼎立变成了南北对峙，魏的力量更加强大。晋武帝代魏之后，雄心勃勃，"密有灭吴之计"，准备出兵灭吴，统一全国。

西晋全国正处于一种积极的态势之中，然而吴国却在走下坡路。吴主孙皓的荒淫、残暴使吴国丧失了重整旗鼓的机会。孙皓命令大臣的女儿要先经过他的挑选，漂亮的入后宫供他一人享受，剩下的才能谈婚论嫁，这使他丧失了大臣们的支持，自毁根本，最终成了孤家寡人。劝谏他的中书令贺邵不非但没有受到表扬，反而被他用烧红的锯条残忍地锯下了舌头，其残暴程度与商纣王没有任何区别。孙皓杀人的方法很多，很残忍，像挖眼、剥脸皮和砍掉双脚等。孙皓的残暴注定了他要灭亡。由于孙皓的残暴使手下的将领们也对他丧失了信心，纷纷投降西晋。西晋的大臣们见吴国国力下降，政局不稳，也纷纷劝说司马炎趁机灭掉吴国。

但是，晋武帝受到了以太尉录尚书事贾充为首的保守派的反对，他们认为：吴有长江天险，且善水战，北人难以取胜。且近几年来西鲜卑举兵反晋，此时对吴作战，并"非其时"。而羊祜、张华、杜预等人则认为：吴帝孙皓腐化透顶，他不但对广大人民残酷剥削、镇压，而且在统治集团内部也排除异己，用刑残酷。孙吴目前是"上下离心"，如此刻出兵，"可不战而胜"。如果错过机会，"吴人更立令主"，励精图治，再去灭吴就相当不容易了。

两派意见，针锋相对。这样，一个极其严重的问题就摆在了晋武帝面前：是否出兵灭吴，统一全国？晋武帝意识到，自秦汉以来，统一已成为人类历史的主流，广大平民百姓要求统一，渴望和平。因此，晋武帝坚定地站在了主战派的一边。

为了完成灭吴大业，晋武帝在战略上做了充分准备。早在公元269年，他就派羊祜坐守军事重镇荆州，着手灭吴的准备工作。羊祜坐镇荆州后，减轻赋税，安定民心，荆州与东吴重镇石城（今湖北钟祥市）相距最近，晋军采取了"以善取胜"的策略，向吴军大施恩惠。由于孙皓挥霍无度，部队士兵常常领不到军饷，连饭也吃不饱。羊祜命人向吴军送酒送肉，瓦解吴军。这样，不时有吴军前来投降，羊祜下令说：吴军来要欢迎，走要欢送。有一次，吴将邓香被晋军抓到夏口，羊祜部下坚持要杀掉，羊祜不但不杀邓，而且还亲自为其松绑，把邓送了回去。有时，吴军狩猎打伤的野兽逃到了晋军领地，晋军也把这些野兽送到吴军帐内。正是由于这样的"厚"爱，东吴将领们的心已经一步步趋向晋军。

晋武帝在襄阳一边命羊祜以仁德对吴军施加影响，一边在长江上游的益州训练水军，建造战船。经过长达10年的充分准备，公元279年，晋军开始向东吴展开大规模的进攻。为了迅速夺取胜利，晋军分五路沿长江北岸向吴军齐头并发。第六路晋军由巴东、益州出发，沿江东下，直捣吴军都城建邺。20万晋军直扑东吴。东吴守军，在巫峡钉下了无数个锋利无比、长十余丈的铁锥，在江面狭窄处用粗大的铁链封锁江面。晋军先将大木筏排放入长江，晋军在船上载了无数根数丈长的用麻油浇灌的火点燃火炬，熊熊烈火能够把铁链烧断。就这样，东吴长江的防守设施被一个个排除了。

在第六路晋军进攻东吴时，为了分散、吸引守卫建业的吴军兵力，安东将军王浑率一路晋军，由北向南，直取建邺。孙皓忙命丞相张悌统率主力渡江北上，迎击王浑，结果沿江东下的晋军乘机攻占了建邺。

由于晋武帝准备充分，时机恰当，战略正确，前后仅用了4

个多月，便夺取了灭吴战争的全部胜利。从此，东吴的全部郡、州、县，正式并入晋国版图。公元 280 年，三国鼎立的局面完全结束了。晋武帝司马炎终于统一了全国，结束了长达近百年的分裂局面。

咸宁六年（280）四月改元太康。在此后十余年间（280—289），西晋政府重视生产，劝课农桑（政府采取相应的措施督促和勉励以农业为主的自然经济发展），兴修水利，民和俗静，家给人足，牛马遍野，余粮委田，出现了四海平一、天下康宁的升平景象。史称"太康繁荣"或"太康盛世"。

宗室分封和出镇

西晋大规模分封是在晋武帝泰始年间。泰始元年（265），晋武帝封宗室 27 人为王。以皇叔祖父司马孚为安平王；以皇叔父司马干为平原王，司马亮为扶风王，司马伷为东莞王，司马骏为汝阴王，司马肜（róng）为梁王，司马伦为琅邪王；以皇弟司马攸为齐王，司马鉴为乐安王，司马机为燕王；以皇从伯父司马望为义阳王；以皇从叔父司马辅为渤海王，司马晃为下邳王，司马瓖（guī）为太原王，司马珪为高阳王，司马衡为常山王，司马子文为沛王、司马泰为陇西王，司马权为彭城王，司马绥为范阳王，司马遂为济南王，司马逊为谯王，司马睦为中山王，司马陵为北海王，司马斌为陈王；以皇从父兄司马洪为河间王；以皇从父弟司马杶木为东平王。

晋武帝在泰始大分封的同时，建立了王国置军的制度。具体规定为，大国邑二万户，置上、中、下三军，领兵 5000 人；次国邑万户，置上、下军，领兵3000人；小国邑五千户、置一军，领兵1500人，王不之国，在京师做官。

由上述可知，泰始元年，所规定的分封制，封土狭小，王国力量不强，同时诸国君不临民，形同虚设，这种分封，起不到抑制日益发展的世族力量和加强司马氏家族统治的作用，所以，当时羊祜、卫瓘（guàn）、张华、杜预、段灼等都上书晋武帝，要求增加诸王的封地和领兵，遣诸王就国。段灼在上书中说："今之分封，诸王只有立国之名，而无襟带（代称防卫或监察之事）之实，王国之制法同郡县，这样做的结果必然是君贱其爵、臣耻其位，莫有安志。"主张坚决废除五等爵位制，扩大诸王封土，增加其兵众，并且提出除太宰司马孚、司徒司马望、卫将军司马攸三王留在洛阳镇守外，其余诸王，自十五以上全部让其就国。

这些都说明，西晋初期对地方王国并不很重视。西晋对地方的统治主要不是依靠分封的王国，而是通过宗王的出镇，即宗王出任都督制度来加强对郡县的控制。

都督制是曹魏时期就实行的制度，这个制度在曹丕称帝前的延康元年已定成制。曹魏设都督主要在扬、青徐、荆、冀、豫、雍凉六个地区。西晋统治者继承了曹魏的这一制度，西晋从泰始元年（265）至泰始十年（274）间，由宗王出任都督者每年平均有四五人，几乎占西晋派出总督总数的半数以上，到西晋武帝末年，出任都督的宗王达六七人，超过了都督名额的半数以上。司马氏宗王出任都督的地区主要有豫州、冀州、雍凉、青徐四个地区，其中豫州的许昌、冀州的邺城、雍凉的长安三个大镇早在曹魏末年就已由司马氏宗室出任都督。宗王出任都督，基本上实行终身制，或迁镇必迁国。

泰始以后，有两件事，迫使晋武帝不得不重新考虑王国分封和就国的问题。一是立太子，在立太子问题上，朝内争议很大，最后还是决定立惠帝司马衷为太子。司马衷智能低下，而当时齐王司马攸在朝内很有声望，晋武帝虑及后事，所以藩卫皇室的王国问题重新提上日程。另一件事是平吴问题。咸宁二年（276），征南大将军羊祜上书晋武帝主张大举伐吴，晋武帝非常赞同。

咸宁三年（277），卫将军杨珧（yáo）与中书监荀勖（xù）上书晋武帝说："古者建侯，所以藩卫王室。今吴寇未殄（尽、绝），方兵任大，而诸王为帅，都督封国，既不臣其统内，于事重非宜。又异姓诸将居边，宜参以亲戚，而诸王公皆在京城，非扞（qiān）城之义，万世之固。"晋武帝下诏令大臣们讨论，拿出具体意见。有司奏，大致内容是：一、重新调整王国分封与五等分封制，打乱原有的分封秩序，重新规定封国的大小，具体规定封国为大、中、小三等，以平原、汝南、琅邪、扶风、齐为大国，以梁、赵、乐安、燕、安平、义阳为次国，其余都为小国。封国不满万户的以邻近县增补。二、非皇子不得为王，诸王的子孙除继承王位的嗣王外，依次按公、侯、伯、子、男等递降。三、王、公、侯国置国军，大国中军2000人，上下军各1500人，次国上军2000人，下军1000人，郡国如不满5000户，置一军1100人。设置中尉统治。"既行，所增徙各如本奏，悉遣就国，而诸公皆恋京师，涕泣而去"。

新的分封制，重新分割了所封疆土，扩大了王国封地，缩减了异姓王等的封土和权力。王国疆土的调整，出现了使原宗王出镇都督的地区同新的封国地区隔离的问题。于是又采取了移封就镇的办法，诸王为都督者，各徙其国使相近。咸宁三年（277）八月，徙扶风王司马亮为汝南王，出为镇南大将军，都督豫州诸军事；琅邪王司马伦为赵王都督邺城诸军事，勃海王司马辅为太原王，督并州诸军事，以东莞王司马仙在徐州，徙封琅琊王；汝阴王司马骏在关中，徙封扶风王。又徙太原王司马颙（yóng）为河间王，汝南王司马柬为南阳王。又封皇子司马玮为始平王，司马允为濮阳王，司马该为新都王，司马遐为清河王，其异姓之臣，有大功者，皆封郡公、郡侯。

调整后的分封制在形式上承袭了古代的方伯制。在具体内容上综合了五等分封制和晋初宗王出镇制（至元初，元世祖忽必烈按照一些汉族大臣的建议，开始相继分封诸王子为王，统兵出外藩屏朝廷，这就是宗王出镇）。分封制是西晋乃至整个南北朝时期盛行的制度，它的建立同魏晋南北朝时期整个世族阶层力量的强大有密切的关系。西晋分封制，总体上而言是失败的，分封制直接导致了后来的八王之乱。

宗室大分封这一形式唯在东晋时出现例外，东晋是典型的门阀统治形式。

士族门阀制度

士族是东汉以来逐渐形成的一个社会阶层。东汉以来见于史籍的有大姓、著姓、冠族、甲族等名号。名士是这个阶层的代表。他们"刻情修容，依倚道艺，以就其声价"。这些名士文化修养程度高，政治地位高，他们通过汉代乡里评议制度和东汉以来经学选人的制度逐渐操纵了选举，把持了政权。东汉自安帝以来任用宦官，宦官插手选举以后，抑制了士族的发展。东汉末年，外戚何进同士族袁绍、名士何颙、荀攸等密谋诛杀宦官，宦官张让等率先动手杀了大将军何进，接着董卓入京，引起军阀混战，混战结果形成了三国割据对峙，各个政权都积聚了大批名士。"名豪大侠，富室强族，飘扬云会，万里相赴"，集结于魏、蜀、吴三个政权之下。曹操政权下更是名士云集，他们在平定北方中都建立了谋谟（谋划、制定谋略。谟，mó）之功。如荀彧力阻曹操官渡退兵，荀攸谋擒吕布，郭嘉主伐乌桓，钟繇安抚凉州，国渊典领（主持领导、主管）屯田，正是在他们的帮助下，曹操统一了北方。但赤壁之战后，曹操便对名士集团进行了清洗和杀戮，使名士集团受到重创。

曹丕即位当了皇帝后，马上接受了名士、吏部尚书陈群的建议，制定了"九品中正制"，目的主要是为调和曹魏政权下士与庶两大社会集团的矛盾，兼顾二者的利益，从而使士族重新在其政权下为其服务。这项制度规定了选举人才的依据为德、才、家世三项。但由于东汉以来士族力量雄厚的政治经济基础，所以从一开始选举权就掌握在士族手中，这项制度在实施过程中，完全变了形，出现了只重家世，不重才能的情况，特别是以司马氏为首的士族集团掌握朝政以后，九品中正制更成为士族操纵政权的工具，造成了"世胄（世家子弟、贵族后裔）蹑（登）高位，英俊沈（chén，同"沉"，沦落）下僚（职位低微的官吏）"的局面。西晋政权建立后，并得到长足的发展，士族发展为世袭士族，即世族。由士族到世族的演变主要有以下两个方面的原因：首先，九品中正制的变化；其次，西晋建立初和建立后，建立了两项制度，第一项是五等爵位制。司马昭为晋王时，命裴秀制定五等爵位制，受封者主要是士族，最大的是贾、裴、王三家。另一项制度是晋咸宁六年（280），官吏占田荫客制的规定，官吏占田同九品中正制的九个品位相适应，品位与占田数量成正比，具体规定是一品官

595

有权占田 50 顷，以下每品递减 5 顷，至九品占 40 顷。同时规定官吏可以按品次庇荫亲属，庇荫客户，其庇荫数额也是按九个品次规定的，并且还规定"宗室、国宾，先贤之后及士人子孙亦如之"。这两项制度实际上是以法律形式确立了世族在政治和经济上的特权和一定程度的世袭权，从而成为九品选人的主要依据。西晋用法律形式规定的世族的特权和世袭权同汉代士族的情况大为不同，汉代也有世代做官的情形，但它是由选举制度实施过程中的漏洞和弊端造成的，没有法律明文规定。

西晋时期的世族主要有：平原华氏（曹魏时华歆至太尉）、东海王氏（起自王郎仕魏至司徒）、河东裴氏（起自裴潜仕魏官至尚书令）、河东卫氏（起自卫觊仕魏至尚书）、扶风苏氏（起自苏则仕魏至侍中）、京兆杜氏（起自杜畿）、北地傅氏（起自傅嘏）、清河崔氏（起自崔林）、太原王氏（起自王昶）、琅邪王氏、范阳卢氏。就其渊源来说，大都由曹魏时的显贵发展而来。西晋时的世族主要特征是，政治上拥有世代做官的特权，在意识形态方面，世族一般都崇尚玄学，许多大的世族显贵同时也是玄学的代表人物。世族在社会生活中崇尚旷达、逍遥，这种风气到西晋中后期更为严重。当时的显贵子弟，裸身饮酒，对弄婢妾，"逆之者伤好，非之者负讥（受到讥刺）"。同时世族为维持其社会地位，常在婚姻上筑起一个堤坝，"士庶不婚"，世族只在其阶层内部择偶联姻。在经济上，世族普遍都有各自的庄园，如西晋石崇在河南金谷涧（今河南洛阳市西北）有别墅，周围清泉茂林、观阁鱼鸟、果木药草，莫不毕备。世族地主庄园的主要劳动力是部曲、佃客，他们的身份低于自耕农民，不能随意离开自己的土地。

西晋灭亡后，世族在东晋建立起了世族门阀统治，实质上就是几个大的世族集团轮流控制朝政。终东晋一代，有山东王氏、颍川庾氏、谯郡桓氏、陈郡谢氏、太原王氏五个门阀集团依次专政，世族门阀所赖以存在的经济基础是大田庄，他们靠占土护泽以图发展，思想上主要是崇尚玄学。门阀统治在中国历史上只存在于东晋一朝，东晋以后，这种统治形式就再没有出现过。南北朝时期，虽然门阀统治的形式不存在了，但世族作为一个社会阶层，在政治经济上仍有很大的优势。宋元嘉二十七年（450），由尚书左仆射何尚之参议，"发南兖州三、五民丁，父、祖、伯叔、兄弟仕州职从事、及仕北徐、兖为皇帝、皇子从事，庶姓（古代指与天子或诸侯国君异姓且无亲属关系者）主簿，诸皇帝、皇子府参军督护、国三令以上，相府舍者，不在发例"。确定了免除兵役的特权范围，实际上规定了列入世族的最起码标志。以后宋、齐时期的寒门地主和富裕商人为取得以上免役特权，就努力使自己的家族符合上述规定，出现了改撰户籍的情形，所以到南齐初年，下令大规模检籍，结果又导致了唐寓之起义，参加起义的成员主要是被提出的改审户籍的寒门地主，这次起义虽然被镇压了，但检籍也不得不停止，宣布恢复颁布的户籍，世族队伍迅速扩大了。

在北朝，早在北魏太武帝统治时，汉人世族崔浩就提出"齐整人伦，分明姓族"，实际上就是要清定流品，分别士庶，当时阻力很大，崔浩被诛，与此大有关系。孝文帝迁都洛阳后开始定姓氏。孝文帝定姓氏的标准是，根据先世官爵高低来判别姓族高低。北魏太和十九年（495），正式下诏："其穆、陆、贺、刘、楼、于、嵇、尉八姓，皆太祖已降，勋著当世，位居王公，灼然可知者，且下司州，勿充猥官（低级杂吏），一同四姓（崔、卢、李、郑）。"隋开皇七年（587），科举制被定为国家制度，九品中正制被正式废除，世族阶层也随之衰退。

白痴皇帝晋惠帝

司马衷是晋武帝的次子，为正宫杨皇后所生。晋武帝司马炎的长子名唤司马轨，本应立为太子，但他早年夭折，于是司马衷就成了实际的长子。按照当时的规矩，司马衷本应该被立为太子，但是他极其愚笨，晋武帝始终不能下定决心。杨皇后为此十分焦虑，每天与晋武帝纠缠此事，晋武帝无奈，只得立司马衷为太子。

虽然皇帝颁布了命令，但满朝文武对此并不认可，希望晋武帝能改立别的儿子为太子。有一天，晋武帝在朝堂之上大宴群臣。席间，大臣卫瓘假装喝醉，跌跌撞撞走到晋武帝面前给他敬酒，还趁势跌倒在晋武帝的龙椅前，他一边用手抚摸龙椅，一边含糊不清地说："多好的龙椅啊，真是可惜了！"对于卫瓘的话，晋武帝听得非常清楚，卫瓘的言外之意，他也了然于心，可他佯装不知，说："真是喝醉了，不知道在胡说什么呢？"说罢便让人把卫瓘送走了。其实，从晋武帝的本心来说，他也很想立别的儿子为太子，不过每次一提到这件事，杨皇后就哭哭啼啼，晋武帝无奈，改立太子之事只好作罢。

后来，晋武帝对司马衷实在放不下心，便想了一个试探他能力的好办法。他挑选了几件没批阅过的奏章，把它们密封起来，然后派人送给司马衷批复，想借此验证一下太子的真实能力。为了防止有人暗中帮忙，晋武帝还专门设宴，把司马衷手下的官员们全部招来赴宴。

　　以司马衷的能力，是不可能批阅奏章的。司马衷的夫人贾妃看在眼里，急在心头，她急忙找了个太监，让他拟写了一份粗浅的答案，然后让太子照抄上去。太子批阅完的奏章又被送回到了晋武帝手里，晋武帝打开一看，批得虽然浅显粗陋，但文通句顺，也算说得过去，于是便没有废黜之心了。

　　后来，晋武帝得了重病。司马衷虽然已经年过三十，但智力仍旧低下，难以执掌朝政。晋武帝内心忐忑，便请皇后的父亲杨骏来辅助他。之后不久，晋武帝驾崩，司马衷即位，他就是晋惠帝。晋惠帝只知道吃喝玩乐，朝廷大权完全掌握在杨骏手中。

　　有一天，晋惠帝在华林园游玩时听到青蛙的叫声，感到新奇，便问身边的侍从贾胤："这种呱呱乱叫的东西是谁的？它们是私人的，还是公家的啊？"贾胤答道："启禀陛下，这种东西的归属和它所在的地方有关，如果它出现在公家地里就属于公家，出现在私人地里就属于私人。"晋惠帝听完后点了点头，表示自己知道了。有一年，全国很多地方都受灾严重，老百姓没东西吃，很多人都被活活饿死了。晋惠帝知道这件事情后，问大臣："老百姓为什么要死去，难道活着不好吗？"有个大臣回答："老百姓也不愿死去，他们也很想活着，但是遭受了灾害，没有粮食吃才饿死的。"晋惠帝说："哦！他们真够笨的，没有粮食，为什么不吃肉粥呢？"这个大臣听后，哭笑不得，张大了嘴巴，一句话也说不出来。

　　有这样一个白痴皇帝，西晋的江山免不了要遭受更多、更严峻的考验了。

西晋占田课田

曹魏后期,由于给客制的实行,对屯田客的剥削加重,使屯田生产萎缩,无法继续存在下去了。司马师为晋王时,于咸熙元年(264)下令"罢屯田官以均政役,诸典农皆为太守,都尉皆为令长"。西晋泰始二年(266)又下令"罢农官为郡县",屯田制正式被废除,屯田客归郡县管理,成为州郡的编户齐民。

太康元年(280),西晋平吴后,国家最后统一,西晋武帝司马炎开始在全国范围内颁行占田制。占田制包括户调式、占田法、品官占田荫客制三项内容。

占田法规定:男子一人可占田70亩,女子一人占田30亩,其外丁男(男女年16岁以上至60岁为正丁)课田50亩,丁女20亩,次丁男(男女年15岁以下至13岁,62岁以上至65岁为次丁)25亩。少数族人民不课田者交纳义米,每户3斛,边远地区者交纳5斗,极远地区的纳算钱,每人28文。

这里所谈的占田是指农民向地方政府登记土地的亩数,即农民依据法令应有的土地限额。课田,指农民应负担田租土地的数量,课田每亩税米8升。

品官占田荫客制规定,官僚地主依照品位级别占田,官品第一至于第九,以高低顺序占田。一品官占田50顷,二品官45顷,三品官40顷,四品官35顷,五品官30顷,六品官25顷,七品20顷,八品官15顷,九品官10顷。同时又以品位高低庇荫亲属,多者九族,少者三世。宗室、国宾、先贤之后及士人子孙亦如之。又可荫衣食客及佃客,具体规定为,六品官以上得荫衣食客3人,第七、第八品 2 人，第九品具体包括举辇（niǎn）、胁禽、前驱、由基、强弩、司马、羽林郎、殿中冗从武贲、殿中武贲、持椎斧武骑武贲、持锻戉从武贲、命中武贲武骑可荫 1 人。具有庇荫佃客的条件是：第一、第二品官荫佃客不过 15 户，第三品 10 户，第四品 7 户，第五品 5 户，第六品 3 户，第七品 2 户，第八品、第九品 1 户，被荫人可免除国家课役。

户调式规定，丁男之户，每年调绢 3 匹，绵 3 斤，丁女及次丁男立户者纳半数，边郡户纳 2/3，远者纳 1/3。少数族纳责布户 1 匹，边远地区纳 1 丈。《晋故事》说，户调定额是中央给地方官的平均指标，地方官在征收中按户资定贫富级别九等，以"九品混通法"征收。

从西晋颁布的占田制对农民的剥削程度看，以西晋的占田农民同曹魏时的自耕农相比，丁男之户户调负担比曹魏时的绢 2 匹、绵 3 斤，增加了 1/2；租亩 8 升，较曹魏时租亩 4 升翻了一番。实际上还不止于此，曹魏的田租是按亩计征，而占田制规定的田租却是按丁计征，同时占田农民不管是否占到法定的课田数额，一律要按法定亩数交纳田租，所以就总体上说，西晋占田制使中原地区农民的田租负担较以前增加一倍以上。

从占田制的剥削范围看，从内地到边区，由汉族人民到少数民族人民，从 13 岁的儿童到 65 岁的老人一律要交纳田租和户调。

占田制也有一些积极因素，西晋通过田租、户调的调整，促使大量流民垦占荒地，重新向国家呈报户口，在占田制颁布的两三年间，户口大增，出现了太康时期短期的繁荣景象。太康元年（280），西晋有户 2459840，人口 16163863。占田制实施的第三年，国家已拥有户 377 万，增加了 130 多万户，增加户数达 1/2 以上。同时，在占田和课田的一些规定中含有督课耕田、驱民归农之意，这对于扩大耕地面积也有积极的作用，另外对屯田客自身来说，有了一定的人身自由，田租课征率虽高，但比起曹魏后期给客制下的三、七，二、八超额租课还是减少了不少。

西晋占田制颁布的目的主要在于加强对农民的控制，防止他们逃亡和脱籍（注销服役名籍），加强农民对封建国家的隶属关系，因而它本身有同豪强争夺土地和人口的意图，占田制关于世族占田荫客、荫亲属等特权的规定，实质上是在承认世族地主侵占的大量土地和户口为既定事实的基础上加以限制。但是，西晋是建立在世家大族拥戴基础上的，占田制并没有触动大土地所有者的既得利益。法令规定，世族地主的亲属、佃客、衣食客可免除课役，这实际上为世族地主兼并土地和招徕逃户开了方便之门。因而占田制颁布本身就加剧了土地兼并，它从一开始就孕育了其失败的命运。

由于豪强地主势力的不断强大，西晋政权无力严格控制农民的户籍，也无法掌握确实的垦田亩数。占田制使封建小农对封建国家的依附关系极不稳固，小农及其土地时常有被世家大族地主吞噬的可能，随着时间推移，这种可能逐渐变成了现实，占田制终于成了一纸空文，到惠帝时就出现了"天下千城，人多游食（不务农而食），无田课之实"的严重情况。八王之乱发生后，皇权衰落，到西晋末年更出现了移民狂潮，元康六年（296），终于发生了流民大起义，以后占田制随着西晋的灭亡，不复存在了。

晋惠帝继位

西晋景王司马师、文王司马昭都是司马懿的儿子。司马昭生司马炎和司马攸,司马昭继司马师为文王后,因为景王司马师无子,所以将司马攸过继为景王之后。司马攸生性孝和,又多才艺,很受司马昭垂爱。司马昭私下常说:"天下者本景王之天下,我百年之后,大业应归司马攸。"但此后,司马攸的继位问题却引发了西晋的一系列矛盾和斗争,并且持续了两代。

司马炎虽然德才都不及司马攸,但司马炎站着头发可以垂到地上,垂手过膝,相貌不凡,生就一副天子相,而且他善于交接,和他来往密切的贾充、裴秀、羊琇(xiù)、山涛、何曾等都是当朝重臣,很有权势。在他们的主持下,司马炎终于被司马昭立为世子。泰始元年(265)五月,魏帝曹奂被迫同意司马昭建天子旌旗、进王妃为王后,世子为太子,司马炎被正式立为太子。同年八月,文王司马昭死了,司马炎继为晋王,十二月,魏禅位于晋,司马炎即位为晋武帝,封宗室27人为王,司马攸被封为齐王。

泰始三年(267),司马炎立9岁的司马衷为皇太子。接着围绕着太子选妃,展开了一场斗争。当时朝内尚书令贾充、太尉荀顗、侍中兼中书监荀勖(xù),越骑校尉冯统等互为党羽,并受司马炎宠重。贾充一伙一向为朝内大臣所不齿。泰始七年(271),鲜卑首领树机能在秦雍(今陕西西安一带)一带起兵反晋,侍中伍恺趁机劝武帝派贾充外出征讨,武帝接受伍恺的建议,命贾充出任秦雍都督,贾充很不情愿,但又无法推托,将要外出就任,荀勖急忙找来冯统一起计议。荀勖说:"贾公此去,我们就失去了依托，现在武帝正为太子选妃，如果立贾公女为妃，那么贾公就可以留在朝内了。"

司马炎本想选名门世族卫瓘的女儿为太子妃，贾充听了荀勖的话便在私下里活动，让他妻子郭槐向杨皇后及其左右行贿，杨皇后因为受了贾家的财物，坚持要武帝为太子纳贾充女为妃。这时，荀勖、冯紞（dǎn）等在武帝面前盛赞贾充之女美丽贤惠，使晋武帝最终改变了主意。泰始八年（272），皇太子正式纳贾妃，贾妃名贾南风，年 15，比太子大两岁，权诈妒忌，太子非常怕她。贾南风立为太子妃后，巩固了贾充在朝内的地位，贾充被留在朝中并升任为司空。

泰始十年（274），晋武帝见司马衷很呆痴，不堪继为大统，想立其他的儿子为嗣，同杨皇后商量，杨后是司马衷的亲生母亲，当然坚决反对，说立子以长不以贤，太子不能动。这年杨后病重，临终怕武帝立他宠幸的胡奋之女胡贵嫔为后，动摇太子地位，便一再嘱咐司马炎娶她叔父杨骏的女儿杨芷为后。司马炎流着泪答应了。就这样，司马衷作为继承人的地位保住了。

咸宁四年（278）征北大将军卫瓘为尚书令，这时朝野上下都知道太子愚痴，不堪为嗣，卫瓘决定上呈武帝更易太子。一次卫瓘在陵云台侍宴，卫瓘装作酒醉，跪在武帝床前说："臣有话欲呈陛下。"武帝说："有何话要说？"卫瓘欲言又止。如此再三，遂以手抚床说："此座可惜。"武帝恍然大悟，于是决定设宴招集东宫官属，想要在宴会上当众考察太子，命太子在宴会上当众作答。贾妃提前得到消息，很是恐惧，急忙找人代答，答案多援引古义，拿给张泓看后，张泓说："这样不行，太子没有学问，武帝早已知道。以古义作答，必然使武帝生疑，不如直截了当作答为好。"贾妃听了很高兴，说："你好好地为我准备答案，以后让你长享富贵。"张泓将答案写好后，让太子亲手抄了一遍，武帝看了很是高兴，当众把答案拿给卫瓘看，卫瓘十分难堪。太子的这场风波总算平息了，贾充秘密派人对贾妃说："卫瓘这个老奴才，差点破了你的家。"

这次风波虽然过去了，但太子继立的事仍使在朝官员十分担忧。当时尚书张华很有威望。武帝问张华："谁可以托付后事？"张华回答说："聪明有德行，又是您的至亲之人，没有人比齐王更合适了。"这么回答违背了武帝的意旨。荀勖等人就趁机在武帝面前诋毁张华，张华因此被贬职，被调任为幽州都督。荀勖、冯

中华上下五千年——第五篇 三国·魏晋南北朝

統、杨珧等又劝武帝让齐王司马攸出赴郡国，荀勖深知朝内大臣不会同意，便先对武帝说："朝廷内外的百官，都从心里归附齐王，陛下万年之后，太子就不可能即天子之位了。陛下可以试着命令齐王回封国，必定是朝廷上下都认为不可以，那么我说的话就应验了。"晋武帝同意了。武帝听了荀勖的话，正式下诏，任命齐王司马攸为大司马，出任都督青州诸军事，并以汝南王司马亮为太尉、领太子太傅，以光禄大夫山涛为司徒，尚书令卫瓘为司空。诏书下发后，大将军王浑首先站出来说："司马攸是皇帝至亲又很有德行，我认为太子太保是个空缺，应当留下司马攸来担任，与汝南王司马亮、杨珧一起办理朝廷的事务。"接着扶风王司马骏、光禄大夫李熹、中护军羊琇、侍中王济、甄德都上书清谏，武帝不听。王济让他的妻子常山公主以及甄德的妻子长广公主一起去见晋武帝，她们跪下磕头，哭着请求晋武帝留下司马攸。晋武帝动了怒，对侍中王戎说："兄弟是至亲，如今派齐王离开京城，自然是朕的家事，但是甄德、王济却接连打发妇人到这里来哭死哭活的！"于是派王济出去担任国子祭酒，甄德任大鸿胪。羊琇企图趁去见杨珧的时机，刺杀杨珧，因计谋泄露而失败，被贬为太仆，羊琇忧愤成疾，最后病死了。李熹见武帝不听劝谏，以年老为借口辞职了，不久也死在家中。

咸宁四年（278），晋武帝命令太常商议敬赐齐王之物，安排出镇的事情，博士太叔广等七人又奏请留下司马攸，太常郑默、博士祭酒曹志也上书陈说。武帝见到奏书后，大为震怒，说："博士们不回答我所问的，却回答我所不问的，肆意制造不同的议论。"晋武帝命令有关部门免去郑默、曹志的职务，博士太叔广等七人也被除名。

同年二月，晋武帝下诏书，把济南郡归并到齐国，立齐王司马攸的儿子司马寔（shí）为北海王。三月，司马攸忧愤成疾，武帝派御医去给他看病，御医们为了迎合晋武帝，都说司马攸没病。司马攸病情加重，武帝仍然催促他上路。司马攸无奈，强撑着去向晋武帝辞行，他平日里一贯保持容貌与仪表，虽然病得很厉害，他还是整齐振作，举止和往常一样。晋武帝越发怀疑他没有病。强自往见司马炎辞行，强作精神，举止如常。武帝更疑其无病。司马攸辞别上路，没有几天，就吐血死了。武帝前往临丧，司马寔顿足号哭，说他父亲的病让御医给耽误了。晋武帝下诏诛杀了所有为司马攸诊病的御医，并让司马寔接替了司马攸的爵位。

太康十年（289），晋武帝沉湎于声色中，以致得了病。杨骏嫉妒汝南王司马亮，把他排挤得离开了朝廷。十月，以司马亮为大司马、大都督，督豫州诸军事。

惠帝有个儿子叫司马遹，母亲是谢夫人，名谢玖。因为贾南风妒忌凶虐，所以司马遹生下后，司马炎便把他留在自己身边，这件事就连司马衷也不知道。直到司马遹三四岁时，一次司马衷入朝见诸皇子在一起玩耍，司马衷与皇子一一拱手，轮到司马遹时，司马炎对司马衷说："这是你的儿子。"司马遹很聪明，一次宫中夜里失火，武帝登楼观看，司马遹拉着武帝的衣服说："夜里突然出事，应当防备突然的变故，不能站在亮处，让别人看到您。"这年司马遹才五岁，武帝非常吃惊，认为他很不一般，曾经对群臣说："遹很像宣帝。"武帝深知太子司马衷无才愚痴，他见孙子如此聪明，才没废掉司马衷，封皇孙司马遹为广陵王。

永熙元年（290）四月，武帝病情加重，杨皇后召华虞及中书令何劭口宣武帝意旨作诏，以杨骏为太尉、太子太傅、都督中外诸军事。武帝崩于含章殿，太子司马衷即帝位。

司马衷继位后，由皇后的父亲杨骏专制朝政。不久，贾后杀杨骏后专朝。贾后十分专断，她先逼死太后，再毒杀太子司马通，引得朝野上下无不愤慨。于是，赵王司马伦、齐王司马冏等趁势起兵废杀贾南风，开始了西晋中期的"八王之乱"。

魏晋玄学

东汉以来，由于豪强地主经济的恶性膨胀和名教之治的发展，使以官僚外戚为主体的世家大族和以经学起家的名儒世家两大势力迅速突起，它们的进一步发展造成了深刻的社会危机，在东汉王朝濒临绝境的事实面前，统治集团，特别是士大夫阶层开始对汉以来的封建统治进行全面的检讨和反思。仲长统在总结这段历史时沉痛地写道："嗟呼！不知来世圣人救此之道，将何用也，又不知天若穷此数，将何至邪！"

东汉大乱之后，曹操首先举起"奉天子以令诸侯"的旗帜，在这个旗帜下吸引了众多名士，如颖川名士荀彧、荀攸，北海名士孔融、管宁，冀州名士崔琰等。曹操利用这些名士统一了北方，北方统一后，曹操便开始着手进行政治转变代汉自立。曹操的这种行为首先遭到名士阶层的反对和阻止。于是从建安十三年后以诛孔融为开端大杀名士，与此同时曹操发出了三次求贤令。三次求贤令的意义主要在于：它第一次在统治阶级内部公然地对儒家的忠孝、名节提出异议，曹操的这一举动意义是重大的，它造成魏晋时期思想观念的大裂变，同时三次求贤令提出了未来玄学讨论的主要课题，即名实、才性、名法等问题。

黄初元年（220），曹丕正式称帝，到明帝曹叡（ruì）时开始改正朔、变制度，到齐王曹芳执政时，在革除旧制的基础上开始建立新的统治意识。《资治通鉴》在论及曹魏祖孙三代的政绩时说："武皇帝（曹操）肇建洪基、拨乱夷险为魏太祖，文皇帝（曹丕）继天革命，应期受禅为魏高祖，上（魏明帝曹叡）集成大命、清定华夏，兴制礼乐为魏烈祖。"大意是说曹操是创业平天下的，曹丕是受禅得天下的，而曹叡才是改正朔变制建立曹氏天下的。以后的玄学正是在新的统治秩序确立的基础上形成的。

正始年间以王弼三注《老子注》《周易注》《论语释疑》为标志玄学正式产生了。王弼玄学发挥了老子自然的思想，提倡法自然，认为自然法则是凌驾于自然和社会之上的主宰者，天地间一切事物都按照自然法则在运行，临将灭亡的东西听其自然让他灭亡，任何阻止和挽救他的企图都是徒劳无益的。同时期的玄学家夏侯玄说："无地以自然运，圣人以自然运，自然者，道也。"这和夏侯悖在劝进表中说的"自古以来能除民害为百姓所归者即民主也"是一脉相承的。王弼及其玄学家们用自然运行、变化的理论粉碎了汉代君权神授的谶纬神学理论，认为国家的兴衰，王朝的更替都循行着自然发展的趋势，从而为曹魏代汉找到了理论依据，同时王弼以玄学改造儒学，以自然解释名教又论证了曹魏政权的永恒性。

王弼《老子注》的宗旨是"崇本息末"，王弼说"《老子》之书，其几乎一言以蔽之，噫！崇本息末而已矣"。王弼认为本与末的关系即无与有的关系，也即自然与名教的关系。王弼在论述其关系时指出，无形无名为万物之宗！世界上万事万物都生乎无形，由乎无名，但无又不是一个独立于有之外的实体，只有通过具体的形象而又不拘泥于具体的形象，才能把握它的真正含义。王弼用的具体论证方法是返纯归朴、得意妄言。王弼以无与有为中心把它推衍到各个领域，表现在天道观上为天与人、形而上与形而下、道与器，表现在伦理观念上为道与德、性与情，表现在认识论上则为意与言、静与动，表现在政治思想上则为自然与名教、无为与有为，由此建立了一套完整的思辨体系。

王弼玄学的归结点在于政治，王弼玄学在政治上要解决的一个根本问题就是名教与自然的结合问题，这个问题的提出是由当时曹魏的现实政治所引发的。曹丕称帝以后，为了加强统治实力，改变了曹操后期打击名士的政策，实行九品中正制。九品中正制以才、性相兼举用人才，这实际上是为了兼顾当时统治集团中士、庶两个阶层的利益，士即名士、士族，庶是随曹操打天下的以军功出身的人。士与庶的兼顾，表现在选举制度上就是才与性的兼容，表现在思想上就是自然与名教的统一，表现在社会生活中则是文质兼治，一般说来儒家主文，道家尚质。司马懿问政于玄学家夏侯玄，夏侯玄说，文质之治要取其中则，主张文质兼治。上述说明，玄学产生是直接服务于曹魏政治的，因而这时期的玄学不能说是士族阶层的代表学说。从玄学代表人物的出身看，他们也都是曹氏集团的人，何晏是曹操的养子，王弼在曹爽执政时为台郎，夏侯玄更是曹爽集团的骨干。

正始以后，司马氏逐渐控制朝政，高平陵事变后，曹魏宗室受到致命的打击，接着司马氏开始做代魏的准备。玄学家们的政治理想被司马氏的篡权行为击得粉碎，他们的政治构想与严峻的现实发生了剧烈的冲突和碰撞，他们苦苦追寻的救世理论化作一团泡影，因而曹魏后期的玄学代表人物阮籍和嵇康开始从主张名教与自然的统一走向主张自然与名教的对立，主张任自然越名教。这时期玄学的特征有两个方面，一、对名教的鄙弃和批判，阮籍在他后期著作《达庄论》《大人先生传》中对名教的虚伪和欺骗进行了猛烈的抨击，深刻地揭露了那些"貌有常则，言有常度，行有常式"的礼法之士，认为这些人整天"诵六经之教，习儒家之迹"，而实际上是一群造音乱声，作色诡形的伪君子，进而提出"无君而庶物定，无臣而万事理"的无君主张。嵇康排斥儒学的态度更为激烈，主要著作有《答难养生论》《声无哀乐论》《答张辽叔自然好学论》等。二、自我意识的觉醒。这一时期的玄学家逐渐由政治失意转变为对精神自由境界的追求，在阮籍、嵇康身上所存在的心理矛盾代表了当时知识分子普遍存在的忧患意识和对人生的追求。因而在他们的时代，人的问题、自我意识、精神境界的问题成了突出的时代问题。阮、嵇二人在理论上虽然不及王、何，但他们在当时的历史条件下开创了一个自我意识觉醒的运动，他们以人的问题取代了宇宙的问题，以人的哲学取代了政治哲学。如阮籍在《咏怀诗》中写道："去者余不及，来者吾不留，愿登太华山，上与松子游。……宁与燕雀翔，不随黄鹄飞，黄鹄游四海，中路将安归。"嵇康在《游仙诗》中说："飘飘戏玄圃，黄老路相逢，授我自然道，旷若发童蒙。"

西晋一代是玄学盛行时期，崇尚玄学的主要是世族阶层。西晋世族地位的确立主要有两个方面的原因：一是九品中正制的演变，由品状相参、才性兼顾发展为只重品性、家世，而不重才能或不看才能；二是西晋初五等爵位制和官吏占田隐客制两项法律制度的规定。至此世族世代做官有了法律依据，这同汉魏时期的情形大为不同。世族操纵了选举，控制了朝政，因而西晋政权从一开始就是建立在深刻的社会危机之上的，当时的情形是"悠悠风尘，皆奔竞之士，列官千百，无让贤之举"。世族把持政权后，一方面需要严格的等级制度来维持他们既有的地位，另一方面他们又要求无限制地发展自己的力量，在这种情况下庄子的性分、逍遥就成为他们的理论工具，社会上掀起一股以庄学改造儒学的思潮。西晋中期思想家荀晶著《清心论》，刘嘉著《崇让论》，潘尼著《安身论》都不同程度地发挥了庄子性分、逍遥思想。在这个浪潮中，裴𫖳则独树一帜，著《崇有论》，他的理论与魏晋之际阮籍、嵇康的理论相比，走向了另一个极端。裴𫖳主要从名教出发指责贵无（魏晋玄学的重要思想，谓以"无"为天地万物的精神本原），他认为主张贵无的人，背弃了吉凶礼义，混淆了长幼、贵贱之序，主张"崇济先典，挟明大义"，但《崇有论》就其理论本身来说，很不严密，可击之处很多；就其政治效用来说也与当时世族的要求不相投合，所以连裴𫖳自己也说："申其所怀，攻者盈集。"

当时的玄学家们大都致力于名教与老庄思想的结合。元康时期王戎同阮瞻的一段对话典型地反映了这种情形。王戎问阮瞻说："圣人贵名教，老庄明自然，其旨同异，瞻曰'将无同'？"于是瞻被戎辟为掾属（佐治的官吏。掾，yuàn），时称"三字掾"。

郭象是西晋时期玄学的集大成者，郭象玄学的核心是率性逍遥。郭象说："小大虽殊，而放于自得之场，则物任其性，事称其能，名当其分。"郭象认为，世界上的万事万物各有性分，性分是不能改变的。性就是天性，就是自然，分是智与愚、小与大、贵与贱。小大贵贱各当其位这是自然的原始和谐，如果人们不能安分守命，那么这个和谐就要被破坏，要恢复、维持这个和谐，就必须是人们在各自的等级场所内自得其乐、自得逍遥，贫穷的不要羡慕富贵的、在下的不要企谋在上的，如此，天下便大治了。

率性逍遥推衍到政治上就是"内圣外王"，郭象说："夫神人即今所谓圣人也，夫圣人虽在庙堂之上，然其心无异于山林之中"，是要把道家从玄远的"山林之中"，拉回到现实的政治之中，也即要将名教与自然在新的基础上统一。

郭象的理论是王弼玄学体系的继承和发展，王弼解决二者关系的方法是"崇本息末"，但正是在本末沟通的问题上，有一个无法解决的难点，这就是静止不动的无，究竟如何生出川流不息、仪态万千的有呢？这使王弼陷入困境，也是郭象玄学所无法回避的问题。郭象提出了一个高于以往所有玄学家的一个新方法，即"独化"理论，这在当时玄学家的历史视野里无疑是有效的论证方法。所谓独化是指各个事物之间的自为而相为关系。郭象认为，就表面上看来，世界上的每个事物，都以自我性分为轴心，不依赖外在的条件，整个世界处于一种多元、无序的状态，但实际上并非如此，因为就在各个具体事物的自为之中，自然而然地产生了相为的作用。《齐物论注》中说："若天之自高，地之自卑，首自在上，足自居下，岂有递哉，虽无错于当而必自当也。"正是这种相与于无相与，相为于无相为的关系，就把整个世界组成一个普遍联系的有机统一体，郭象把这种相因之功称为"卓尔独化"。

郭象把这种理论推衍到社会政治上，那么尊卑、上下、君臣、贵贱的等级区分也是一种独化，就每个个体而言，虽然是多元的、对立的，却都自成一个封闭和谐的小系统，就凭他们之间自为而相因的协同作用而言，那么整个社会就构成一个和谐的大系统了。

郭象的理论集中地反映了世族阶层的政治愿望，郭象的思想不是道学的简单复归，更不是儒学的变种，它是在新形势下提出的一种新的等级统治理论。西晋后期率性逍遥成了社会的主旋律。赵王司马伦执政期间，玄学家王戎为司徒，王衍为尚书令，当时有名的玄学人物如王澄、阮咸、阮瞻、毕卓等大都受到重用。司马越执政后，玄学家们几乎全被起用，司马越刚拜太傅，就任命王浚为骠骑将军，庾敳为军谘（zī，同"咨"）祭酒，胡母辅之为从事中郎，阮修为行参军，郭象为主簿。

郭象的玄学所构造的是一个新的封建统治格局，这种模式实际上就是后来的东晋门阀政治。以世族为主体的玄学家在西晋后期已经成为西晋王朝的最大的离心力量，他们以断送西晋政权为代价，力图建立一个新的政权机构。永嘉元年（307），西晋行将崩溃，这时做太尉的王衍（大世族、玄学家）以其弟王澄为荆州都督，族弟王敦为青州刺史，并嘱托两弟说："荆州有江汉之固，青州有负海（背靠大海）之险，卿二人在外而吾在其中，是以为三窟矣。"建兴元年（313），怀帝在平阳遇害，居住于长安的愍（mǐn）帝下诏以司马睿、司马保、刘琨三路70万大军讨伐刘聪，但由于世族控制下的司马睿拒不出兵，使得西晋政权组织的最后一次大规模军事反击流产了。西晋灭亡了，但西晋的世族并没有同西晋王朝"一起拉倒"。相反，世族终于借司马睿的门面在江南建立起了东晋门阀政权，而以玄学王澄为首的"四友"，以羊曼为首的"中兴四君"，以郗鉴为首的"玄学八伯"都成了门阀政权的中坚力量。

所谓门阀政治，就是几个大的世族集团轮流专朝。门阀政治就其实质来说是皇权政治，但它又不完全等同于皇权政治，它是封建政权下一个新的政体形式，在这个政体下皇帝只是世族集团操纵下的傀儡。

东晋门阀政治建立后，又产生了新的矛盾，出现了门阀内部的权力争夺和摩擦，又造成中央集权的严重削弱，所以统治集团的一部分人又企图以恢复儒学的地位来寻求出路。在东晋初、中期以来，门阀内部一直存在着玄学与儒学的斗争，东晋初以王导等为一派推崇儒学，以殷浩为一派崇尚玄学。到穆帝时，又形成会稽王司马昱（yù）、殷浩为首的玄学同以桓温为首的儒学两大派。最后桓温的儒学一派取得胜利，玄学开始退出政治舞台，逐渐蜕变为养生之学，其代表人物是葛洪、张湛，到东晋后期服药、隐游、导养（摄生养性）之风大盛。

东晋以后玄学基本上衰退、终结了。

八王之乱

司马衷这位皇储是个十足的白痴，可却是西晋皇权的象征，世家豪族政权的继承人，因而，也成为权势者们吹捧与争夺的对象，斗争的焦点。

早在司马衷做太子时，争斗就开始了。

权臣贾充，即指使凶手杀死魏帝曹髦的那个人，想方设法把自己的女儿贾南风嫁给了司马衷。贾南风是个风流泼辣、阴险狡诈的女人，甘心嫁给个白痴，只因这个白痴象征着未来的皇权。

朝臣们大都心怀忧虑，担心朝廷无主。

晋武帝也知道这个儿子痴呆，担心他坏了朝政保不住江山。

太康初年，晋武帝在陵云台举行宴会，群臣酒兴正浓。年过六旬老成持重的少府卫瓘，似醉非醉，脸红手颤，突然扑在晋武帝坐的御座前，说："臣有话说。"晋武帝静听，他却欲言又止，默然再三，才终于用手摸着御座说："这座位可惜呀！"武帝会意，却仍装糊涂说："你真是喝醉了！"从此，这位忧国的老臣便始终默然了。

陵云台宴会以后，晋武帝也忧心忡忡，想试试太子的智力。于是，他在东宫召开宴会，请来大小官属参加，让与会的人提出些问题，密封起来，送给太子，等他作答。

一堆密封试卷送来，太子不知所云，贾南风也着了慌。她已从贾充那里得知皇帝与大臣们有废立的争议，便急中生智，收买了传递试卷的官吏，请他代为作答。答卷由太子抄过。皇帝看了答案还颇为满意，并给少府卫瓘看，那位老臣也大吃一惊。

从此，白痴的皇储地位保住了。

公元290年，晋武帝驾崩。太子登基，是为晋惠帝。这位呆头呆脑的皇帝，自然无法执掌朝政。皇太后的父亲杨骏辅政，独揽大权。

皇后贾南风是中国历史上少数的几个醉心于皇权的女人之一，她眼见已经到手的权力竟被皇帝的母党夺去，怎能甘心呢！这位心狠手辣的女人决心夺回权力。

公元291年三月，贾南风与年轻的楚王司马玮(司马炎的第五子)合谋，杀死了专权的太傅杨骏，诛杀其亲族、党羽数千人，又迫使皇帝下诏把皇太后废为平民，进而逼得这位太后在洛阳城外的宫城金墉城绝食而死。西晋王朝的内讧就由此肇端(起始)了。

贾南风的阴谋进行得很顺利，但朝廷推举出的新的辅政大臣是汝南王司马亮(司马懿的第四子)和老臣卫瓘，这两位重臣都富有从政经验。贾南风仍不得专权,深以为恨。

两个月以后,司马玮接到一纸诏书,命他杀死汝南王司马亮和卫瓘。他忠实地执行了诏命,但他刚执行完任务回来就被捕入狱了,罪名是擅杀大臣,图谋不轨。原来,这两道诏令都来自后宫。21岁的楚王司马玮直到临死前才知道自己被利用了。

贾南风一箭双雕,除掉了自己的心腹之患,组建了自己的班底,把持了政权。这班底中主要是皇帝的妻党贾氏家族中的人,同时也起用了几位富有政治才干的大臣,帮她维持了七八年的统治。这期间"虽暗主在上,而朝野安静"。

然而,贾南风心中却不安静。她自己没生儿子,生怕惠帝仅有的儿子太子遹一旦登基,也像她过去对待杨太后那样对待她,所以总是如坐针毡。她忽然灵机一动,假装临产,从妹妹那里抱来个男孩冒充是自己的亲生儿,接着便找了个借口将太子废为平民,幽禁在金墉城。这时,她听到风声,说太子将如何如何。这个毒辣的女人便迅速设计将太子杀害,斩草除根了。她派人杀害了太子,却又装出一副悲痛不已的样子,请求皇帝仍以王室礼仪送葬太子。贾南风正庆幸得手了,可这一切早被心怀不满的司马氏王公大臣们看在眼里了。

公元300年四月,在太子被害后的第十天,贾南风的执政班底统统被禁卫军抓起来杀掉了。贾南风还被蒙在鼓里,一位大臣拿着一纸诏书前来,宣布将她废作平民。又过了五天,也在那座金墉城里,在使者的逼迫下,贾南风饮下一杯毒酒,绝望地自尽了。

这件事是掌握京都禁卫军的赵王司马伦(司马懿的第九子)干的。赵王伦本就是个权欲大于才干的人,他听了一位善搞权诈的人的主意,先放出风去挑拨贾南风害死太子,再以杀害皇储的罪名收拾贾南风。他干得得心应手，就如他盘算的那样。半年以后，他满以为大权在握，就踢开那个白痴，自己可以做皇帝。可这么一来，就引起了各地手握重兵的诸侯王的不满，一场战乱爆发了。

先后参与到这场战乱中来的有齐王司马冏（司马师继子司马攸的儿子。冏，jiǒng）、长沙王司马乂（司马炎等六子）、成都王司马颖（司马炎第十六子）、河间王司马颙（司马懿从孙）、东海王司马越（司马懿从孙）。他们像走马灯似的一个个登上舞台，大打出手，接着又倒下去，那个白痴皇帝就像球场上的篮球一样被抛来拖去，最后落到东海王司马越手中，不久便因吃了块有毒的麦饼死去了，时为公元306年，这场混战就此结束。

这场内讧为期十六年，史称"八王（亮、玮、伦、冏、乂、颖、颙、越）之乱"。

三定江南

西晋后期，江东大族豪强先后三次镇压当地的农民起义和割据势力，史称"三定江南"。

太安二年（303）五月，西晋朝廷强行从荆州征兵派往益州镇压秦雍流民起义，被征发的百姓不愿远行，在义阳蛮族人张昌的领导下举行起义。张昌更名为李辰，自任相国，推立山都县吏丘沈为天子，为其更名刘尼，诈称是汉宗室后嗣，建立政权，设置百官。江沔（miǎn）间一时蜂起，竖牙旗（旗竿上饰有象牙的大旗；多为主将主帅所建，亦用作仪仗），鸣鼓角，从者如归，一个月间达3万人。张昌率领起义军打败西晋官军，杀平南将军羊伊、镇南大将军新野王司马歆等，西晋"征镇不能讨，皆望尘奔走"。张昌派将石冰领兵东进江、扬二州，击走扬州刺史陈徽，攻占孙吴旧都建邺，诸郡都被攻下。临淮人封云起兵响应，也攻取徐州。八月，在西晋官军的猛烈进攻下，张昌战败于江夏，而石冰、封云仍然在扬、徐坚持战斗，起义军将领抗宠屯兵会稽，赵龙马屯兵芜湖，孟徐、陆珪等屯兵庐江。当时江东大族豪强实力雄厚，他们拥有"牛羊掩原隰（平原和低下的地方），田池布千里"的庄园，庄园里"僮仆成军，闭门为市"。为了保卫自身利益，江东大族周玘（qǐ）等联合起来，组织地主豪强武装，与起义军对抗。十二月，周玘与前南平内史王矩共推前吴兴太守顾秘都督扬州九郡，发檄诸郡，杀了石冰任命的将军。于是，周玘起兵于义兴，贺循起兵于会稽，华谭、甘卓、葛洪也都纷纷起兵攻击起义军。石冰遣将羌毒率兵数万抵御周玘，兵败被杀。石冰则进军寿春（今安徽寿县），西晋都督刘准惊慌失措，计无所出。这时，广陵度支陈敏督运粮兵众在寿春，向陈准请战，陈准增拨一部分兵力给他，命他出战。陈敏与石冰速战几十次，打败石冰，与周玘合兵围攻建邺。次年三月，石冰北上投封云，封云司马张统叛变，杀石冰、封云出降，扬、徐农民起义终于在江东大族与西晋官军的联合镇压下失败了。"一定江南"后，陈敏因功升任为广相，而周玘、贺循等不言功受赏，各自散众还乡去了。

是时北方大乱刚被平定，无暇顾及江东。陈敏自以为勇猛无敌，暗中有割据江东之志。永兴二年（305）十二月，执政司马越任命陈敏为右将军、前锋都督，委以漕运江南粮食供应朝廷之任。陈敏拥兵屯据历阳（今安徽和县），适逢吴王常侍甘卓弃官东归到历阳，与他互相勾结，缔结婚姻，使甘卓假传皇太弟令，拜他为扬州刺史。为笼络江东大族豪强，他又拜顾荣为右将军、贺循为丹杨内史、周玘为安丰太守，江东大族豪强、名士加将军、郡守者四十余人。接着，陈敏派其弟陈恢等南略江州，赶走原江州刺史应邈；派弟弟陈斌东略诸郡，赶走原扬州刺史刘机、丹阳太守王广等人。陈敏进据建邺后，又让部属推举自己为都督江东诸军事、大司马、楚公、加九锡，进而声称亲受皇帝诏命，欲北上奉迎銮驾。江东大族需要有一个如孙权兄弟那样的人物雄踞江东，以保障他们家族的利益，但他们对陈敏及其子弟才智不足而骄矜有余感到失望，周玘称疾不就职，贺循佯狂得免，顾荣还在犹豫观望。永嘉元年（307）二月，司马越的僚佐华谭写信给顾荣等说："朝廷以陈敏微功，授以上将之任，而他逆天而动，阻兵作威，上负朝廷宠授之荣，下负宰相信任之惠，虽有长江之险，实际危如朝露。吴郡、会稽二地的仁人都很受宠，或剖符名郡，或列为近臣，而更辱身奸人之朝，降附叛逆之党，难道不感到害羞吗？孙坚父子都是英杰之才，今陈敏乃七第顽冗（愚蠢庸劣的人）、六品下才，诸君竟俯首听命，这是自贻羞辱，一旦六军清定建邺，将有什么脸面复见中州人士？"顾荣等人接到书信，脸上皆有愧色。于是，周玘、顾荣遣使密报都督刘准，请他派兵临江，他们将在内策应。陈准派刘机等领兵讨伐陈敏。陈敏以弟弟广武将军陈昶守卫乌江，以弟弟历阳太守陈宏守卫牛渚。广武将军府司马钱广是周玘同郡人，周玘唆使他杀死陈昶，然后宣布已经杀死陈敏，谁胆敢妄动就诛灭三族。钱广勒兵于朱雀桥南，陈敏遣甘卓讨伐钱广，配以精锐甲兵。顾荣与周玘私下里对甘卓说："如果江东割据能够成功，我们就共同辅助刘敏。但如今看来是必败无疑的了。我们受陈敏官禄，事败之日，必然被斩首送往洛阳。不仅会身名俱灭，而且辱及万世，怎么能不改弦更张（改换、调整乐器上的弦，使声音和谐；比喻改革制度或变更计划、方法）呢！"甘卓听从了这二人的话，于是假称有病，将女儿接回家，与顾、周一同发兵攻击陈敏。顾荣军的士卒对陈敏军的士卒喊话道："你们替陈敏尽力，本是因为有顾、周二人，如今他们已经分道扬镳了，你们还为谁卖命？"陈敏军众还有些迟疑，见顾荣挥动白羽扇，便一哄而散了。陈敏单骑逃窜，最终被追获，被斩于建邺。"二定江南"为东晋的建立开辟了道路。这年九月，琅琊王司马睿以安东将军、都督扬州江南诸军事、假节，移镇建邺。

吴兴人钱王会，因起兵讨伐陈敏有功，被司马越授以建威将军之职。永嘉四年（310）二月，洛阳告急。司马越擢升钱王会为建武将军，令他率部众入京增援，同时征扬州刺史王敦入京。钱王会率军进抵广陵，听说刘聪大军已经逼近洛阳，心生恐惧，按兵不动。司马睿督促甚急，限以军期，钱王会于是谋反，企图先杀死王敦。王敦得知后奔回建邺了。钱王会杀了度支校尉陈丰，焚毁粮仓，自称平西大将军、八州都督，劫持孙皓子孙充，立为吴王，后来又杀掉孙充，率军渡江南下进攻义兴。司马睿派遣将军郭逸、都尉宋典等征讨钱王会，但都苦于兵少不敢接战。三月，周玘又率领地主武装增援郭逸，很快消灭了钱王会。这就是"三定江南"。

西晋的灭亡

司马炎死后，白痴司马衷即位，史称晋惠帝。晋惠帝什么也不懂，一切政事都由外公杨骏和四爷汝南王司马亮代理。不久，杨骏将司马亮排挤走，自己独揽朝中大权。

晋惠帝虽然是个白痴，但皇后贾南风却是个权欲极重、心狠手辣的女人。她想独揽朝权，便秘密派人同汝南王司马亮和楚王司马玮联络，叫他俩带兵进京，除掉杨骏。晋惠帝永平元年（291）三月，楚王司马玮带兵进京。贾南风有了靠山，立即诬称杨骏谋反，将他满门抄斩。接着，她又废了婆婆杨太后，逼得她绝食而死。辅政大臣杨骏被杀之后，朝臣推举汝南王司马亮和老臣卫瓘主政。

贾南风见自己仍然不能主政，极为不满。便假传惠帝密诏，让楚王司马玮将汝南王司马亮和老臣卫瓘杀了。贾南风怕司马玮控制朝权，又宣称他假传皇上之命，擅杀亲王和大臣，于当晚将他也除掉了。这样，贾南风开始独揽朝权，成了实际上的女皇。

贾南风起用名士张华、裴頠、王戎等人，让他们管理机要事务。此后七八年间，东晋政局比较稳定。

晋惠帝的太子司马通不是贾南风所生，他和贾南风的侄儿贾谧不和。贾谧在贾南风面前挑拨说："姑姑，司马通性格刚强，将来做了皇帝，一定对我们贾家不利。"贾南风本来就怕太子即位后，自己会落得杨太后的下场，听她侄儿这么一说，又动了杀机。

她让人用太子的口气写了一封逼白痴皇帝退位的信,陷害太子,结果太子被废。

当时,主管禁军的赵王司马伦本想起兵捕杀贾后,但转念一想,事成之后,岂不便宜了司马迵?他虽然已经被废,但贾南风一死,朝臣一定让他主政。于是,司马伦想出了一箭双雕之计。他派人四处散布谣言说:"朝臣们正在密谋让太子复位。"贾南风听了,立即派人毒死了太子。司马伦闻讯,派齐王司马迵去捕杀贾南风。贾南风见齐王领兵进宫,喝问:"大胆!你们想干什么?"司马迵说:"奉皇帝之诏,要逮捕你!"贾南风说:"皇帝的诏书都是从我这里发出的,哪儿还有什么诏书?"司马迵二话没说,将她带到司马伦面前。司马伦一句话也不说,便命人将她推出去斩了。

赵王司马伦野心更大,第二年,他将司马衷软禁起来,自己当了皇帝,他一登基,就将自己的原班人马都封了官。那时,官帽上要用貂尾装饰,由于他封的官太多,貂尾不够用了,只得用狗尾巴代替,"狗尾续貂(比喻拿不好的东西补接在好的东西后面,前后两部分非常不相称)"的成语就是这样产生的。

齐王司马迵见司马伦当了皇帝,心里很不服气,便向全国发出讨伐司马伦的檄文,号召各地亲王起兵。成都王司马颖、河间王司马颙都有夺权的野心,便和司马迵联兵十多万攻打司马伦。司马伦兵败被杀。

司马迵进入洛阳,怕司马颖和司马颙跟他争权,便让惠帝复位,封他自己为大司马,在幕后操纵政局。

司马颙看穿了司马迵的诡计,派出两万兵马攻打洛阳。长沙王司马乂也有政治野心,起兵响应司马颙。他派出一百名骑兵,冲进洛阳，杀了司马囧，控制了朝政。

成都王司马颖、河间王司马颙联合起来，进攻洛阳，共同对付司马乂（yì）。司马乂控制住惠帝，发兵抵抗。正当双方打得难解难分的时候，洛阳城里的东海王司马越利用皇城的禁卫军，在夜里捉住司马乂，将他活活烧死了。

司马颖乘机进入洛阳，做了丞相，掌握了政权。司马越认为自己杀司马乂有功，却没有得到什么好处，心有不甘，便假借惠帝的名义，起兵攻打司马颖。结果，他打了败仗，逃回东海郡去了。

这时，跟司马颖有仇的幽州刺史王浚，不甘心让司马颖掌握政权，便联合鲜卑、乌桓攻打司马颖。司马颖忙派人去匈奴，请左贤王刘渊前来助战。最后，王浚打败了司马颖。无奈，司马颖挟持惠帝逃到长安。

长安掌握在河间王司马颙手中，他见司马颖兵败来投，便趁机排挤他，从而独揽了朝权。司马越联合王浚攻下长安，将惠帝、司马颖、司马颙带回洛阳。不久，司马越杀了司马颖、司马颙，毒死了惠帝，另立司马炽为帝，史称晋怀帝。

从公元291年楚王司马玮带兵进入洛阳开始，到公元307年惠帝被毒死为止，战乱持续了16年，史称"八王之乱"，八王之乱严重削弱了晋朝的统治。九年之后，晋愍帝建兴四年（316），不堪一击的西晋终于在外族的入侵下灭亡了。

西晋末年的流民

西晋中期以来，世族官僚凭借官吏占田荫客制的特权，广置田产，在全国范围内出现了不可遏止的土地兼并狂潮，造成了

"天下千城，人多游食"的局面。同时，上层统治者贪婪、奢侈、荒淫，巨大的开支沉重地压在人民的身上。而元康以来，又是无年不旱。元康四年（294）发生大饥荒；元康七年（297），秦、雍二州发生大旱灾，粮价腾贵、米斛万钱；元康以后至永嘉年间，旱蝗灾害持续发生；永嘉元年至六年（307—312），幽、并、司、冀、秦、雍六州大蝗，"草木牛马毛皆尽"。天灾人祸，终于导致了西晋末年的流民大迁徙和流民大起义。当时陕甘地区流徙汉川者有十余万口，流徙鄂北、豫南者达四五万人，并州地区居民更是流迁四散，居民十不存二，或徙居河北，或流亡豫中，河北地区亦有四五万人流迁山东、兖州一带，四川地区有四五万人南奔湘、鄂，有一部分人进入云南境内。全国流亡总数达30万户，约占西晋全国总户数（377万户）的1/12。

元康六年（296），关中齐万年领导陕甘地区氐族和羌族人民发动反晋起义，持续了4年。在齐万年举兵之时，秦、雍一带由于战争和饥荒，天水（甘肃省下辖地级市）、略阳（陕西汉中）、扶风（陕西泾阳）、始平（陕西兴平）、阴平（甘肃文县）、武都（甘肃成县）六郡大姓，巴氏首领李特与汉、寅、氐等各族民众数万户经汉中流入四川，大批流民入蜀，使益州政治形势发生了重大变化，原益州刺史赵廞（āo）想利用六郡流民，割据巴蜀与西晋对抗。朝廷为了加强对益州的控制，诏征赵廞回朝，另派耿滕为益州刺史，耿滕率众入蜀，赵廞派兵拒阻，战于西门，耿滕战败被杀。

赵廞在成都自称大都督、大将军、益州牧，赵廞拉拢氐人李庠，使其召集六郡壮勇万余人阻断北道，李庠在流民中很有威信，引起赵廞的猜忌，借故杀了李庠及其子侄十余人。李庠兄李特、弟李流将兵在外，秘密集结流民七千余人进军成都，赵廞失败外逃，途中为部下所杀。

赵廞叛乱失败后，朝廷又以原梁州刺史罗尚为平西将军、益州刺史，罗尚率众七千余人入蜀。罗尚入蜀后，马上下令流民限期还乡。当时流民多为蜀地地主佣耕，年谷未登（成熟、丰收），没有行资，且又逢雨季，无法成行，李特代流民请求罗尚宽限行期，罗尚不许，同时与罗尚一同入蜀的广汉太守辛冉一面催促流民上道，一面又准备设卡杀流民首领，劫夺宝货。永宁元年（301），李特再次请求罗尚延缓行期，罗尚不仅不答应，还暗中派军队袭击流民。流民无奈，便共推李特为镇北大将军，李流为镇东大将军，举行起义。起义军迅速击败晋军，接着李特与蜀民约法三章，"施舍振贷，礼贤拔滞（提拔怀才不遇的人），军政肃然，蜀民大悦"。在蜀中人民的广泛支持下，李特军队攻占了成都小城。罗尚在流民起义军的打击下，节节败退，遣使者向李特求和，于是李特放松了警惕。当时蜀中缺粮，李特分遣六郡流民于诸坞堡就食，罗尚趁机联合诸坞堡势力配合朝廷调集的三万援兵向起义军发起突然袭击，李特起义军在内外夹攻下战败，李特、李辅等被杀。传首洛阳。

李特被杀后，其弟李流、子李雄率所部继续战斗。蜀中地主据险结坞、坚壁清野，使起义军陷入困境。这时，罗尚的平西参军徐举同罗尚产生矛盾，降附义军。徐举说服了当时青城山处士范长生，资助义军军粮，使起义军势力大振。不久李流病卒，义军共推李雄为大都督、大将军、益州牧，领导起义军继续同西晋斗争。

太安二年（303），李雄起义军攻克成都，逐走罗尚。次年十月，李雄在成都称王，改元建兴，约法七章。光熙元年（306）三月，李雄迎拜范长生为丞相。六月，李雄即皇帝位，以范长生为天地太师，建立百官制度。李雄统治时期，势力迅速发展，统治区域达于蜀汉全境，李氏统治蜀汉达四十余年，直到为东晋桓温攻灭。

秦、雍六郡流民在益州发动起义后，西晋王朝命荆州刺史调发荆州武勇前往益州镇压流民起义，被征发的荆州人民都不愿西征，这些被驱迫的武勇"辗转不远，辄复屯聚"。太安二年（303）春，江夏（湖北安陆）丰收，许多流民到这里就食，流民和逃避征役的人听说平氏县（今河南桐柏县西北的平氏镇）小吏张昌聚众于安陆县的石岩山（今湖北安陆市北），便纷纷前往投奔。江夏太守弓钦派军征讨，为张昌击败，接着又击败西晋靳满所部讨伐军，占据江夏。张昌拥立山都县（今湖北谷城县东南）吏丘沈为天子，张昌自为相国，丘沈易名刘尼，自称汉后，张昌易名李辰，建立政权，"江沔同一时飙起，竖牙旗，鸣鼓角以应昌，旬月之间，众至三万"。起义军头著绛色巾、插羽毛，英勇作战，锋不可当。破武昌、陷宛（今河南南阳市），进逼襄阳，杀西晋都督新野王司马歆，又东取江（今江西、福建）、扬（今江苏，浙江）、荆（今湖北）、江、徐（今江苏北部）、豫（河南北部）之地。是年秋，西晋以宁朔将军刘弘率军进攻张昌。次年，刘弘所部陶侃攻破江夏，张昌兵败被害，起义失败。

在秦、雍六郡流民向梁、益地区流徙的时候，关中一部分流民入宛城（今河南南阳）等地避难就食，西晋政府诏令散处各地的秦雍流民一律归还乡里。流民以关中荒残，不愿回去，西晋征南将军山简派兵押送，并令短期内启程。永嘉四年（310），曾做过州武吏的京兆人王如暗中联合流民，夜袭晋军，取得胜利，接着攻下襄城。这时，关中流民大姓庞定、严嶷（yí）、侯脱等率流民进攻城镇，响应王如，众至四五万。王如自称大将军，领（兼任）司、雍二州牧，但不久起义军陷入困境。永嘉六年（312），王如最后投降王敦，终被王敦杀害，起义失败。

当李特、李流在益州举行起义时，梁、益十余万人流亡到荆、湘地区，他们到荆、湘后受到当地豪强地主欺侮，生活无路，于是李骧（xiāng）领导流民在乐乡（今湖北松滋市东北）举行起义，攻杀县令，被荆州刺史王澄打败，李骧被杀，王澄沉义军八千余人于江中，流民更加愤怒，蜀人杜畴再次聚众起义。湘州刺史荀眺欲尽杀流人，引起流民的强烈义愤，共推成都秀才杜弢（mǒ）为首领，举行起义。永嘉五年（311），杜弢自称梁、益二州牧、平难将军、湘州刺史，起义军迅速攻破长沙，生擒荀眺，接着南破零陵，东攻武昌，宜都、邵陵等郡的太守都被杀死。建兴三年（315），西晋派陶侃、王敦前往镇压，前后数十战，最后终因寡不敌众，起义失败。

〔东　晋〕

东晋的建立

西晋惠帝末年，由于中原地区战乱不已，司马氏王室面临严重危机，无论是司马氏内部还是北方的世家大族，都感到需要到相对安定的南方找一块立足之地，以便退守自保。

当时，琅邪（今山东临沂）的大族王衍，担任晋朝太尉，便向执掌朝廷大权的东海王司马越建议：“中原已乱，需要依靠方伯的支持，应派文武兼备的官员前往任职。”司马越与王衍的想法不谋而合，他派王衍的弟弟王澄任荆州刺史、都督，族弟王敦出任青州刺史。

不久，司马越又改任王敦为扬州刺史，以此使琅邪王氏家族控制了荆、扬二州，为晋王室南迁做了准备。此前，琅邪王司马睿因在“八王之乱”中“恭俭退让”，得以与司马越保持较好的关系。居京都洛阳时，也与王衍族弟王导“素相亲善”。王导便常劝司马睿回到琅邪国，并为其治理琅邪国出谋划策。由于当时中原战乱，晋朝王室垂危，王导便想借司马睿兴复王室，对司马睿“倾心推奉”。司马睿也同样对王导“雅相器重，契同友执”。晋永兴元年（304），司马越收兵下邳（今江苏邳州市南）。封司马睿为平东将军，监徐州诸军事，镇守下邳。司马睿即请王导为安东司马，“军谋密策，知无不为”。晋永嘉元年（307）一月，晋怀帝即位，司马越以太傅身份辅政，进一步感到中原难以维持而意迁南方。

七月，司马越让司马睿以安东将军身份都督扬州、江南诸军事、渡江移镇建邺，为司马氏退守江南奠定了基础。

由于司马睿才能平庸，在司马氏宗室中名望不高，初到建邺时，江南世家大族对他都较为冷淡，一个多月过去了，还没有一位有名望的士族前去拜见。王导很担心，便与从兄王敦商量："琅邪王仁德虽厚，但名望尚轻，兄长威风已振，应帮助他复兴晋室。"王敦也表示支持。于是，在农历三月初三当地人们的修禊日〔古代民俗于农历三月上旬的巳日（三国魏以后固定为三月初三）到水边嬉戏，以消灾祈福，后来演变成中国古代诗人雅聚的经典范式。禊，xì〕，王导请司马睿乘坐华丽的轿子，排出威严的仪仗队列，由王导、王敦和一批北方名士骑马跟从。南方士族顾荣等在门隙中窥看，大为惊讶，赶快相继到路旁拜见。王导接着向司马睿献计说："古代的帝王，无不宾礼故老，存问风俗，虚己倾心，招揽俊杰。况且当今天下大乱，九州分裂，我们大业初创，急于用人。顾荣、贺循是南方士族的首领，应该招他们来任职，以收揽人心。其他的士人自然就会前来。"司马睿便让王导亲自登门去招顾、贺。顾荣、贺循曾在洛阳晋朝做过官，中原大乱后回江南。顾荣还认为"中国丧乱，胡夷内侮，观太傅司马越今日不能复振华夏"，只有江南如孙权之类的人物才可能独立称雄。这时见司马睿前来招抚，便欣然而至。顾荣出任军司马后，还向司马睿推荐了不少名士，于是出现了吴越国人心所向的局面。

当时，南北士族间的隔阂仍然很深。王导为联络南方士族，常常学说吴语。北方士族认为小山上长不了大树，香草臭草不能放在一起，我不能开乱伦之先。义兴郡（江苏宜兴）强族周玘因被北士轻侮，准备起兵杀北方士族，败兵后忧愤而死，并嘱咐儿子周顗(xié)报仇雪恨。周顗纠集了一些怨恨北方士族的豪强束谋攻王导、刁协等人。事败后，王导并不追究。为争取南北士族间的平衡，王导采取了十分忍让的态度。王导除了争取南方士族支持司马睿中兴晋室之外，还鼓励北方南下的大族坚定信心，合力协助司马睿安定南方。北方战乱以来，避乱南渡的北方士族很多。琅邪国随司马睿一起南渡的就有近千户，中原士族南下的也有十分之六七。王导建议司马睿要同时安抚好南、北两方的士族，以获得他们的支持。司马睿听取了王导的意见，选用了一百多北方名士担任官职，如渤海人刁协、颍川人庾亮等。王导还制定了侨寄法，在南方士族势力较弱的地区设立侨州、侨郡、侨县，安置北方而来的士族与民众。这种侨州郡县大都在丹阳、晋陵、广陵等郡境内，形势上可护卫建康，又可使北方流亡士族仍在寄居地管辖逃来的民众，使流民得以安置。

北方官僚士族初到南方时，对司马睿振兴晋室表示怀疑。谯国(今安徽亳县)人桓彝(yí)，原为西晋骑都尉，初来时见司马睿势单力薄，对周顗(yǐ)说："因为中原战乱，我才来到这里避难。不料如此不济，看来前途不佳。"以致忧心忡忡，和王导谈话后，知道他有些办法，才安心任职。一次，名士们到江边的新亭游宴，周顗目睹了长江美景之后，叹息说："风景没有变，只是黄河边成了长江边！"在座的北方人士都哭了起来。王导也在座，他正色道："大家应当共同努力辅佐王室，克复神州，何至于像楚囚一样对泣呢！"名士们听后都停止哭泣，向王导认错。于是，人们就把王导称为管仲式的人物，心也逐渐踏实下来。

由于王导、王敦等的辅佐，司马睿在南北世家大族中的威望剧增。西晋之前，司马睿虽名为琅邪王，但已控制了长江流域的荆、扬二州，成为司马氏中唯一强盛的诸侯王。西晋亡后，司马睿政权中的官僚纷纷上书拥立司马睿为皇帝，北方忠于晋室的汉族官僚刘琨及乌丸、鲜卑族贵族 180 人也上书劝司马睿称帝。晋大兴元年（318），司马睿称帝。登基之日，司马睿登上御床，叫王导与他一起就座，共受百官朝拜。王导再三推辞，司马睿才独自坐到皇帝座上。

新建的东晋王朝，是在王氏家族的一手扶持和南北士族大家的支持下建立起来的。王导身历元、明、成三帝，辅政执权，推行政务求清的政策，相对保证了东晋的稳定发展。

刘渊反晋

刘渊，字元海，是匈奴左贤王刘豹的儿子，从小就有远大的志向。与很多只崇尚武力的匈奴人不同，他特别喜欢读书，尤其是《诗经》《周易》《尚书》等儒学经典，他还拜当时的名士崔游为师，学到了很多知识。

264 年，刘渊被匈奴选为人质，遣送到洛阳，借此机会，他结交了很多汉族官僚。西晋建立之后，刘渊担任北部都尉之职。他刚正不阿，执法公正，惩治奸佞，轻财好施，声望越来越高，很多有识之士都愿意追随他。就这样，刘渊的兵马越来越多，他也不断被朝廷提拔，官越做越大，到晋惠帝时已经升任为五部大都督、宁朔将军。

后来，八王之乱爆发，西晋宗室不断相互攻伐，整个社会被搅得混乱不堪。刘渊的堂祖父刘宣等人早就怀有恢复匈奴大业之心，只是苦于没有机会，见现在正是好时机，便唆使部众秘密拥戴刘渊为大单于，并委托呼延攸快马加鞭赶到邺城，将消息告知刘渊。刘渊当即动身，离开邺城，回到左国城（今山西方山南村），称大单于，很多人都投奔他而来，他的兵马一下子发展到 5 万之众。

鲜卑人知道刘渊离开了邺城，觉得城内空虚，便率重兵包围邺城。刘渊得知后，计划发兵攻打鲜卑。刘宣觉得此事不妥，便对刘渊说："鲜卑人、乌桓人与我们的习性基本相同，是我们可以团结的兄弟，万万不可伤害。我们最大的敌人应该是晋朝，他们对待我们就像对待奴仆一样，我们到什么时候都不该咽下这口气啊！现在正是灭晋的好时机，我们万万不可错过。"

刘渊说："我们现在兵强马壮，而晋朝摇摇欲坠，消灭晋朝是轻而易举的事情。但是我们不应该只靠武力去征服，还需要赢得天下的民心。我们的祖先冒顿单于的妻子是汉朝女子，他还与汉高祖刘邦有过八拜之交。如此说来，我们也算是汉朝的外甥，我觉得我们应该把国号改为汉，这样才名正言顺。"从这之后，刘渊就改国号为汉，自封为汉王。

公元 305 年，刘渊出兵河东，攻占了蒲子（今山西隰县），势力越发壮大。

公元 308 年，刘渊称帝，并把都城迁到了蒲子。后来，太史令宣于修之上书陈述利弊，建议将都城迁到平阳（今山西临汾西），刘渊认为他说得有道理，便采纳了他的建议。接着，刘渊派手下大将王弥、刘曜两次进攻洛阳，但都无功而返。

公元 310 年，刘渊因病与世长辞，谥号光文皇帝，庙号高祖。

刘渊建立的匈奴汉国是中原的第一个少数民族政权，他把战争和动乱带到了中原，但这并不是没有一点益处，也算是为中国各民族的融合奠定了一定的基础。

巴氏据蜀

元康八年（298），原居住在略阳北土的巴氏李特兄弟及六郡大姓阎式、李远等数万家流民，因为氐人齐万年起义，关西地区局势动荡，连年饥荒，所以流亡入汉中（在今陕西省）地区就食。不久，六郡流民又向西晋朝廷上表请求入蜀，朝廷下诏不允，并派御史李宓（mì）前去慰问并监视。流民用财物贿赂李宓，李宓于是代流民上表请求准许入蜀就食，李特等数万户流民，因此得以进入四川，散居于益（今四川省成都市）、梁（今陕西省郑县东）二州。

永康元年（300），晋朝征召益州刺史赵廞（áo）入都任长秋，而以成都内史耿滕来替代他。赵廞不愿入朝，阴谋占据巴蜀，自立政权，于是开仓赈济流民，收买人心。因李特兄弟英勇壮武，在流民中又有一定影响，赵廞给以优厚待遇，视为爪牙，李特等人乘机聚众抢掠。耿滕秘密上表，认为流民剽悍而蜀人懦弱，易生变乱，应将流民遣返还乡，永绝后患。赵廞听说之后，派兵于成都（在今四川省）西门迎击前来赴任的耿滕，将其杀死，自称大都督、大将军、益州牧。李特、李流兄弟仍在其部下，而李特另一弟李庠等又带领四千骑兵前来投奔，被赵廞封为威冠将军，招集流民万余人，把守北路，次年正月，赵廞见李庠骁勇善战，部伍精壮，害怕其势力渐大，不能制服，遂杀死李庠及其子侄宗族三十余人，当时李特、李流领兵在外，赵廞派人去抚慰，李特、李流脱离赵廞回到绵竹（在今四川省德阳市北）。不久，赵廞部下兵力分散，李特兄弟乘机击溃赵廞军队，进攻成都，赵廞兵败逃跑，被部下杀死，李特等纵兵入成都大掠，又派使者至洛阳向晋朝陈述赵廞的罪状，西晋复派原梁州刺史罗尚为益州刺史。当初，西晋曾下令命入蜀的流民一律还乡，而李特兄弟已有割据巴蜀之心，不愿还乡，多次派阎式拜谒贿赂，请求暂缓到秋天，罗尚同意了。朝廷又因讨平赵廞之功，以李特为宣威将军，李流为奋威将军。但罗尚却言而无信，逼迫流民在七月前上路返乡，并在路上设关卡搜索抢掠流民的财物，使得流民极为不满。李特因数次交涉缓归，声望益著，不少流民前去投奔他，十多天就聚集起两万多人。李特于是将部众分为两营，以李流居东营，自己居于北营，厉兵秣马，严阵以待。罗尚军攻打李特，中了埋伏，导致大败，六郡流民于是共同推举李特为镇北大将军、承制封拜，其弟李流为镇东大将军、号东督护，其余李辅、李骧等也各有官职。以后，李特与罗尚相攻战，兵抵成都，罗尚屡败。李特与蜀民约法三章，赈济贫困，优待贤士，而罗尚为政贪酷，所以百姓传言说："李特尚可，罗尚杀我。"

太安二年（303）正月，李特军攻克成都小城，罗尚据大城坚守。李特入小城，大赦境内，建元建初，正式建立政权。当时，蜀中百姓大多结坞自保，款服李特，李特因为军粮短缺，分遣六郡流民到诸坞堡就食，兵力分散，毫无戒备。西晋大军来援时，罗尚掩袭李特，各坞堡也一时俱起，李特大败被杀，传首洛阳，其弟李流与其子李荡、李雄等人收集残众，由李流带领，李流自称大将军、大都督、益州牧。以后数月内，李流率众与晋军争战，攻掠郡县。在进据郫城（今四川省理藩县。郫，pí）时，因巴蜀居民或逃亡一空，或据险自卫，李流军队野掠无获，士众饥乏，幸亏涪陵（在今四川省）人范长生接济军粮，兵势复振。同年九月，李流病死，诸将推李雄为大都督、大将军、益州牧，屡败晋军，占据城池。年终时，李雄大军攻克成都，罗尚逃走。

永兴元年（304）十月，李雄自称成都王，改元建兴，废除晋朝旧法，与蜀人约法七章。任命叔父李骧为太傅，兄李始为太保，李离为太尉，李国为太宰。光熙元年（306）三月，范长生到成都，李雄立即任命他为宰相，尊称范贤而不名。范长生于是劝李雄称帝。同年六月，李雄即皇帝位，尚书令阎式上疏，请依汉、晋故事立百官制度，从之。此后，李雄在境内实行宽和开明的统治，剥削程度较轻，事少役稀，百姓富实。又复兴文教，设立学官。当时，成汉境内百姓男子一年交谷 3 斛，女子 1 斛 5 斗，如有疾病则减半。每户另有户调每年绢数丈，绵数两。

咸和九年（334），李雄病死。其兄李荡之子李班继位，李雄之子李期杀死李班自立。咸康四年（338）李骧之子李寿又杀死李期，改国号为汉，年号汉兴，史称成汉。李寿即位后，大兴土木，务为奢侈，百姓为繁重的力役所疲困，"思乱者十室而九"。李寿在位共 6 年，病死，其子李势即位，淫逸好杀，尤过其父，成汉内部政治黑暗，上下离心，晋穆帝永和三年（347），东晋荆州镇将桓温率军队进攻成汉，李势兵败出降，成汉亡。

张氏经营河西

永宁元年（301）三月，西晋任命散骑常侍张轨为护羌校尉、凉州刺史。张轨为安定乌氏（今甘肃省平凉县西北）人，泰始年间（265—274）入仕，历任太子舍人，散骑常侍、征西军司等职。当时天下将乱，四方多难，张轨暗中图谋乘乱割据河西，于是，请求担任凉州刺史一职，最终得偿所愿。当时凉州境内有鲜卑叛乱，盗贼纵横，张轨到任，就雷厉风行地予以镇压，斩首万余人，威震河西。又提拔宋配、氾瑗（yuán）为谋主，教课农桑，选任贤才，建立学校，设崇文祭酒，征召九郡胄子（古代称帝王或贵族的长子）500人为学生，境内风化大行。永兴年间（304—305），鲜卑若罗、拔能等人又叛乱为寇，张轨派军队讨伐，斩杀拔能，俘虏十余万人，威名益著。他又大规模修筑凉州治所姑臧城（今甘肃省武威县）。

永嘉二年（308）二月，张轨患病中风失语，让他儿子张茂暂时管理州中政事。凉州大族张镇、张越兄弟等乘机活动，想取张轨而代之，事情没有成功，张轨攻走张越，张镇投降。此后数年中，中原地区局势大乱，刘曜、王弥屡次进攻西晋，张轨数次派兵救援。四方州郡的贡献都已绝迹，只有凉州每年像往常一样向朝廷贡献。西晋都城洛阳因遭进攻而残破，百官饥乏，张轨便派人送去良马500匹，毯布3万匹。因中原战乱不断，而河西局势平定，许多士民相继到河西避难，张轨特意从武威郡分出武兴郡来安置流民。

建兴二年（314）二月，西晋拜张轨为侍中、太尉、凉州牧，封西平郡公。张轨接受臣下建议，在凉州境内恢复使用钱币，使得钱币广泛流通，人赖其利。同年五月，张轨病死，其子张寔（shí）摄位，西晋任命张寔为都督凉州诸军事、凉州刺史、西平公。张寔继续执行张轨的政策，对西晋朝廷全力支持，派兵救援，送贡财物珍宝等。同时，在境内鼓励臣民进谏。建武元年（317），西晋被汉赵攻击，关中陇右地区的氐、羌大肆抢掠，居民死于战乱者十之八九，唯独凉州是北方最安定的地区。当时歌谣云："秦川中，血流腕，唯有凉州倚柱观。"西晋灭亡后，张寔即遣使者到建康（今江苏省南京市）向琅邪王司马睿劝进，但在凉州境内沿用愍帝建兴年号不变。晋南阳王司马保仍在关西与汉赵对抗，兵少力弱，准备投奔张寔。张寔因为司马保是晋朝宗室，来到凉州会影响人心，所以派兵表面上迎接，实际上将他拒之门外。恰好司马保死了，其众万余人投奔到凉州，也为张寔所有。

大兴三年（320），京兆人刘弘客居在姑臧城南的天梯山，以妖言惑众传道，张寔左右心腹都信奉其道。刘弘遂喻其徒阎沙等杀死张寔，自己要做凉州王。张寔被杀，刘弘等也被杀死，凉州文武官员、推举张寔之子张骏为主，以其年幼，以张寔之弟张茂为凉州刺史、西平公，代理州政。以后一段时间内，张茂派兵攻占陇西（在今甘肃省）、南安（在今甘肃省陇西县东南）等地，设立秦州。太宁元年（323），前赵刘曜率28万大军进攻前凉，驻扎在黄河边，连营百余里。张茂知道不能抵挡，只好称藩请降，献牛马珍宝等不计其数。刘曜撤军，拜张茂为侍中、太师、凉王。

太宁二年（324）五月，张茂病死，张骏嗣立。原西晋使者代表朝廷拜张骏为使持节、大都督、大将军、凉州牧、西平公。前赵刘曜也派使者前来，拜张骏为大将军、凉州牧、凉王。以后五六年间，前凉主要与汉赵争夺河南袍罕、陇西、南安诸郡，因为赵强凉弱，前凉徙陇西、南安等地百姓于姑臧，河南之地为汉赵占有。直到咸和五年（330），前赵被后赵消灭，张骏乘机出兵收复河南诸郡。后赵遣使者授张骏官爵，张骏不受。前凉使者假道成汉，通表东晋，东晋先后授张骏为镇西大将军、大将军等职，自此双方使者每年往来不绝。以后，张骏遣将征伐龟兹、鄯善、焉耆等西域诸国，诸国皆降，遣使贡献。张骏又分前凉地为凉、河、沙三州，各设刺史，自为大都督、大将军，假凉王，统摄三州。张骏在位期间，"厉操改节，勤修庶政"，文武百官，人尽其用，境内比较安定，民富兵强，百姓称之为"贤君"。此时期也是前凉兴盛的时期，其疆域南边越过黄河、湟河，北面达到居延（在今甘肃省额济纳旗西北），东边直抵秦、陇，西边达到葱岭（今苏联境内）脚下。

永和二年（346）五月，张骏病死，其子张重华继位，称大都督、大将军、凉州牧、假凉王。张重华即位之初，在境内减免赋役，革除关税，撤罢园囿，救济贫苦。后赵石虎乘张骏新死，张重华年幼（当时只有十六岁），派大军进攻前凉，破武街（今甘肃省临洮县），克金城（在今甘肃省兰州市西北），凉州震动。张重华拜主簿谢艾为中坚将军，使率兵五千出战，大破后赵军队，斩首五千级。次年四月，后赵大军20万进攻前凉枹罕（今甘肃省临夏市。枹，fú），守将张璩（qú）固守不降。张重华又任谢艾为军师将军，率众御敌，大破后赵军队，斩杀一万余人。此后，后赵军队又两次来攻，均为谢艾击败。后赵皇帝石虎因而叹息说：我以偏师平定九州，今以九州之力却在枹罕受制，前凉有人才，不可图谋啊。

永和九年（353）十月，张重华病死，其子张曜灵嗣立，年仅10岁，由张重华庶兄张祚为都督中外诸军事、抚军大将军，辅政。十二月，张祚废张曜灵，自立为大都督、大将军、凉州牧，凉公。次年，又自称凉王，改元和平。前凉用西晋建兴年号，共42年，至此始改。张祚即位后，恣意淫虐，滥杀大臣，前凉朝野共愤。永和十一年（355），前凉河州刺史张瓘等人起兵攻张祚，敦煌人宋混、宋澄兄弟起兵响应。张祚杀死张曜灵，宋混等攻入姑臧，张祚在混乱中被杀死。张瓘等遂推张曜灵之弟张玄靓为凉王，恢复使用西晋建兴年号，张瓘自为都督中外诸军事，尚书令、凉州牧。其时张玄靓只有7岁，前凉大权由张瓘掌握。陇西、西平（今青海省西宁市)、酒泉（在今甘肃省）等郡起兵叛乱，不受张瑾之命，张瑾派军队次第讨平。

张瑾掌政之后，猜忌苛虐，以个人喜怒为赏罚，群情不附，张瑾又忌恨宋混、宋澄兄弟。升平元年（357），张瑾调集数万军队于姑臧，图谋杀死宋混兄弟，废张玄靓而自立。宋混等人抢先发动，攻杀张瑾。张玄靓以宋混为都督中外诸军事、骠骑大将军，代替张瑾辅政。宋混劝张玄靓取消凉王称号，仍旧称凉州牧。升平五年（361），宋混卒，其弟宋澄代兄辅政。右司马张邕（yōng）因宋澄专政，起兵杀死宋澄，自为中护军，而以张重华之弟张天锡为中领军，二人一同辅政。不久，张天锡又因张邕骄横而将其杀死，独为辅政，取消建兴年号，改用东晋升平年号。兴宁元年（363），前凉大臣张钦等图谋杀死张天锡，事败而死。闰八月，张天锡杀死张玄靓，自称大都督、大将军、凉州牧、西平公。至此，前凉内部持续10年的动乱才算结束。

张天锡即位后，荒于声色，不问政事。而强大的前秦政权在前凉东方，开始对其步步进逼。张天锡即位次年，前秦遣使授予他官爵。不久，张天锡与前秦绝交。前秦丞相王猛写信给张天锡威逼利诱，张天锡又派使者到前秦谢罪称藩。太元元年（376），前秦苻坚下诏征张天锡到长安（今陕西省西安市）朝见，并派10万军队紧随使者出发，如果张天锡拒绝入朝，就立即进攻。同年七月，前秦使者至姑臧，张天锡杀死使者，派军队抵抗前秦。八月，前秦大军分数路进攻，节节胜利，前凉将帅纷纷败降。张天锡亲自率军出战，不胜，逃回姑臧，前秦军队紧追而来。张天锡被迫投降，被押送前秦都城长安，前凉所辖郡县一时间都投降了前秦，前凉亡。

王敦之乱

东晋的达官贵族中，王氏家族名望最高，权力也最大。西晋时王氏就很受司马炎信任，王衍是王戎的堂弟，在西晋后期成为主管朝政的大臣，与东海王司马越平起平坐。王衍还将自己的弟兄王澄、王敦等分别任命为荆州刺史和青州刺史，说这是"狡兔三窟"之计，可保证自己永远富贵。后来王衍被石勒杀死，王澄、王敦还在荆州、青州，没有遇害，成了东晋元帝司马睿的重臣。东晋时扶司马睿当皇帝最有功劳的是王导，王导与王敦等人也是叔伯弟兄，所以在东晋朝，王氏家族地位最高。

王敦是个极其残忍凶狠的人。当年，大贵族王恺、石崇互相斗富，经常把朝中有权有势的大官请到家中赴宴，王恺设宴会，让家中的女艺人吹笛助兴，只要有一点走调，便命人将吹笛人杀掉，客人们见王恺动不动就杀人，感到很不安，王敦却毫不在乎。石崇设宴，让家中的美女劝酒，客人不喝，就杀掉倒酒的美女，王导不会喝酒，也勉强喝下去，而王敦却不是，他不想喝就不喝，看着石崇连杀了三个美女。王导实在看不下去了，责备王敦，说他太固执，而王敦却说："他杀他家的人，跟我有什么关系？跟你又有什么关系？"

王澄是王敦的哥哥，从小就经常教训王敦。王敦非常怕王澄，但也暗暗怀恨这个哥哥。当王澄在荆州被打败逃到王敦处避难时，王敦就不怎么尊重他了，王澄还想摆出架子来教训王敦，王敦一气之下，就把王澄和他的卫兵全给杀了。

当司马睿正式称帝以后，王敦在江南的声望越来越大，他因为平定流民起义立了大功，一直被提升到大将军的位置。当时，王导在东晋首都内部执政，王敦在长江中上游总管兵权，王氏弟兄权力太重，老百姓唱出了"王与马，共天下"的民谣。司马睿想控制一下王氏弟兄的权力，便任用刘隗、刁协、戴渊、周颛等人为亲信，王敦不满，上表给司马睿，要求重用王导，司马睿不但不予理睬，还在军事上逐渐分散王敦的权力，王敦更加不满了，终于在322年（晋元帝永昌元年）发动兵变。

王敦从武昌发兵，王敦的死党沈充从吴兴（今浙江吴兴一带）起兵响应，南北同时向建康进攻；王敦发兵的理由是清除皇帝司马睿身边的奸臣，这奸臣就是刘隗，他给晋元帝写了一封奏章，说刘隗强占国家财产，不会治理国家，弄得老百姓生活很穷苦，等等。

晋元帝司马睿见王敦造反，非常气愤，立即让刘隗、戴渊守卫京城，任命王导、戴渊、周颛等人领兵防御王敦，又命令右将军周札专门守卫石头城（在今江苏南京市清凉山，是当时的军事重镇），王敦领兵来到石头城下，采用部将杜弘的建议，猛攻石头城，城中守将周札坚持不住，率兵投降，王敦的士兵基本上没有伤亡，便占领了石头城。石头城一被攻破，建康就很难守卫了，周颛、刘隗等人本来就不会打仗，士兵们与王敦的军队一接触就四散奔逃，溃不成军，王导也不愿意出去和王敦作战，只说自己士兵战败了。晋元帝司马睿急得坐卧不安，只得把刘隗、刁协找来，流着泪对他们说："你俩赶快逃命吧，王敦是一定要杀了你俩的！"刁协和刘隗这才领着家里人出城逃命去了。

王敦占据了石头城，晋元帝的士兵失去了战斗力，眼看着只能任王敦宰割了，可王敦还不想背负造反的罪名，他装成一副忠臣的面孔，派人对晋元帝说自己起兵是迫不得已，只要杀掉皇帝身边的几个奸臣就行了。晋元帝司马睿无可奈何，只得发下诏书，说王敦不但无罪，而且有功，将他加封为丞相，封为武昌郡公。诏书下达时，王敦坚决推辞，不接受加封，但也不听元帝退兵的命令，在石头城驻下来，也不去朝见皇帝。

这次兵变后，王敦实际上掌握了东晋军事、政治的全部权力，把和他政见不合的人杀死的杀死、免官的免官，还任用了一批亲信、死党，然后，才再次领兵回到武昌镇守。从此，晋元帝父子都对王敦恨之入骨。

门阀制度

我国古代达官贵人家的大门外有两根柱子，左边的叫"阀"，右边的叫"阅"，经常用来榜贴本户的功状，阀、阅成了做官人家的一种标志，因此，封建社会里世代为官的人家，又称阀阅、门阀士族或世家大族。魏晋南北朝时期实行"九品中正制"，选用官吏专看家世出身，门阀士族垄断了政府的重要官职，成为世袭官僚。他们又通过大族之间互相联姻，在统治阶级内部构成了一个门阀贵族阶层。这些人不但高居于劳动人民之上，而且还划定一整套维护门阀特权的等级制度，和庶族地主严加区分，叫作"门阀制度"。

"门阀制度"是世家豪族政治、经济势力高度发展的产物。它胚胎于东汉，确立于魏晋，而到南北朝时臻（zhēn，达到）于极盛。在这种制度下，家世声名是衡量身份的最高标准。只有那些祖辈有人做过大官，名望很高，而且代代相传都做大官的人，方被承认入于士族。士族之间也有差别。一般来说，族人能长期保持上品官级的，是为最高一层，称为"右姓""茂姓"。如东吴地区的朱、张、顾、陆四族；原在北方，随晋室东渡的王、谢、袁、萧四族；山东的崔、卢、李、郑四族；太原王氏家族；关中的袁、裴、柳、薛、杨、杜六族，都是右姓大族，他们不但在本地区"郡望"最高，而且是"四海通望"，被天下所共认。其他大族虽然也在士流之内，但已是等而下之了。这些士族特别关心的是，如何才能永远保持自己优越的门第族望，如何才能保住家族在政治上、经济上的特殊地位。他们为了保持高贵的血统，讲究门当户对的婚姻，只许在同等士族之间联姻，而绝对不许与庶族通婚。如果"婚宦（结婚与做官）失类"，就会受到士族群起非难。南齐时东海人王源，他的曾祖曾任尚书右仆射，父、祖和本人的官职也很高，当然属于士族范围之内。但是由于他肯于把女儿嫁给"姓族士、庶莫辨（分不清）"的富阳满氏，便被其他士族地主认为玷辱了同类，引起舆论大哗。当时的御史中丞沈约，还为此上表弹劾，坚决要求皇帝革除王源官职，剔出士流，"禁锢终身"。

还有一种保持身份的特殊办法，就是编撰"家谱"，把士族的世系源流明确记载下来，以备查考。政府命官取仕，"必稽（查）族谱而考其真伪"，以防庶族假冒。宋、齐之后，政府往往设立专门的"谱局"，找那些精通士族族谱的人专司其职。不熟悉谱学的人，就不能在吏部任职。于是，谱牒百氏之学（专门研究家谱、族谱的学科）竟然成了一种专门的学问而兴盛起来。

士族为了标榜自己的特殊身份，还发展了一套极为烦琐的礼法。例如，当时在士流官宦中间，流行一种避家讳的风气。在这些人面前，绝对禁止说他祖辈任何一个人的名字，连声音相同的字眼也不能用，必须找其他义同音不同的字来代替。否则，就触犯了士族地主的忌讳，认为是有意侮慢。东晋时王忱去拜访太子洗（xiǎn）马桓玄（桓温之子），桓玄设酒款待。王忱因为刚吃过寒食散，忌饮冷酒，连呼左右温酒来，不意触犯了桓玄父亲桓温的名讳。桓玄感到受了奇耻大辱，又不敢得罪这位望族，竟在酒席上伤心得"呜咽流涕"。要在大量的社交活动中，不犯别人家讳，确实很难做到。居然也有人由于熟谙谱学，可以做到"日对千客，不犯一人之讳"。这也是门阀制度之下，出现的一种畸形现象。

在平时生活中，士族一般不与庶族人士来往，即使有时接触，也自矜门第，鄙薄寒流，故意造成"士、庶天隔"的局面。南朝宋武帝的皇舅路庆之出身寒微。有一次他的孙子路琼之去拜访名门望族王僧达。王僧达故意奚落他，先是"了不与语"，后又讥问："昔日我家养马的仆役路庆之，是你什么亲戚？"后来还喝令左右，把路琼之坐过的胡床烧掉。路太后听后大怒，到皇帝面前哭诉。宋武帝也只能回答："琼之少不更事，何必没事到王家去，自取其辱。人家王僧达是贵公子，哪能为这样的事轻易问罪？"只好不了了之了。士族严格排斥庶人寒流，使两者的身份地位相差悬殊。以致连皇帝之尊，也难以出面干预，无法为出身卑微的皇亲贵戚撑腰。

实行这种等级制度，选任官吏既不要问文武才能，也不必看吏治考绩，只要凭借有好祖宗，靠祖上的资荫，士族就可以"平流进取，坐至公卿"。梁时流行一句谚语："上车不落则著作（郎），'体中何如'则秘书（郎）。"意思是说，那些士族子弟生下来后，只要到坐车掉不下来的年龄，就可以做著作郎；只要会写两句信中问候的客套话，便可做秘书郎。士族子弟在经济上有世传的丰厚祖产，在政治上不必操心费力，高官厚禄就会到手。在这种情况下，他们必然娇惯得极其腐化、愚昧、脆弱，不懂得"战阵之急""耕稼之苦""劳役之勤"，对于人间事务一无所知，终日里只知道崇尚清谈，纵情声色，肆意游荡，醉心于奢靡朽烂的贵族生活。这些纨绔子弟，一个个"熏衣，剃面，傅粉，施朱"，打扮得娇里怪气，还要装得"从容出入""望若神仙"。这种臭气熏人的形象，正是整个士族地主阶层已经完全腐朽的缩影。到了南北朝后期的梁代，甚至郊野之内，满朝的士大夫"无乘马者"，谁要是骑马，就会被别人弹劾。有的士族从来没见过马，一见马"嘶欻（鸣叫）、陆梁（蹦跳），莫不震慑"，甚至惊问道："这是虎，何故名为马乎！"确实腐朽到了可笑的地步。正因如此，他们遇到梁末侯景之乱一类的风浪，就会受到严重的打击。那些士大夫肤脆骨柔，不堪行步，体虚气弱，不耐寒暑，仓促之间，只好坐以待毙了。

陈腐僵化的门阀制度，是封建等级制度的一种特殊形式。它既反映了世族权势的恶性膨胀，又标志着门阀贵族已经完全失去活力，正走向最后的衰朽没落。

早期书法艺术

魏晋南北朝时期，是书法艺术开始大放光彩的时代。由于文字书写方法的演变，这一时期出现了更便于书写和进行艺术创作的字体，东汉以后纸的应用普遍，是书法练习和传播的便利条件。玄、道、佛思想的流行，为艺术的创作提供了多样化的文化背景，使得当时出现了许多有名的书法家。他们的书法为历代学书者所推崇，对书法的发展影响极大。

汉字的字体，商周时有甲骨文、大篆（金文），秦时有小篆。汉代则用隶体。东汉时期又从隶体中脱化出楷体和草体，汉末三国时期，这些书体皆有一些著名书家。名学者蔡邕善篆、隶。汉熹平年间（172—178）他以隶书所书《论语》等儒家经典刻石碑立于太学，"其观视及摹写者，填塞街陌"。弘农人张芝善草书，据说他"临池学书，池水尽墨"，因他创立今草（东汉盛行章草，书写时各字独立，今草前后字相连），时人称他为"草圣"。他的书法对魏晋书法影响很大。魏初钟繇工（善于、长于）书，仕魏官至太傅，人称钟太傅。钟繇兼善各体，尤精楷书。唐人评钟繇"真书绝世，刚柔备焉""秦汉以来，一人而已"。近人研究书法的发展史，认为钟繇创秦汉以来所未有之楷法，对汉字的定型有很大贡献。与钟繇同时期的胡昭，书法亦精。西晋时曾立书博士，"置弟子教习，以钟、胡为法"。东吴有个人叫皇象，最工章草，被称为一代绝手。

西晋书法家有敦煌人索靖，为张芝姐之孙，尤善草书。卫瓘，河东安邑人，仕晋为司空，亦善草书。索、卫被人称为"二妙"。

西晋灭亡后，北方士族源源过江，中原流行的书法也被带过江，并在南方的社会环境下得到发展。东晋南朝士族文人工于书法的非常多，而以王羲之、王献之父子的成就最大。王羲之，字逸少，官至东晋右军将军，人称王右军，琅邪临沂人。琅邪王氏是东晋最有权势的士族。其叔父王导，行草兼妙，其楷法师从钟繇、卫瓘。北方大乱，王导仓促南行，仍将钟繇《宣示表》随身携带过江。王导弟王廙，亦工书。王羲之自幼受这种环境熏习，自然对他学书有很大影响。王羲之少年时跟随卫夫人学笔法。卫夫人名铄，是卫瓘的族孙女，工书，尤善钟繇笔法。王羲之学得此法后，又精研李斯《峰山碑》、蔡邕《石经》、张昶（张芝弟）《华岳碑》以及其叔父王导珍藏的钟繇的《宣示表》，遂改变初学，创造出风格独特的新体——行书。行书介于楷书、草书之间，是形体灵活多变的字体，最有发挥创造的余地。传汉末刘德升创行书，但其墨迹未见。王羲之《兰亭序》是我们所能见到的最早、最典型的行书。此序书于东晋永和九年（353），当时王羲之与谢安等风流名士在山阴兰亭盛会，诸人流觞饮酒，赋诗唱和，王羲之为诗集书序——《兰亭序》。今观此《序》之书法，只见笔到之处起伏流走，畅快淋漓，如游龙带云，气贯神通。因笔法极为完美，故被誉为"天下第一行书"。唐初太宗李世民得《兰亭序》，非常酷爱，临终时竟下令将此书放入陵墓作为陪葬品，故世上只有摹刻本流传。除行书之外，王羲之还精于隶书、楷书、草书。他的书法为历代学者所尊崇，对后世影响极大，故有"书圣"之称。王羲之诸子亦工书法，尤以献之最为出名。献之七八岁时学字，一次王羲之乘他正专心写字，猛然自后抽其笔，竟未抽走。羲之知道他在书法方面会有成就，让他临摹自己的字。献之后又师法张芝，兼精诸体，尤工行、草和隶书。他的字虽骨力（雄健的书法的笔力）不如父，而颇媚趣。后世称献之为"小圣"，与其父并称"二王"。

南朝时也涌现了许多书法家。他们多受二王影响。刘宋时的羊欣，据称最得王体。羊欣少年时王献之曾在他的绢裙上书字，他便以此为法帖，朝夕临摹，书法大进，被时人称为"子敬（献之的字）之后，可以独步"。梁代肖子云，年轻时摹王献之，后又全学钟繇，其笔力雄骏，号称与钟繇并驾齐驱。肖子云书名远播海外。一次百济国使臣来建康求书，恰逢子云将出仕东阳太守。使臣追至江边，子云"乃为停船三日，书三十纸与之"。陈、隋之际的僧人智永，是王羲之的七世孙。据称学书用秃的笔有十几瓮，每瓮都有几石（dàn）重，终于有成。每日求书题字者如市，竟将门槛踏坏。

南朝的书法受二王影响，而北朝的书法则还是沿袭钟繇、卫瓘的书体。西晋末年，北方士族范阳卢谌法钟繇，清河崔悦师卫瓘，皆为当时的书法名家。崔、卢子孙世传其法，北魏初年，工书者称崔、卢二门，他们的书法在北方影响最大。北魏时期佛教流行，一时庙宇、造像、摩崖（把文字直接书刻在山崖石壁上）、碑版、墓志、幢柱刻经处处皆有，而多用楷体书写。这种楷体继承汉魏隶书笔法，而构字紧密厚重，端庄中不失俊逸。因多见于石刻，故称魏碑体。北魏书家知之不多。崔浩，清河人，曾为太武诸帝所亲任，后因国史之案被杀。其父崔宏善草、隶，为一时楷模。浩工书，体势及其先人。郑道昭，荥阳人，其为光州刺史时在云峰山摩崖刻石，其字体为魏碑之代表作。研究北朝书法，更多的还是要靠地下出土的墓志，著名的有《张猛龙碑》《张黑女碑》《冯迎男碑》《元珍碑》等。魏碑体便于大字书写。现存的一些北魏摩崖刻石及泰山经石峪的《金刚经》，都是字大盈尺（一尺有余）。榜书之始，应在北魏时期。北朝末年，南朝书法风格深深影响了北方。西魏时平江陵，江陵人口被掳入关，其中有不少南方文士。王褒书法"得羲之之体"，在南方"见重于世"。他入关中后，"贵游等翕然并学褒书"，一时成为风气。只有在这种南北不同风格的书法交融下，才能有隋唐时期书法风格的创新与发展。

五胡十六国

我国是一个由多民族组成的国家，秦汉时，由于各种原因，少数民族逐渐内迁。这种迁移到魏晋之间达到了高潮。内迁民族主要为匈奴、羯、氐、羌、鲜卑，史称"五胡"。

匈奴世居蒙古草原。东汉时分为南北两部，北匈奴西迁，南匈奴不断内移。西晋初主要分布于山西、陕西中部和甘肃西北部。

羯是匈奴别部，高鼻深目多须。内迁后散布在太行山以西的并州诸郡，主要聚居地是上党郡武乡县（今山西榆社）。

氐族是个古老的民族，夏商时已经存在。西晋时分布于今甘肃、陕西、四川等地，集中于武都（今甘肃成县西北）等地。

羌族原居青海草原。东汉曾发生羌人起义，向中原移动。西晋时羌人分布于今陕西、甘肃一带，主要聚居在冯翊、北地、新平、安定等地。

鲜卑为东胡一支。曹魏时，轲比能部强盛起来，建立起西自云中、五原，东抵辽水的部落军事王国。后来，这个王国瓦解，代之而起的，有东部地区的慕容部、宇文部和段部，中部地区为拓跋部，西部地区为乞伏部等。在魏晋时他们陆续内迁，今辽宁、河北、山西、内蒙古自治区、甘肃、陕西及青海等地，都是他们的主要分布区。

西晋内乱到亡国后，在我国北方，各少数民族和汉族贵族先后建立了十个割据政权，陷入了长达一百多年的混战。

以383年东晋和前秦的淝水之战为界，十六国的建立可分为前后两期：前期的政权有成汉和前赵、后赵、前燕、前秦、前凉，还有鲜卑拓跋部的代和冉闵的魏不在十六国内。后期的政权有后秦、后燕、南燕、北燕、后凉、南凉、西凉、北凉、西秦、夏，此外还有不在十六国内西燕。

"五胡乱华"

八王之乱后期，匈奴刘渊据平阳，氐人李雄踞成都，晋室已告分裂。羯人石勒、王弥更是率军乘虚流窜，蹂躏大河南北。惠帝永兴元年（304），刘渊叛晋，自称汉王，上尊汉高祖与昭烈帝。晋光熙元年（306），晋惠帝死，司马炽嗣位，即怀帝，改元永嘉。刘渊遣石勒等大举南侵，屡破晋军，势力日益强大。怀帝永嘉二年（308），匈奴刘渊自立于平阳，建立汉国。两年后，其子刘聪继立，派刘曜率兵4万攻洛阳；时怀帝以荀晞（xī）讨东海王越，越病死，王衍率兵还东海国，为石勒所破，晋军力大削。永嘉五年（311），刘聪再派王弥、刘曜、石勒攻洛阳，城陷，杀王公士民3万余人，并掳怀帝北去，史称"永嘉之乱"。次年，安定太守贾疋（yǎ）迎立秦王业为太子，却传来怀帝遇害消息。司马邺遂登位为愍帝，改元建兴，都长安。建兴四年（317），匈奴刘曜陷长安，愍帝出降，被掳至平阳，西晋亡。自永嘉之乱后，开启了北方五胡乱华的局面，中原陷入胡人分裂混战近130年，影响深远。

晋建武年间，晋元帝率中原汉族衣冠仕族臣民南渡，史称

"永嘉之乱，衣冠南渡"。这是中原汉人第一次大规模南迁，主要有林、陈、黄、郑、詹、邱、何、胡八姓。"衣冠"是文明的意思，衣冠南渡即是中原文明南迁，晋朝迁都至江东建康（今南京），自此史称东晋。中国由此经历了华族历史上的第一次大灾难——五胡乱华！入塞胡族中，羯、白匈奴、丁零、铁弗、卢水胡、鲜卑、九大石胡等部落主体都是金发碧眼的白种人，这些来自蛮荒之域的野蛮胡族还保留着原始的食人兽性，其中以羯族、白种匈奴、鲜卑族三族最为凶恶。公元304年，慕容鲜卑大掠中原，抢劫了无数财富，还掳掠了数万名汉族少女。回师途中一路上大肆奸淫，同时把这些汉族少女充作军粮，宰杀烹食。走到河北易水时，吃得只剩下8000名少女了，慕容鲜卑一时吃不掉，又不想放掉，于是将这8000名少女全部淹死了，易水为之断流。

至于羯族就简直可以称为"食人恶魔"了。史书记载羯族军队行军作战从不携带粮草，掳掠汉族女子作为军粮，羯族称之为"双脚羊"，意思是用两只脚走路像绵羊一样驱赶的性奴隶和牲畜，夜间供士兵奸淫，白天就宰杀烹食。在羯赵政权的统治下，曾经建立了雄秦盛汉的汉民族已经到了灭族的边缘。

到冉闵灭羯赵的时候，中原汉人大概只剩下400万（西晋人口2000万），冉闵解放邺都后一次解救被掳掠的汉族女子就达20万。有5万多少女这时虽然被解放，但也无家可归，被冉闵收留了。后来，冉闵被慕容鲜卑击败，邺城被占。这5万名少女又全部落入食人恶魔慕容鲜卑的手中。慕容鲜卑奸淫污辱后，又把这5万名刚刚脱离羯族魔爪的可怜少女充作军粮，一个冬天就被吃了个干净。这5万名少女的碎骨残骸在邺城城外堆成了小山……

五胡乱华时代的冉闵皇帝出现在历史中，为北方汉民带来了一丝希望！在五胡乱华，胡族大肆屠杀汉人的纷乱年代，老百姓为了活命，流民潮几乎席卷了整个中国。冉闵的父亲冉瞻就出身于当时名震天下的乞活义军。乞活义军是西晋末至东晋活跃于黄河南北的流民武装集团的一支，抗击胡族，为生存而战。冉瞻在一次作战时为羯赵俘虏，因伤势过重没几天就去世了，羯赵国主石勒欣赏勇冠三军的冉瞻，见当时十一二岁的冉闵聪明伶俐，就将小冉闵认作干孙子，为他改名叫石闵，并一手将他带大。仇人的强大使冉闵只有将仇恨深埋心底，强忍内心悲痛讨石勒欢心。成年后的冉闵骁勇善战，在羯赵与鲜卑的战斗中屡立战功，逐渐成为羯赵帝国的高级将领。

　　349 年，羯赵皇帝石虎死后其子十余人互相残杀。350 年正月，石闵宣布复姓冉闵，杀死羯赵皇帝石鉴，同时杀死石虎的 38 个孙子，尽灭石氏，一举灭掉了残暴不可一世的羯赵帝国。其后冉闵即皇帝位，年号永兴，国号大魏，史称冉魏。他下令邺都城门大开，凡"六夷（匈奴、鲜卑、羯、氐、羌、巴氐）""与官同心者住，不同心者任所之"。一夜之间，方圆几百里的汉人，扶老携幼，全往邺城里面拥；而一直以邺城为老窝的羯胡及六夷外族，推车挑担，拼命往外跑。冉闵意识到这些胡族终究"非我族类，其心必异"，始终是中原战乱不绝的祸根，便颁下中国历史上著名的《杀胡令》："凡内外六夷胡人，敢持兵仗者斩，汉人斩一胡人首级送凤阳门者，文官进位三等，武职悉拜东门。"一时间，邺都城内汉人纷纷拿起武器追杀胡族，冉闵亲自带兵击杀邺城周围的胡人，三日内斩首 20 余万，尸横遍野，同时冉闵还扬言要六胡退出中原，"各还本土"，否则就将其统统杀绝。

　　各胡深惧其下场将如同羯族与白奴人，组成联军连番围攻冉魏政权。面对胡族联军的疯狂反扑,冉闵沉着应战:首战以汉骑3000夜破匈奴营,杀敌将数名,逐百里,斩匈奴首3万;再战以5000汉骑大破胡骑7万;三战以汉军7万加4万乞活义军破众胡联军30余万;四战先败后胜以万人斩胡首4万;五战以汉军6万几乎全歼羌氐联军10余万;六战于邺城以一两千刚组织的汉骑将远至而来的7万胡军打得溃不成军。各地汉人纷纷起义响应,开始对入塞中原的数百万胡族展开大屠杀,史载“无月不战,互为相攻”,一举光复山东、山西、河南、河北、陕西、甘肃、宁夏。迫于冉闵和诸路中原汉军的武力威胁,氐、羌、匈奴、鲜卑数百万人退出中土,各自返还陇西或河套草原一带原来生活的地方,一些胡族甚至从此迁回万里之外的中亚老家。北方汉人被屠杀的只留下四五百万,最主要的凶手是匈奴人和源于东欧高加索山到黑海草原地区的白种羯族(这个民族有拿人头祭祀的习惯)。冉闵灭羯赵,歼灭30多万羯族与匈奴为主的胡兵。冉闵后来在邺城对羯族屠杀了二十几万,加上全国各省各地的复仇屠杀,羯族与匈奴在血腥的民族报复中基本被杀绝。

五胡中的四胡在种族仇杀中受到了毁灭性的打击,而统治今天蒙古国、中国内蒙古自治区和中国北部的鲜卑却进入极盛时期。352年,冉闵将城中的军粮分给百姓,独自带领1万人马去今天的河北定州征粮。鲜卑族得到这一消息,急调20万鲜卑骑兵南下,想乘机消灭因刚扫清中原而元气未复的冉魏政权。冉闵被鲜卑的14万先头骑兵部队包围在常山,冉闵率兵突围,在士兵们的拼死掩护下,冉闵连杀300余人,最终被俘。慕容儁(jùn,古同“俊”)怒斩冉闵于遏陉(xíng)山。史书记载,冉闵死后“山左右七里草木悉枯,蝗虫大起,从五月到十二月,天上滴雨未降。

慕容儁大惊，派人前往祭祀，追封冉闵为武悼天王，当日天降大雪，过人双膝"。

冉魏国的臣子纷纷守节自缢，少部分逃往东晋，无一投降前燕者。冉魏几十万汉人不甘受辱，纷纷逃向江南，投奔东晋。东晋军因未能及时接应，使得几十万百姓中途受到鲜卑大军追击、屠杀，死亡殆尽。晋将自杀谢罪，同为汉人的东晋将领竟有如此义举！冉闵虽然是少数民族的皇帝，却一直奉江南的晋为汉之正朝，立志恢复汉家天下。他号称项羽转世一生无敌，自灭胡令颁布后，遭北方胡人围攻而屡战屡胜！五胡乱华，汉人传奇英雄冉闵，却没有得到历史应有的评价。当时正如古书所描绘"北地苍凉，衣冠南迁，胡狄遍地，汉家子弟几欲被数屠殆尽"。汉人冉闵忍辱 20 年得机起兵造反，力图匡复华夏，灭胡无数，血洗亲人之仇，亡国之恨！及至群胡围攻。

东晋与前秦淝水之战

谢安派出的将领胡彬，率领水军沿着淮河向寿阳进发。在路上，他得知寿阳已经被前秦的前锋苻融攻破。胡彬只好退到硖石（今安徽凤台西南。硖，xiá），扎下营来，等待与谢石、谢玄的大军会合。

苻融占领寿阳以后，又派部将梁成率领 5 万人马进攻洛涧（在今安徽淮南东），截断了胡彬水军的后路。晋军被围困起来，军粮一天天少下去，情况十分危急。

胡彬派兵士偷偷送信给谢石告急，说："现在敌人来势很猛，我军粮食快吃完了，恐怕没法跟大军会合了。"送信的晋兵偷越秦军阵地的时候，被秦兵捉住。这封告急信落在苻融手里，苻融立刻派快马到项城禀报苻坚。苻坚一连得到秦军前锋的捷报，更加骄傲起来。他把大军留在项城，亲自率领 8000 名骑兵赶到寿阳，恨不得一口气把晋军吞掉。他到了寿阳，跟苻融一商量，认为晋军已经不堪一击，就派了一个使者到晋军大营去劝降。那个派出的使者不是别人，恰恰是前几年在襄阳坚决抵抗过秦军、后来被俘虏的朱序。

　　朱序被俘以后，虽然被苻坚收用，在秦国当个尚书，但心里还是向着晋朝的。他到晋营见了谢石、谢玄，像见了亲人一样高兴，不但没按照苻坚的嘱咐劝降，反而向谢石提供了秦军的情报。他说："这次苻坚发动了百万人马攻打晋国，如果全部人马一集中，恐怕晋军没法抵挡。不如趁现在他们人马还没到齐的时候，你们赶快发起进攻，打败他们的前锋，挫伤他们的士气，就可以击溃秦军了。"朱序走了以后，谢石再三考虑，认为寿阳的秦军兵力很强，没有把握打胜，还是坚守为好。谢安的儿子谢琰（yǎn）劝说谢石听朱序的话，尽快出兵。

　　谢石、谢玄经过一番商议，就派北府兵的名将刘牢之率领精兵 5000 人，先对洛涧的秦军发起突然袭击。这支北府兵果然名不虚传，他们像插了翅膀的猛虎，强渡洛涧，个个勇猛非凡。守在洛涧的秦军不是北府兵的对手，勉强抵挡一阵，败了下来，秦将梁成被晋军杀了。秦兵争先恐后渡过淮河逃走，大部分掉在水里淹死了。

　　洛涧大捷，大大鼓舞了晋军的士气。谢石、谢玄一面命令刘牢之继续援救硖石，一面亲自指挥大军，乘胜前进，直到淝水（今淝河，在安徽寿县南）东岸，把人马驻扎在八公山边，和驻扎寿阳的秦军隔岸对峙。

苻坚派出朱序劝降以后，正在洋洋得意，等待晋军投降，突然听到洛涧失守，像挨了一记闷棍一样，有点沉不住气。他要苻融陪着他到寿阳城楼上去看对岸的形势。

苻坚在城楼上一眼望去，只见对岸晋军一座座的营帐排列得整整齐齐，手持刀枪的晋兵来往巡逻，阵容严整威武。再往远处看，对面八公山上，隐隐约约不知道有多少晋兵。其实，八公山上并没有晋兵，不过是苻坚心虚眼花，把八公山上的草木都看作晋兵了。

苻坚有点害怕了，他转过头对苻融说："这确实是强大的敌人啊。怎么能说他们弱呢？"

打那以后，苻坚命令秦兵严密防守。晋军没能渡过淝水，谢石、谢玄十分着急。如果拖延下去，只怕各路秦军到齐，对晋军不利。

谢玄派人给苻坚送去一封信，说："你们带了大军占领晋国的阵地，现在却在淝水边摆下阵势，按兵不动，这难道是想打仗吗？如果你们能把阵地稍稍往后撤一点，腾出一块地方，让我军渡过淝水，双方就在战场上比个输赢。这才算有胆量呢。"

苻坚心想：若是不答应后撤，不是承认我们害怕晋军吗？他马上召集秦军将领，说："他们要我们让出一块阵地，我们就撤吧。等他们渡河时，我们派骑兵冲上去，保管能灭掉他们。"

谢石、谢玄得到苻坚答应后撤的回信后，迅速整好人马，准备渡河进攻。

约定渡河的时刻到来了，苻坚一声令下，苻融就指挥秦军后撤。他们本来想撤出一个阵地就回过头来发起总攻，没料到许多

秦兵一半由于厌恶战争，一半由于害怕晋军，一听到后撤的命令，撒腿就跑，再也不想停下来了。

谢玄率领 8000 多骑兵，趁势飞快渡过淝水，向秦军发起猛攻。

这时候，朱序在秦军阵后叫喊起来："秦兵败了！秦兵败了！"后面的兵士不知道前面的情况，只看到前面的秦军往后奔跑，也转过身跟着边叫嚷边逃跑。

苻融气急败坏地挥舞着剑，想压住阵脚，但士兵像潮水般地往后涌来，哪里压得住！一群乱兵冲来，把苻融的战马都冲倒了。

苻融挣扎着想起来，晋兵已经从后面赶上来，把他砍了。主将一死，秦兵更是像脱了缰绳的惊马一样，四处乱奔。

阵后的苻坚看到情况不妙，只好骑上一匹马拼命逃走。不料一支流箭飞来，正好射中他的肩膀。苻坚顾不得疼痛，继续催马狂奔，一直逃到淮北才歇了口气。

晋军乘胜追击，秦兵没命地溃逃，被挤倒的、踩死的兵士，满山遍野都是。那些逃脱的兵，一路上听到"风声鹤唳"，也当作东晋追兵的喊杀声，吓得不敢停下来。

谢石、谢玄收复了寿阳，派飞马往建康送捷报。

这天，谢安正跟一个客人在家里下棋。他看完了谢石送来的捷报，不露声色，随手把捷报放在床上，照样下棋。

客人知道是前方送来的战报，忍不住问谢安说："战事情况怎么样？"谢安慢吞吞地说："孩子们到底把秦人打败了。"客人听了，高兴得不想再下棋，想赶快把这个好消息告诉别人，就告别走了。谢安送走客人，回到内宅去，他的兴奋心情再也按捺不住，跨过门槛的时候踉踉跄跄地，把脚上木屐的齿都碰断了。

经过这场大战，强大的前秦元气大伤。苻坚逃到洛阳，收拾残兵败将，只剩下十几万。但是慕容垂的兵力却丝毫没受到损失。不出王猛所料，鲜卑族的慕容垂和羌族的姚苌（cháng）最终背叛了前秦，各自建立了新的国家——后燕和后秦，苻坚本人也被姚苌杀了。

后凉的灭亡

吕光施政严苛，他的儿子和外甥等人贪婪荒淫，残暴无比，很不得人心。接着又在战争中屡次失败，后凉政权逐渐走向没落。

东晋安帝隆安元年、后凉龙飞二年、西秦乞伏乾归太初十年（397）正月，吕光因乞伏乾归数度叛离，决定派兵消灭他。乞伏乾归的部将都劝他逃走，但乞伏乾归却认为："军之胜败，在于巧拙，不在众寡。光兵虽众而无法，其弟延勇而无谋，不足惮也。且其精兵尽在延所，延败，光自走矣。"吕光率军进至长最（今甘肃永登南）。太原公吕纂（zuǎn）等率步骑兵3万进攻金城（今甘肃兰州西），乾归率军两万前往救援，尚未赶到，金城已被凉军占领。吕光又派其部将梁恭等率甲士100多人，出阳武下峡（今甘肃靖远境），与秦州刺史没弈干向西秦的东部地区进攻；同时命天水公中延率袍罕之众攻取了临洮（今甘肃岷县）、武始（今甘肃临洮）、河关等地。乞伏乾归作战不利，便命人反间吕延，伪称"乾归众溃，奔成纪（今甘肃通渭东北）"。吕延信以为真，欲率轻骑直追。司马耿稚劝阻他说："乾归勇略过人，不会望风而溃，以前，他战败王广、杨定都是诡称自己兵败。这次传达消息的人，脸色不定，难免有诈。应率全军一齐推进，步骑相接，待全军到达，再行攻击，必然成功。"吕延不听劝阻，率轻骑而进，乾归迎击吕延，将其斩首。凉军战败，司马耿稚和将军姜显率军退回袍罕。吕光见精锐吕延军败，也退军姑臧。

四月，张掖庐水胡人沮渠蒙逊以替叔父报仇为名，起兵反凉，攻占了凉临松郡（今甘肃民乐西北），屯兵于金山。吕光令吕纂进剿，双方战于忽谷，蒙逊兵败，逃入山中。蒙逊的堂兄男成，为后凉将军，听到蒙逊起兵的消息也起兵响应，聚众数千人，屯于乐馆（在今甘肃酒泉东南）。酒泉太守垒澄讨伐男成，垒澄兵败身亡。男成与蒙逊共推建康郡（今甘肃酒泉东南）太守段业为大都督、凉州牧、建康公，改元神玺。段业遂以男成为辅国将军，以蒙逊为镇西将军。吕光为讨伐段业，令吕纂率军前往，未能战胜。八月，后凉散骑常侍、太常郭黁（nún）见吕光年老多病，太子昏庸懦弱，太原公吕纂又十分凶暴，一旦吕光死去，朝中必定大乱，自己身居机要大臣多年，难免被害。于是，便联合仆射王详，推举田胡王乞基为君主，占据姑臧城东苑。起兵叛凉。凉王吕光急令太原公吕纂率兵讨伐。吕纂行动之前，众将劝他说："您若向东奔走，段业必然率兵从后面追来，伺机向我军进攻。我军不如偷偷撤离这里。"吕纂认为，段业没有雄才大略，只能靠坚城防守。自己若悄悄撤离，只会助长段业的气焰，不如公开威吓他，然后再堂堂正正地撤离。于是，他派使者向段业传达说："吕纂叛变。我现回姑臧，你如果敢决一胜负，希望你早些出城作战。"段业果然没敢出兵。

吕纂返回，与西安太守石元良共同进击敦，将郭黁军大败，进入姑臧。郭黁在东苑俘获了吕光的8个孙子，为解其战败的仇恨，将这8人杀死解尸，喝其血盟誓。此时，凉人张捷、宋生等聚众3000，于休屠城（今甘肃武威北）起兵反凉，郭黁于是与他们推后凉将军杨轨为盟主，共同叛凉。杨轨自称大将军、凉州牧、西平公。不久，吕纂击败郭黁将军王斐于城西，郭军兵势渐衰，便遣使向南凉王秃发乌孤求救。九月，乌孤令其弟骠骑将军利鹿孤率5000骑兵前往救援。至东晋隆安二年、后凉龙飞三年、南凉太初二年（398）二月，杨轨命其西平相郭纬率步骑兵2万，支援郭黁军，秃发乌孤也命其弟车骑将军傉（nù）檀，率领骑兵1万协助杨轨。杨轨军进至姑臧城北，扎营以待，准备进击姑臧。四月，吕纂率军攻击杨轨，郭黁前来援助，吕纂兵败退同。此时，段业军则攻击后凉的西郡（郡治在今甘肃永昌西北），于是，凉之晋昌（郡治在今甘肃安西东南）太安王德、郭煌太守孟敏，都举郡投降于段业。杨轨依持人多势众，欲与吕光决战。六月，杨轨兵败，投奔乞基，郭黁听说杨轨败逃后，也投奔了西秦。后凉将军吕弘，放弃张掖，率军东走，段业率部进入张掖，欲率军追击吕弘。沮渠蒙逊劝阻他说："不能袭击撤退的军队，也不能追杀走投无路的敌人。这是兵家的禁忌呀!"段业不听,率军急追,结果大败而回。

后凉王吕光于东晋隆安三年(399)十二月死去,由其子吕绍即位,旋即为吕纂发动宫廷兵变所篡位,改年号为咸宁。不久,大司马吕弘又起兵反叛吕纂,被吕纂击败,处死。后凉内部的纷乱,进一步削弱了它的实力,引起了人民的怨恨。晋隆安四年(400)六月,吕纂率兵进攻张掖,姜纪劝阻无效,结果,被秃发傉檀率1万骑兵,乘机偷袭姑臧,幸亏陇西公吕纬率军死战,才保住了京师姑臧。隆安五年(401)二月,吕超将吕纂刺杀,拥立吕隆为王,吕隆即位后,想以杀豪族树立自己的威望,朝廷内外人人不能自保。此时,魏安人焦朗派遣使者向后秦陇西公姚硕德建议说:"吕氏自吕光死后,兄弟互杀,朝纲混乱,暴虐无度,百姓饥困,死亡大半,应乘其互相篡权攻杀之时,向其进攻,必定成功。"姚硕德向后秦王姚兴奏请后,率领步骑兵六万,向后凉进击,乞伏乾归也率7000骑兵跟随出征。当年七月,姚硕德军从金城渡过黄河,直趋广武(今甘肃永登东南)。河西王利鹿孤将广武守军收缩于城内,以避秦军,秦军顺利进至姑臧。后凉王吕隆派辅国大将军吕超、龙骧将军吕邈等率军迎战。后凉军战败,吕邈被俘,1万多人被后秦军斩杀,吕隆据城固守。凉巴西公吕佗率领东苑兵众2.5万人向后秦投降。九月,吕隆派使者向姚硕德投降,后秦主命其为镇西大将军、凉州刺史、建康公。不久,吕隆又重整军备,与南凉秃发傉檀和北凉的沮渠蒙逊互相攻杀。吕隆心中恐惧,怕被他们消灭,于是便于东晋安帝元兴二年、后秦弘始五年(403)八月,向后秦左仆射齐难等投降,齐难将吕隆及百官送往长安,后凉宣告灭亡。

东晋灭南燕

东晋灭南燕之战发生于东晋义熙五年（409）四月十一日。晋将刘裕统率车、步、水、骑兵 15 万左右，北伐南燕，燕主慕容超以 10 万大军迎击，双方经过 10 个月的激战，晋军于义熙六年（410）二月，攻陷南燕京城广固，俘斩燕主慕容超。南燕灭亡。

义熙元年（405）八月，南燕主慕容德死去。慕容超继承王位后，猜忌暴虐，迷于游猎作乐，大失人心。大臣封孚、韩诨屡屡劝谏，均不听。一天，慕容超问封孚说："朕可以与前代哪个皇帝相比？"封孚回答："桀和纣。"南燕由这样的君主当政，自然预示着其没落时期的到来。

义熙五年（409）二月，南燕主慕容超以抢掠东晋的乐妓为名，派将军慕容兴宗、斛谷提、公孙归率领骑兵袭占了东晋的宿豫（今江苏宿迁），俘阳平太守刘干载、济阴太守除阮，大肆掳掠而去。同月，公孙归再攻占济南（今山东济南），俘太守赵元，掠走千余人。彭城以南的东晋军民，纷纷起来自卫。晋燕双方处于剑拔弩张之势。

东晋刘裕入朝当权之后，为收揽人心，巩固其地位，在经济上采取了减轻徭役租税的政策，修复芍城（今安徽寿县南）水利设施，使社会阶级矛盾得到一定程度的缓和；政治上注意限制刘毅、诸葛长民、司马氏家族的势力；军事上，他重用刘穆之、王镇恶等谋略将帅，积极准备恢复中原。这样，东晋王朝便为北灭南燕做好了各方面的准备。

东晋刘裕鉴于南燕于二月两次入袭东晋北部边境，为进一步提高自己的权威，便于义熙五年（409）三月，上表晋安帝请求兴师击灭南燕。朝中大臣廷议均认为不可，唯有左仆射孟昶、车骑司马谢裕、参军藏熹极力赞成北伐。刘裕决心坚定，并谋划以水军、车兵、步兵、骑兵联合作战，一举击败燕军。

南燕在得知东晋大军来攻之前，桂林王太尉慕容镇等极力主张先击北魏，以雪国耻；但南燕主慕容超和征房将军公孙五楼则主张南下袭晋。当得知东晋大军北攻的消息后，南燕主慕容超召集群臣商讨对策，公孙五楼建议说："吴兵轻敏果敢，利在速战，不应与其正面交锋，应据守大岘（xiàn），阻敌深入境内，以拖延时日，沮丧敌之锐气，然后选拔精锐骑兵两千，沿海岸南下，切断敌军粮道，另以段晖（huī）率兖州军沿着山路东走，腹背夹击，此为上策；命各地郡守依险固守，坚壁清野，毁掉庄稼，使敌人无粮可取，其大军在外，求战不能，食尽兵疲，旬月之间即可获胜，此为中策。放纵敌人越过大岘，出城迎战，此为下策。"慕容超没有采纳公孙五楼上策和中策的建议。他主张放纵敌人越过大岘山，再行歼灭。桂林王太尉慕容镇也劝谏，认为不宜纵敌入岘，否则会自贻窘逼，阻守大岘才是上策。慕容超仍不听从。慕容镇退朝后对将军韩谅叹息说："陛下既不同意出大岘迎敌，又不准坚壁清野，反而要放敌深入腹心地区，坐以待围，我们必将国灭身亡。"慕容超听说后大怒，竟然将慕容镇投入大狱。慕容超决心采取收莒城（位于今山东日照。莒，jǔ）、梁父（在今山东省新泰市西）之军，固守京都广固（今山东淄博东）、纵敌入岘来攻的战略。

东晋义熙五年四月十一日，刘裕率军10多万，自建康出发，从水路过长江，自淮水入泗水北进。五月进至下邳（今江苏邳州市西南），留下船舰、辎重，由陆路进至琅邪（今山东临沂北）。所过之地构筑城堡，分兵留守，以防备南燕骑兵的突袭和被切断后路。

琅邪已为燕境，在晋军到达之前，南燕主已将莒城和梁父的守军调走。由琅邪至燕都广固有三条通道：一是沿沂水北上，经东莞（今山东沂水），越过大岘山（今山东沂水北），直捣临朐（今山东临朐。朐，qú）、广固（今山东青州西北），此为捷径，但大岘山险峻，山高 70 余丈，周围 20 多里，山上有穆陵关，通道仅能容纳一轨（一辆车的宽度），称"齐南天险"；二是由东北经过莒城、东武（今山东诸城）入潍水北进，再折向西走，进击广固，此路迂远，耗费时日；三是由西北越泗水经梁父，转向东北逼近广固，此路山路太长，行军运输都很困难。刘裕想从第三路进军。此时，部将向刘裕建议说："燕人若塞大岘山之险，或坚壁清野，大军深入，不唯无功，将不能自归。"刘裕却胸有成竹地说："吾虑之熟矣。鲜卑贪婪，没有深谋远虑。谓我孤军远入，不能持久；不过进据临朐，退守广固，必不能守险清野。敢为诸君保之。"

刘裕率军经过大岘，不见燕军出战，异常高兴，部将向他询问原因。刘裕说："我大军已过大岘险关，将士有必死的信念，田里到处都是庄稼，我军也无断粮之忧，敌人已在我掌握之中了。"

六月十二日，刘裕军至东莞。此时，慕容超派公孙五楼、辅国将军贺赖卢、左将军段晖率步骑 5 万，屯于临朐。他听说晋军已越过大岘山，又亲率步骑兵 5 万增援临朐。临朐在大岘山西北，为广固南面的屏障，距城西 40 里有巨蔑水。慕容超命令公孙五楼进据巨蔑水，但晋军前锋龙骧将军孟龙符也已经到达巨蔑水边。于是，双方展开激烈的争夺战，南燕军被晋军击败退走。晋军占据巨蔑水后，刘裕以兵车 4000 乘分为左右两翼，双车并行，继续前进。当晋军进至临朐城南，距城只剩数里，慕容超突然以万余骑兵前后夹击晋军。刘裕急令兖州刺史刘藩、并州刺史刘道怜、咨议参军刘敬宣、陶延寿，参军刘怀玉、慎仲道、索邈等部，奋力迎击，双方战至半日，仍未分胜负。此时，刘裕参军胡藩向刘裕建议说："燕军全部出动，临朐城中留守兵力必然薄弱，愿以奇兵从间道攻取该城，此韩信所以破赵也。"刘裕欣然应允，立即派胡藩、咨议参军檀韶、建威将军向弥率部暗中出燕军之后直攻临朐；同时扬言晋后续大军已由海上而来。向弥部首先登城，攻克临朐。慕容超大惊，自城中单骑逃出，奔于城南段晖军。刘裕乘胜猛击燕军，燕军大败，刘裕军斩南燕大将军段晖等10多人。慕容超败回广固。晋军奋力追击，进抵广固城下。六月十九日，晋军攻占了广固外城，聚集部众退守保内城。刘裕军筑长围，高三丈，并挖堑（qiàn，防御用的壕沟、护城河）三重，以做久困之计。同时，广泛招抚投降的燕军吏，选贤任能，华夷均甚喜悦，并利用齐地的粮食补给军队，停止了从南方运送粮食，使晋军更处于主动地位。

　　慕容超被困，形势危急，便赦免了桂林王慕容镇，并决定派尚书郎张纲向后秦求救。此时，慕容镇向慕容超建议说："今陛下亲率六师，战败而还，群臣离心，士民丧气。现秦正与大夏交战，恐无暇分兵救人。散卒还者尚有数万，朝廷拿出全部金银财宝赏赐全军，更决一战。若天命助我，必能破敌；如其不然，死亦为美。"司徒乐浪王慕容惠则认为，晋军乘胜，气势百倍，我以败军之卒出击，将难以取胜。秦虽与大夏交战，但不足为虑。且秦，与我分据中原，势如唇齿，安得不来相救！不遣大臣，则不能得重兵，尚书令韩范为燕、秦所重，宜遣乞师。慕容超便派韩范前往。

七月，南燕尚书垣尊、京兆太守垣苗越城而出，投降于晋军。随即向刘裕建议说："张纲善制攻城器械，若能擒获张纲，广固必能攻拔。"不久，张纲被晋太山太守申宣俘获，送到刘裕军营。刘裕让张纲登上楼车，命张纲向城中喊话，声言"后秦军队已被夏军击败，没有援军到来"。广固城内军民得到这个消息，都很惊恐。除此之外，每当江南有使者和援军到来，刘裕都在夜间秘密派兵迎接。第二天，晋军大张旗鼓前进，虚张声势，恫吓（dòng hè，扬言灾祸或苦难就要来临，以此威胁）燕军，对南燕军起到不小的威慑作用。北方地区的民众每天背负粮食前来归附刘裕军的不下千人，燕右仆射张华、中丞封恺也为刘裕所俘。慕容超见大势危急，便向晋请求以割让大岘以南为条件，称臣于晋，遭刘裕拒绝。

后秦主姚兴所派使者到刘裕军营，威吓刘裕说："慕容氏与我们睦邻友好，如今晋攻之危急，秦已遣铁骑十万屯于洛阳；晋军再不还军，我军当长驱而进。"刘裕听后，正告后秦使者说："你回去告诉姚兴，我灭燕之后，休兵三年，即夺取洛阳、关中地区。如若你们愿意现在就前来送死，便请速来！"参军刘穆之听到刘裕如此答复后秦使者，很是不解，认为这非但不能威吓敌人，相反会激怒敌人，一旦广固不能攻拔，后秦大军又至，后果会很严重。刘裕对刘穆之解释说："兵贵神速，若秦能救燕、必然封锁消息，绝不会先派人向我警告。后秦此举，在于虚声恫吓。我军多年未大举北征，秦见我攻燕，必深为震惊。忙于自保，哪有力量援救他人?！"情况果然如刘裕判断的那样。当时，后秦主姚兴正与夏主赫连勃勃大战于贰城，无力出大军援救南燕。九月。南燕尚书张俊、韩范不但未从后秦搬来救兵，反而先后降于刘裕军。南燕人素来敬重韩范，刘裕便让他绕城宣示燕人，他已降晋，燕军更加沮丧。

十月，张纲为刘裕军造攻城器具完毕，"设备奇巧，飞楼（攻城的楼车）木幔（装有木板作掩护的攻城车）之属，莫不毕备。城上火石弓矢，无所用之"。晋军由于拥有了良好的攻城器械，杀伤燕军日众，加之燕军被困已久，城中粮食将尽，燕军吏纷纷越城降晋。尚书悦寿认为燕独守穷城，绝望外援，虽然将军公孙五楼、贺赖卢曾挖掘地道，率众出城袭击晋兵，但无法破敌，所以劝告慕容超降服晋军。但慕容超说："吾宁奋剑而死，也不衔璧而生！"

义熙六年（410）二月初五，刘裕命率军攻城，悦寿开启城门放入晋军，慕容超率数十骑突围而逃，被晋军生俘，送到建康斩首。至此，刘裕围攻广固8个月之久，才将南燕灭亡。刘裕进入广固城中，欲将城中的男子全部坑杀，将他们的妻女赏给将士，后经韩范劝止，只将燕王以下3000人处死。

东晋灭后秦

东晋击灭后秦之战，发生于东晋义熙十二年、后秦永和元年（416）八月，止于义熙十三年（417）八月。东晋太尉刘裕统率十多万大军北征后秦；后秦以十多万大军迎击，双方展开激战。晋将王镇恶率水军沿黄河、渭水直逼后秦京师长安，姚泓率领百官出降晋军，后秦遂告灭亡。

后秦于隆安四年（400）首次击降西秦之后，又于隆安五年（401）击灭了后凉，势力大增，成为当时中国西北地区最强大的国家。

义熙五年，后秦弘始十一年、夏龙升三年（409），秦、夏两国连续发生了征战。当年四月，夏主率骑兵两万攻秦，掠夺平凉的杂胡七千多户。进兵屯于依力川（今甘肃平凉附近）。九月，秦主姚兴率军回击夏军，秦军大败，秦将姚榆生为夏军生擒。左将军姚文崇等拼死力战，夏军才退走，姚兴也返还长安。接着夏军又攻占后秦的敕奇堡、黄石固、罗城等地。义熙六年、后秦弘始十二年、夏龙升四年（410），夏主又派左将军赫连罗提攻占后秦之定阳城（今陕西富县境），坑杀秦军4000人。接着，夏军又进击陇右地区，攻占白崖堡，兵逼清水（今甘肃清水）。义熙七年、夏龙升五年、后秦弘始十三年（411）正月，秦姚详屯守杏城（今陕西黄陵西南），被夏军逼迫弃城南逃。夏军追上秦姚详，并将其杀死，俘其全军。夏主赫连勃勃再南攻安定（今甘肃镇原南），于青石北原击败后秦尚书相佛嵩，俘其吏民四五万人。义熙十二年、夏凤翔四年（416）六月，夏军攻占了上邽，杀秦州刺史姚军都及将士五千多，毁上邽城，接着进攻阴密（今甘肃灵台西五十里），又杀秦将姚良子以下一万多人。秦征北将军姚恢弃安定（今甘肃泾川北），奔回长安。安定人胡俨等率5万户举城降于大夏。后秦与大夏之间的连年征伐，进一步削弱了秦军的实力，为东晋灭亡后秦创造了有利的客观条件。

东晋在击灭南燕后，刘裕原想乘胜向后秦进攻，但因卢循、徐道覆领导的农民起义军逼近建康（今江苏南京），朝廷急调刘裕回归，以镇压农民起义军。因而，东晋只得顺延了击灭后秦的时间表。至晋义熙十一年（415），刘裕相继镇压了卢循、徐道覆起义军，剪除了荆州刺史刘毅、兖州刺史刘藩及豫州刺史诸葛长民等，平定了益州。打击了晋宗室司马休之等势力，政局稳定，经济和军事实力逐步增强。义熙十二年（416）初，后秦主姚兴病亡前后，姚弼、姚愔、姚宣、姚耕儿等明争暗斗，争夺帝位，政治动乱，人心浮动，叛离者日增，加上连年与大夏、南凉、西秦等征战，国力受到严重削弱，丧失了强国地位。同时，北魏势力下降，无力他顾，这些都为东晋击灭后秦创造了有利的条件。

刘裕为夺取击秦的胜利，制定了详尽的作战策划：

首先以主力大军由淮水、泗水，沿黄河西进，夺占战略重镇洛阳；以一部兵力由武关进击，以牵制关中秦军，然后夺取潼关，直攻长安。

以龙骧将军王镇恶、冠军将军檀道济率步兵为前锋，自寿阳（今安徽寿县）沿淮水淝水进攻许昌（今河南许昌东）、洛阳（今河南洛阳）。王镇恶自淝水出商丘攻向荥阳（今河南荥阳东北）；檀道济自颍水出项城（今河南商丘），攻向许昌，会师洛阳，待刘裕所率主力到达，再继续西进。

以建武将军沈林子、彭城内史刘遵考率水军由彭城（今江苏徐州）溯汴水出石门（今河南荥阳东北）。入黄河，进占洛阳以北，阻止魏军南下侧击晋军。

以新野太守朱超石、宁朔将军胡藩率军兵出襄阳（今湖北襄樊），赴阳城（今河南登封东南），以牵制关中的后秦军向洛阳机动。

令冀州刺史王仲德总督前锋诸军，并率领水军由彭城溯泗水、开巨野泽入黄河，防止魏军渡越黄河南进。

刘裕亲领主力由彭城自泗水、巨野泽再入黄河，西趋洛阳。

当后秦获知晋军已经抵达许昌时，仍在与大夏、西秦作战。秦东平公姚绍深感忧虑，认为应集中全力对付东晋。遂向后秦主姚泓献策说："应将远在安定的吏民迁至京师，这样可得精兵十万，即便夏、晋两国同时向我进攻，也不至于有亡国之祸。"但这一计策被左仆射梁喜否定了。梁喜认为："安定守将齐公姚恢素有威名，且吏民与大夏赫连勃勃已结深仇，必然死守安定。如若放弃安定，夏人必然进逼郿县（今陕西宝鸡市眉县东北），况关中兵足以抗击晋军，何必自己削弱自己呢。"

后秦主姚泓根据以上建议，决定采取两面作战的对策，既保卫西北的安定，防止大夏进击；也重点据守长安、洛阳、潼关、武关等重要城邑关隘，阻止晋军西进。姚泓的这一作战决策，使后秦从战争的开始便处于战略上顾此失彼的被动境地。

东晋义熙十二年、后秦永和元年（416）八月十二日，刘裕率军自建康出发，各路大军也相继按预定计划出动。

南朝宋的建立

刘宋的开国皇帝刘裕出身贫寒，但他长得身材魁梧，风骨奇特。

早年，他在乡间的时候，有一天，一个要好的朋友来找他，说："东晋大将谢玄正在京口（今江苏省镇江市）招募军队，你练就一身好武艺，何不去报名试试？"刘裕听了很高兴，这正是他梦寐以求的事情，这对他来说是个好机遇，如果能在军中捞个一官半职就能很好地养活他的继母，也不辜负他死去的父亲对他的期望，于是他赶快回家，辞别了继母，来到京口。

京口北府兵的将领刘牢之见来了一位青年壮士，身材魁梧，五官端正，很有魄力，问过之后，让他练了一下刀、枪、剑、戟，还有马上功夫。刘牢之对刘裕的表现很满意，便把他留下来做自已的部下，又给他个小官衔。刘裕不负众望，他爱兵如子，军纪严明，训练了一支高素质的队伍，每次出兵十有九胜，他的声名很快在晋军中传开了。

晋安帝义熙年间爆发了卢循、孙恩起义，刘裕奉命镇压了这场长达十余年的叛乱，初步显示了自身卓越的军事才能和领导水平。

元兴元年（402）的一天，刘牢之将晋兵主将召集到一起，告诉他们："荆州刺史桓玄已经封锁了长江，现在建康正在闹灾荒，军粮接济不上，皇帝昏庸，我们干脆与桓玄兵合一处，打进建康，推翻皇帝。"众将面面相觑，没敢作声，只好顺从了他，在刘牢之的配合下，桓玄很快攻下建康，发动政变，逼白痴皇帝安帝司马德宗退位，他自己做了皇帝。

刘裕心想：桓玄夺东晋天下，是大逆不道的，是为不忠，违背天意。他要替天行道，讨伐桓玄，恢复晋室。于是，他与军中有正气的军官联合起来共同反抗桓玄。当桓玄得知刘裕率大军逼近建康时，急忙组织精锐部队阻击，但是由于刘裕军队准备充分，人心所向，士气高昂，而桓玄的人马做贼心虚，人心向背，很快被刘裕大军打败，撤出建康。尽管他几次集军反扑，都没能挽回局势，只好逃往益州（今四川省）。当地百姓知道后，气愤已极，杀了桓玄。

桓玄败出建康以后，在刘裕扶持下，晋安帝又回到建康，重登帝位。此时的刘裕，劳苦功高，是权倾朝野的重臣，皇帝感恩不尽，把东晋军队大权全部交给了刘裕，又封他为扬州刺史，兼代理尚书，可以说是青云直上了，远远地超出了他当初当兵时赡养继母的心愿。

刘裕并没有就此停止脚步，他清醒地意识到，对于一个昏庸无能的皇帝太忠心，是对天下百姓不负责任。因此他开始雄心勃勃，要自己称帝，重新整治天下，还给天下百姓一个安定幸福的生活。

然而，北方还有南燕、后秦两个政权，他必须先灭南燕和后秦，才能称帝，建立一个统一的新王朝。

南燕地盘并不大，由慕容氏家族统治着的山东一带，他们不重视农耕生活，不为当地的百姓着想，只知道抢掠财物、美女和壮丁。男的被迫当兵，女的充进后宫，百姓恨不得南燕政权早日垮台，好过上太平生活。这种形势对刘裕征服南燕十分有利。刘裕见时机已经成熟，把朝中大事安置好了，自己亲自带领几万人马北上，直抵琅邪。琅邪百姓见是东晋官兵，非常欢迎，有的甚至给晋兵带路。南燕的官兵见晋军队伍整齐，士兵个个气势高昂，他们丧失了信心，放弃琅邪逃走了。南燕统治者慕容超怕都城广固丢失，马上派人，一边向后秦救援，一边向刘裕求和。后秦生怕自己损兵折将，便遣使臣去刘裕那里进行恐吓，同时，也是为了试探虚实。后秦使臣来到刘裕军营，一看晋军旌旗招展，阵容整齐，士兵们持器而待；再看刘裕身穿战甲，右佩战刀，目光咄咄逼人，他们的将军怎能与刘裕相比呢？再回想刘裕打败桓玄，扶晋安帝重新登位之事，心中暗暗称赞，认为不愧是东晋的顶梁柱。他勉强振作精神，壮了壮胆说："我们秦军比你们多几倍，马上到洛阳，你们要不撤退，我们将直捣你们的建康老窝。"刘裕高声说道："好大的胆，快回去告诉你们的皇帝，不出三年，捣毁你们老窝的是我，你们竟敢送上门来？"

秦使臣当时吓呆了，后秦皇帝听使臣回来禀报，没敢出兵救南燕。南燕官兵人心惶惶，有的弃城逃跑，有的投靠了晋军，百姓都前来声援，就这样，刘裕很快攻下了南燕都城广固，生擒慕容超，南燕灭亡。消息传到建康，朝廷上下，无不欢欣鼓舞，东晋的地盘又扩大了，实力也增强了。

当时有人建议刘裕马上回师攻打后秦，刘裕不同意。他认为尽管后秦没有东晋强大，但是他们据有关中，地势险要，那里易守难攻。况且，晋军刚灭南燕，人困马乏，军备不足，光有士气还不行，必须对部队加强训练，东晋士兵能以一当十，才能有胜的希望。这样，晋军养精蓄锐整整6年，正值后秦皇帝姚兴死去。刘裕见东风已到，时不可待，于是他率领五路晋军进兵关中，屡败秦军。417年，攻占长安，后秦灭亡。

灭了后秦，刘裕见时机已到，回师江南。皇帝封他为相国，可他并不满足，于420年废掉末代皇帝晋恭帝，披上了皇袍，自己做了皇帝，改国号宋。

京口兵变

正当刘裕穿着四品将军服，在京口侨乡探亲访友，尽情炫耀的时候，突然接到刘牢之的紧急军令。

原来，朝廷宰相会稽王司马道子与其子骠骑将军司马元显，同雄踞荆楚的桓玄关系一向很紧张。桓玄的父亲桓温、叔父桓冲、堂兄桓石民等，相继为荆州刺史几十年，有功于国家，有惠于荆楚。三人死后，司马道子当政，为控制荆楚，有意排挤诸桓。桓玄年纪轻轻，就被迫离开荆楚，先到建康做太子舍人（门客），后到浙西做义兴太守，寄人篱下，十分不快。一次桓玄路过建康，拜谒司马道子，道子假装醉酒，问："桓温晚年想篡位，有这事吗？"桓玄惊惧，汗出如浆。及出，径归荆楚，发誓要雪辱父之恨。隆安元年（397），桓玄曾劝荆州刺史殷仲堪响应北府主帅王恭讨伐道子、元显父子的行动。司马道子授予桓玄广州刺史的官职，希望他离开荆楚，但他偏不赴任。隆安二年，桓玄又鼓动殷仲堪配合王恭起兵，殷仲堪畏惧桓氏在荆楚的势力，不敢违拒桓玄，便同桓玄率水军东下，过了浔阳（今江西九江），听说王恭被杀，才急忙收兵。隆安三年（399），桓玄出奇兵杀死殷仲堪，自领荆、江二州刺史，居高临下，虎视建康。孙恩起义时，桓玄上疏请求率军讨伐，时司马道子醉酒不理事，相权被其子元显夺去，元显惧桓玄假道袭取建康，不许。桓玄乃封锁上游，禁断商旅，搞得建康粮草恐慌。孙恩逼近建康时，元显率少数禁卫军扼守江面，道子吓得整天求神祷告。事后，桓玄致书大加讥笑，还说了一些不恭敬的话。元显看后大为惊恐，遂于元兴元年（402）正月，先发制人，起兵讨桓玄，令刘牢之为前锋。牢之受命，便立即召英勇善战的刘裕回建康军营。

刘裕匆忙赶到建康军营，刘牢之委他兼任参军。这个参军可比刘裕原来做过的前将军府的参军职位贵重得多。因为刘牢之镇压孙恩起义有功，朝廷已经提升他为镇北将军；此时为了西征，又让他兼任征西将军。刘裕实际上成为镇北与征西二将军府的参军。刘裕为报知遇之恩，下马便跃跃欲试，请求战斗任务，不料刘牢之却另有打算。

刘牢之考虑：几年前，自己倒戈杀王恭，已与响应王恭起兵的桓玄结下仇恨。道子、元显父子嫉贤妒能，不得人心，也只是利用自己罢了。北府兵固然英勇善战为当时之冠，但荆楚军队的

凶悍也久闻于世，两强相遇，难操胜算。成功则难为道子、元显父子所容，失败下场可能更惨。因而久久犹豫，不仅不挥师西上，反而命令全军退守建康东南的溧（lì）州，做观望之态。

二月，桓玄率军势如破竹，击败宗室司马休之，攻占了历阳（今安徽和县），建康危在旦夕。刘裕劝牢之迎战，说得口干舌燥，牢之就是不从。这时，桓玄派牢之的族舅何穆前来说降。何穆对牢之说："飞鸟尽，良弓藏；狡兔死，走狗烹。你为道子、元显父子卖命，成功了也没有好下场。"一下击中牢之的心病。刘裕知道，牢之即便投降桓玄，桓玄最终也不会放过牢之，便约牢之的外甥何无忌一起苦谏。牢之不从，径派其子敬宣往送降书。

三月，荆楚军队未遇任何抵抗，便占领了建康。桓玄自封为丞相、录（总领）尚书事、扬州牧，总管朝政。斩司马元显及其六子，将司马道子充军到安成（今江西安福），随即鸩杀（用鸩酒毒杀）

之。以兄桓伟为荆州刺史，堂侄桓石生为江州刺史，控制荆楚；以堂兄桓谦为尚书右仆射，协助自己居中管理朝政。安排妥当之后，又突然宣布以堂兄桓脩（xiū）为右将军、徐兖二州刺史，刘牢之为征东将军、会稽内史。按照旧例，北府主帅须兼徐兖二州刺史，桓玄把徐兖二州刺史衔授给桓脩，即暗示要让桓脩主管北府。征东将军名义上比镇北将军高，由于刘牢之失去北府兵权，实际上是明升暗降。

刘牢之听到任命，惊慌失色，自言自语道："一上来就夺我兵权，要大祸临头了。"其子敬宣主张趁桓玄立足欠稳，先发制人。当时北府有支重兵驻守广陵，主帅高雅之，是牢之心腹。牢之试问刘裕："现在只能北去广陵，在那里起兵。你能随我去吗？"刘裕断定很难成功，关键时候，自保最为重要，答道："将军以雄兵数万，投降桓玄，业已失去人心。现在桓玄已经得志，威震天下，民众拥护。广陵之兵难道会附和你吗？我别无他求，只想回京口当老百姓。"何无忌知道自己的舅舅难以幸免，就问刘裕："我怎么办？"刘裕回答："随我回京口。从当前形势看，桓玄还得利用我们。桓玄若安分，就侍奉他；否则，就设法推翻他。"刘裕审时度势，已经具有大将眼光了。

刘牢之大集僚佐，商议占据广陵、讨伐桓玄事宜。老部下参军刘袭气冲冲地说："将军往年反王恭，近反司马元显，今又反桓玄，一人三反，何以自立！"说罢扭头就走。其余僚佐见状，也都一哄而散。这正应了刘裕对牢之说的话。牢之心中害怕，忙派敬宣去京口迎接家眷，准备逃命。敬宣逾期不归，牢之以为事泄，带家兵北逃，至新州，自缢死了。敬宣闻信，拉着高雅之、司马休之等投奔后秦去了。

刘牢之死后，桓脩晋升为抚军将军，正式出镇京口，主管北府。桓脩主管北府，而将军不以"北"为号，有个原因。东晋中叶以来，将军以"北"为号大多不得善终，人们逐渐忌讳这个"北"字。桓冲、王坦之、刁彝等人，都曾拒受镇北将军之号。王恭拒受平北将军，也难逃被杀之祸，刘牢之不信传说，受了镇北将军，最终自缢而死。所以桓脩甘愿以抚军将军出镇京口。刘裕被任命为抚军将军府的中兵参军，仍兼建武将军、下邳太守。何无忌想回避，求任小县之令，桓玄不许，吩咐仍在北府军中供职。这也应了刘裕对何无忌说的话。

五月，刘裕奉命东征卢循。卢循是孙恩的妹夫，孙恩在起义失败后，投海自杀，卢循接掌义旗，明里接受桓玄的招安，暗里集结武装，随时准备再起。因此，桓玄命刘裕东征。

刘裕率军抵达会稽山阴，宿于老朋友孔靖家中。一天晚上，刘裕正与孔靖挑灯闲话，何无忌突然风尘仆仆，飞奔而入。何无忌告诉刘裕，桓玄正在大杀北府宿将，高素、竺谦之、竺朗之、刘袭、刘季武等已先后遇难，袁虔之、刘寿、高长庆、郭恭等分别亡命于南燕和后秦，形势十分危急，劝刘裕在山阴揭竿聚义，讨伐桓玄。刘裕心里清楚，桓玄杀的是与刘牢之关系深厚的北府宿将，自己从军只有几年，跟随刘牢之的时间短，桓玄还不会把自己怎么样；何无忌是刘牢之的外甥，桓玄倒有可能举刀相向，但眼前自己犯不着为何无忌冒风险，便沉默不语。孔靖说："山阴去建康路途遥远，桓玄目前颇得人心，恐怕难以成功。等到桓玄篡了位，失去人心，再在京口起兵，希望更大些。"刘裕认为有理。其实孔靖另有想法。桓玄的祖母姓孔名宪，原是山阴孔氏，桓玄为孔家外孙，孔靖自然不愿别人趁他立足未稳而伤害他。孔靖关于京口起兵的建议，当时不过是一句托词，没料到竟被刘裕牢牢记在心里了。

元兴二年（403）六月，刘裕破走卢循，回到京口，加授彭城内史。彭城是侨置的王国，王国与郡平级，行政长官叫内史，相当太守。刘裕是彭城人，加授为彭城内史，尽管也是有名无实，但进一步巩固了他在乡人中的地位，比前任下邳太守荣誉更高。这说明桓氏还是想笼络刘裕的。然而，刘裕并未因此丧失警惕。

桓玄加快了篡位的步伐。九月，桓玄自封为楚王，离皇帝只差一步了。十月，刘裕随桓脩来建康办事，遇到桓谦。当时北府宿将死散殆尽，刘裕变得更加引人注意。桓谦试着问刘裕："楚王勋德隆重，朝野之人，均说宜代晋位，将军以为何如？"刘裕机警地回答："楚王是宣武（桓温谥号）之子，勋德盖世，晋家微弱，民心久移，乘此代晋，有何不可！"桓谦兴奋地说："将军认为可以就可以了。"桓玄最担心北府兵，听到刘裕的这番话，一块石头落了地，于十二月迁晋安帝于浔阳，正式篡位，建国号为楚，改元永始。

这段时间，刘裕也抓紧了他的外交工作。首先是取得高门士族的信任。东晋高门士族，首推王、谢、桓、庾。庾氏在桓温当政时期，受到严厉管制，很难恢复元气；桓氏是刘裕要推翻的对象；只有王、谢值得深交。刘裕与现任司徒的王谧早有交往，就把目标对准了谢裕。谢裕字景仁，是东晋名相谢安次弟谢据之孙，时以黄门侍郎领骁骑将军。一次，刘裕随桓脩到建康办事，找借口往谒谢裕，言谈之间，曲意奉迎，大得谢裕欢心。谢裕留他共进午餐，饭菜正在备办，桓玄派人邀谢裕进宫谋事，催促甚急。谢裕不慌不忙，硬等到饭菜上桌，与刘裕吃完了才动身，二人遂成深交。其次是交结中级士族作为羽翼。刘裕与同府长史袁湛、中兵参军徐羡之、参军朱龄石交情甚笃，几乎以同志相称。此外，刘裕与一班京口寒门小兄弟，如刘毅、孟昶、诸葛长民、刘藩、何无忌、刘穆之、檀韶、檀祇、檀道济、向靖、刘粹、孟怀义、孟龙符及刘怀肃兄弟等，结为死党，保持紧密联系，预防突发事件。

刘裕的频繁活动，引起桓氏家族的注意。桓玄在兄长们的请求下，于元兴三年（404）正月，任命堂兄桓弘为征虏将军、青州刺史，镇守广陵，与镇守京口的桓脩相呼应；任命刘裕的死敌刁逵为左军将军、豫州刺史，镇守历阳，以保证长江中游的畅通；任命刁逵之弟刁畅为右卫将军，刁逵之子刁弘为抚军将军府司马，并驻京口，以加强桓脩的力量。刘裕已经意识到这些任命的含义。

二月初，刘裕又一次陪桓脩来建康。司徒王谧首次将刘裕引见给桓玄。桓玄对王谧说："刘裕气度不凡，真像一个英雄。"居然十分器重。桓玄的夫人刘氏，异常精明，见过刘裕，对桓玄说："刘裕胸有大志，必须尽早铲除。"桓玄回答："我正想收复中原，非刘裕无人可用。中原收复之后，再议处置办法。"

刘裕通过耳目，得到这些消息，决定马上发动兵变。桓脩办完事，邀刘裕同从陆路返回。刘裕假称腿上刀伤复发，不堪步从，与何无忌乘顺风船，连夜赶回京口。一下船，刘裕就和何无忌分头去找刘道规和刘毅。刘道规和刘毅都是桓弘的中兵参军，一个在家休假，一个在家守孝，刘裕希望他们在广陵起兵响应。刘道规是刘裕的异母弟弟，当然没有话说。刘毅早有讨桓之心，也一拍即合。他们又一同去找因丧失前程在家生闷气的青州主簿孟昶,孟昶当即答应在广陵做内应。

同时,刘裕派专使把兵变计划通知在历阳的诸葛长民和在建康的刘迈、王睿、辛扈兴、童厚之等人,请他们响应。诸葛长民时任刁逵左军将军府参军,他的任务是杀掉刁逵,封锁长江,以断桓玄西奔荆楚的后路。刘迈是刘毅的亲哥哥。王睿是太原人,不久前携弟王懿从前秦归来,却不受桓玄重视,怨气很大。辛扈兴、童厚之与刘裕号称莫逆。此四人当时均做京官,任务是在京城制造乱子。

二月二十七日,刘裕假称游猎,与何无忌集结死党,得百余人,深夜埋伏在京口城下。二十八日清晨,城门一开,无忌伪装成送圣旨的钦使,带领党徒冲进城,杀死桓脩。刁弘率武吏前来援救,刘裕登城大呼:"晋安帝已在浔阳复位,今奉密诏诛除逆党。诸君难道不是大晋臣民?来此何为!"将刁弘等人吓退。

也是二十七日,孟昶劝桓弘出猎,自己与刘毅、刘道规率壮士数十人深夜埋伏在广陵城下。二十八日天未亮,开城门放猎人,刘毅率众冲入,杀死桓弘。事毕,刘毅集结队伍,渡江至京口,与刘裕会师。刁畅、刁弘知道事情真相,起兵讨刘裕,适逢刘毅队伍,战败,均被杀。

京口、广陵兵变成功,刘裕被推为讨桓盟主。刘裕立即任命刘穆之为本府主簿。这刘穆之自称汉宗室齐王刘肥之后,饱读经书,多有筹略,一向深得刘裕倚重。他建议以孟昶为长史,守京口老巢;檀凭之为司马,参刘裕军事;彭城侨民入伍者,由刘钟统领,作为敢死先锋队。刘裕十分欣赏,全部采纳。随后,刘裕亲率徐、兖二州 1700 士兵向建康推进。一路上,刘裕大肆散布谣言,说益州刺史毛璩(qú)已占据荆楚,江州刺史孟昶之已奉安帝归位，诸葛长民已占据历阳，王睿等人已占领建康的石头城等，希望搅乱人心，乱中观变。

其实，这时的形势对刘裕并不怎么有利。诸葛长民的行动失败，被刁逵俘虏，正在押往建康途中。刘迈党附桓氏，已经向桓玄告密，王睿、辛扈兴、童厚之等全部被杀；不久刘迈也被杀。仅因桓玄做贼心虚，过高估计刘裕等人的力量，才让刘裕侥幸成功。

桓玄听说京口、广陵兵变成功，在建康城里慌作一团。他命堂兄桓谦为征讨都督，姐夫殷仲文代桓脩为徐、兖二州刺史，放着凶悍的荆楚兵不用，让他俩率北府兵屯守建康城东北的复舟山。桓谦请求出兵邀击，桓玄不许，说："彼兵甚锐，又都是亡命之徒，若有闪失，后果不堪设想，不如以逸待劳。"有人说："裕等乌合之众，何必忧虑？"桓玄变色，说："刘裕足为一世之雄。刘毅家无隔夜之粮，樗（chū）蒱一掷百万。何无忌酷似其舅。共举大事，何谓无成？"谦等固请出击，乃派顿丘太守吴甫之、右卫将军皇甫敷相继东进。而桓玄已做好逃走的准备。

三月一日，刘裕至江乘县，遇吴甫之。刘裕手舞长刀，大呼上阵，片刻之间，即斩甫之。推至罗落桥，遇皇甫敷。与战不利，檀凭之败死。刘裕被困于大树下，皇甫敷拔戟上前，得意地问："你想要哪种死法？"刘裕突然张目怪叫，将敷惊退。援兵到来，刘裕挥刀斩敷。进至复舟山，刘裕施故技，以羸（léi）弱登山，张旗帜为疑兵。桓谦手下北府兵，家眷多在京口，毫无斗志。这时东北风大起，刘裕率精锐呼啸纵火，桓谦、殷仲文诸军大溃。等到刘裕率军攻进建康，桓玄携其亲党已西奔荆楚去了。

谢裕与百官一起在建康东门迎接刘裕。刘裕推举王谧为录尚书事、扬州刺史，主掌相印。王谧任命刘裕为镇军将军、徐州刺史、使持节都督扬、徐等八州军事。镇军将军与中军将军、抚军将军合称"中镇抚"三将军,与四镇将军平级,三品。刺史四品。镇军将军带徐州刺史,便可分掌北府兵。东晋皇帝赐大臣节,令主军事,各分三级:赐节一为假节,二为持节,三为使持节,使持节最高;主军事一为监军事,二为督军事,三为都督军事,都督军事最高。京口兵变的成功,使刘裕一下子由中层社会进入上层社会了。

瓜步之战

自西晋覆亡,南北分裂后,广大中原人民就陷入了无边的苦难之中。这是中国历史上最黑暗的时代,也是一代代优秀人物前仆后继,致力于统一的英雄时代。

因宋文帝的年号为元嘉,故这场大规模北伐被称为元嘉北伐,或者元嘉之战;又因为此战中,拓跋焘(tāo)兵临长江北岸的瓜步山,所以也叫瓜步之战。后世大词人辛弃疾曾作《永遇乐·京口北固亭怀古》一词,内有"元嘉草草,封狼居胥,赢得仓皇北顾"之句,说得正是这段千古教训。

刘裕本无远大政治理想。第一次北伐之后,他首先想到的仍是繁衍子孙,过舒坦日子。自义熙四年(408)结发夫人臧氏病死后,他寻花问柳的勾当便无人约束了,又接连纳了袁、孙、吕三个如夫人。义熙九年(413)袁氏生五子义恭,孙氏生六子义宣。义熙十一年(415),吕氏生七子义季。刘裕成了梦寐以求的"多仔公",很心满意足。

剪除异己之后,刘裕以长弟刘道怜为荆州刺史,控制上游,以十九岁的长子刘义符为兖州刺史，控制北府，自己以宰相控制扬州和朝政，刘氏家族的势力得到空前巩固，刘裕觉得志愿都已达到，更无其他事情可做。

但是，自从朝廷加授刘裕为太傅，特许刘裕剑履上殿，入朝不趋，参拜不名之后，刘裕的心态突然起了波澜。东晋最高荣誉官是所谓的太师、太傅、太保"三公"，太傅排列第二。东晋臣子觐见皇帝，上殿不得佩剑著履，入朝必须疾走（称为"趋"），行礼必须呼名。从汉以来，臣子荣授太傅职务的本来就不多，享受剑履上殿，入朝不趋，参拜不名等殊荣的更少。刘裕环首四顾，无人可与自己比肩，固然十分得意；但抬头一看，白痴天子近在咫尺，自己犹在皇帝宝座之下，又觉得怅然若失。于是，刘裕做起了皇帝梦。

当皇帝自然不是一件轻而易举的事。时髦的做法不是直接弑君篡位，而是诱使当政的皇帝自觉才能浅薄，心甘情愿地让位，称为"禅让"。这就不仅要求受位者有权有势，而且要求受位者立有顺应全国民意的盖世奇功。当时只有北伐后秦，收复汉晋故都长安与洛阳，才是顺应全国民意的盖世奇功。刘裕焦虑地等待机会。

义熙十二年（416）正月，鲁宗之之子鲁轨在后秦的支持下，率兵围攻雍州的襄阳，给了刘裕北伐后秦的借口。二月，刘裕自封为中外大都督，宣布北伐。然而朝廷大臣纷纷进言阻止。这并不奇怪，他们的思想比老百姓要复杂，主要是担心北伐万一失败，偏安之局难保，影响到自己的既得利益。只有刘裕死去长婿徐逵之的叔父徐羡之一言不发。有人询问其中的缘故，徐羡之道："我官位刚到五品，志愿便已满足。于今慕容超、谯纵均已平定，大晋疆域东西万余里，相公仍不满足，还要平定后秦。相公的思想与我们大相径庭，深不可测，还是不干预得好。"徐羡之已经看出刘裕要立功当皇帝的企图。北魏大臣崔浩听说刘裕准备北伐，一语破的地指出："刘裕是晋安帝的曹操。"

八月，刘裕以长子刘义符为中军将军，刘穆之为左仆射、中军将军府军司，徐羡之为太尉左司马，共同负责太尉留府事；令徐州刺史刘怀慎负责京师保卫工作。一切安排妥当，刘裕宣告发兵。

北伐前锋分水陆五路。其中，彭城内史刘遵考、将军沈林子率水军由汴水经荥阳入黄河西征，将军王镇恶、檀道济率步兵顺淮、泗直取许昌、洛阳。这两路人马是北伐军的主力。刘遵考是刘裕的族弟。王镇恶是前秦宰相王猛的嫡孙，前秦被后秦取代，遂奔东晋，发誓要灭后秦以雪恨。此二人甚得刘裕信任。新野太守朱超石、将军胡藩率步兵由新野（在今河南）北趋阳城（今河南登封）。将军沈田子、傅弘之率步兵径赴武关（今陕西丹凤），冀州刺史王懿率水军由淮转泗、济、清诸水入黄河。这水陆三路作为前二路的侧应和后援。刘裕亲率主力沿王懿所行路线北上。

不到两个月，王镇恶、檀道济一路军行神速，连克项城、许昌、成皋（今河南荥阳上街镇），占领洛阳；刘遵考、沈林子一路劈波斩浪，进入黄河。同时，王懿一路攻占了北魏的滑台（今河南滑县）；朱超石、胡藩一路北渡黄河，牵制住北魏军队；沈田子、傅弘之一路向西穿插，十分顺利。刘裕率领主力也到了彭城。

眼见大功指日可建，刘裕迫不及待，于十一月派左长史王弘还建康，向朝廷索取"九锡"。这"九锡"是古代帝王尊礼大臣所赐给的九种一般只有君主才能享用的器物，从汉以降，索取"九锡"成为权臣篡位的一个阶梯。十二月，诏备"九锡"之礼，并加刘裕相国，令总百揆（kuí），封徐州的彭城、沛、兰陵、下邳、淮阳、山阳、广陵和兖州的鲁、高平、泰山等十郡为宋公。规定位在诸侯王之上。相国在当时虽然也是最高荣誉官之一，但不像"三公"那么闲散，往往作为宰相的加官，实际上是"百揆"之长。东晋五等封爵：公、侯、伯、子、男，专封异姓。王在五等封爵之上，只封宗室。刘裕封宋公，却位在诸侯王之上，也是一种殊荣。然而，诏书下到彭城，刘裕推辞不受。刘裕绝非改变了主意，这样做，实际只是魏晋以来权臣在篡位前必须施展的一项伎俩。权臣在大庭广众之下一个劲地谦让，表示自己不愿做大官，不愿享殊荣，不愿做皇帝，暗中却逼着朝廷一个劲地给自己加官晋爵，增荣添誉，直到无以复加，当政的皇帝最后让出皇帝宝座为止，表示人心所向，推辞不掉。大敌当前，刘裕还能分心玩这套政治游戏，说明他对平定后秦有充分的信心。

义熙十三年（417）正月，刘裕留三子义隆镇守彭城，亲率大军向西挺进；三月，到达洛阳。这时，刘、王二路已进克潼关，并分兵直捣长安。沈林子、傅弘之一路已出武关进据青泥（今陕西蓝田）。八月，王镇恶、沈林子等军分别大破后秦守卫部队，攻克长安，俘获其主姚泓，送到建康斩首。九月，刘裕至长安。

关中汉民年年盼望王师，刘裕的到来，使他们欢欣鼓舞。十月，诏进刘裕为宋王。新增徐州的海陵、东安、北琅邪、北东莞、北东海、北谯、北梁和豫州的汝南、北颍川、北南顿十郡为王国封邑。北伐果然替刘裕赢得了巨大的声誉，刘裕陶醉得忘乎所以了。这时，刘裕对不邀自来的宋王爵位并不怎么感兴趣，他坚决推辞，却愿意接受美女的爱情，演出一场英雄伴美女的风流喜剧。

姚兴的侄女有倾城倾国之貌，被俘之后，刘裕一见钟情，宠爱无比，不仅乐不思归，更将国家大事全部扔在脑后。

十一月，刘裕的心腹刘穆之在建康病死。消息传到长安，新任从事中郎谢晦见刘裕仍在偎香搂玉，大为着急。他屡次进谏，阐明利害，才使得刘裕恍然若悟。原来，刘穆之留守建康，本是刘裕的"定心丸"，现在突然死去，局势难免发生变化，如有不测，就前功尽弃了。事业终究比女人重要，刘裕断然将姚氏遣出，遥令徐羡之代刘穆之主掌太尉留府事务，以12岁的次子刘义真为安西将军，王修为安西长史，王镇恶为安西司马，沈林子、毛德祖为安西中兵参军，率兵1万，共同辅佐义真镇守长安，自己则于十二月仓促返回建康。

关中父老听说刘裕要离开，纷纷含泪挽留，说："亡国奴不沾王化，迄今已有百年。始见相公，人人相贺。长安汉代皇陵，是相公祖宗坟墓，咸阳汉代宫殿，是相公祖宗宅舍，相公难道忍心抛弃吗？"刘裕全然不为所动。在这关键时候，谁也不能使刘裕回心转意了。

刘劭政变

刘劭（shào），字休远，是文帝嫡长子。6岁时，被立为皇太子。12岁出居东宫，娶殷淳女为妃。13岁，加元服（指中国古代、日本、韩国的男子成人的仪式）。刘劭好读史书，喜欢武事。亲自管理东宫，喜欢接待宾客，想干什么，文帝就让他干。宋文帝与执政的彭城王刘义康矛盾很深，担心刘劭的安全，便大大增加了东宫的卫戍部队，和卫戍皇宫的羽林一样多。

文帝末年重视农业，劝课耕桑，还让宫内带头做榜样。有女道士严道育，本为吴兴人，自吹通灵，可以役使鬼神，因丈夫劫人财物被没入宫。通过刘劭妹妹东阳公主奴婢王鹦鹉得以出入公主家，道育自吹能辟谷（源自道家养生中的"不食五谷"，是古人常用的一种养生方式）服食，赢得公主、刘劭、刘濬（jùn）等人的信赖。刘濬是文帝宠妃潘氏生的儿子，因刘劭母袁皇后性妒而含恨死去，刘劭很恨潘妃和刘濬，刘濬害怕将来刘劭当皇帝他会受罪，就特别讨好刘劭，两人关系变得十分亲密。刘劭、刘濬有过许多过失，文帝训斥了他们好几次。现在他们让严道育祈请上天，想不再让文帝知道他们的过失，严道育满口答应，刘劭等对她十分尊敬，称为"天师"。后来，刘劭、刘濬就和严道育、王鹦鹉、东阳主奴陈天兴、黄门陈庆国共为巫蛊，在玉石上雕刻文帝像，埋到含章殿前，妄图用这种宗教法术让文帝早日死亡，刘劭提升陈天兴任队主。东阳公主死后，王鹦鹉应该出嫁，但刘劭兄弟担心密谋外泄，将其嫁给刘濬的心腹吴兴沈怀远为妾，文帝后来听说天兴是奴而得领队，训斥刘劭，刘劭把事告诉刘濬，濬回信说不行就干掉他。鹦鹉曾与陈天兴私通，既嫁怀远，害怕内情外露，就让刘劭秘密杀掉天兴。同党陈庆国害怕遭受同样的命运，就把巫蛊之事报告给文帝。文帝大惊，派人逮捕王鹦鹉，抄家时得到刘劭兄弟来往书信，都是诅咒巫蛊的话，又起出所埋玉像，文帝严厉责备刘劭兄弟，刘劭兄弟也只有谢罪。严道育逃跑未被抓获，文帝很生气，派了很多人到处搜捕。道育却换上尼姑衣，先藏东宫，又跟随刘濬到京口（今江苏镇江），住在百姓张旰（hàn）家里。刘濬改镇江陵（今湖北江陵），带道育到东宫，还想带她到江陵。这时有人报告严道育在京口张旰家，文帝派人抓捕，只抓到她的两个奴婢，奴婢供出严道育已随刘濬还都，文帝原以为刘劭、刘濬已经和严道育断绝来往，这时才知他俩还与其来往，既震惊又痛心，下令让京口把严道育押解回京，然后审断，治刘劭、刘濬之罪。刘濬闻讯大惊，赶快告诉刘劭。文帝想废掉太子刘劭，赐死刘濬。先和侍中王僧绰商量，让他寻找汉魏以后废太子诸王典故，送给宰相徐湛之和吏部尚书江湛参阅；然后与王僧绰、徐湛之和江湛共商另立太子事宜。第三子刘骏不为文帝喜爱，文帝一直让他在外地为官，不留在建康。四子刘铄、七子刘宏同为文帝喜爱，但铄妃是江湛之妹，江湛劝帝立刘铄。宰相徐湛之女是文帝第六子刘诞的妃子，所以徐湛之劝帝立刘诞，王僧绰认为无论立谁都只能速速决断，不然的话，就应对刘劭、刘濬一样，不再疑惑，否则将后悔无及，贻笑千载。文帝却仍犹犹豫豫，想立七子刘宏又嫌他排行不好，每夜都与湛之谈话，还常让徐湛之端着蜡烛，在房间周围检查巡视，以防有人偷听。君臣很长时间也确定不了立谁为太子，文帝却把商议的内情告诉给潘妃，潘妃又告诉刘濬，刘濬又赶快告诉刘劭，刘劭就秘密与其心腹陈叙儿、詹叔儿、斋帅张超之等人商量发动政变。

刘劭狡黠而刚猛，文帝也很依赖他。刘劭作乱前，每天晚上慰劳将士，有时还亲自行酒。王僧绰密告文帝戒备。元嘉三十年（453）三月十五日夜，刘劭谎称帝诏令其平明率部守卫宫城，又令其私养的勇士两千多人全副武装准备战斗，召集萧斌、袁淑、殷仲素、王正见等人。刘劭哭着对他们说他被父皇冤枉，行将被废，已决定于次日起事，希望大家齐心协力。然后挨个拜求，大家都大吃一惊，袁淑表示反对，但在刘劭的胁迫下，众人纷纷表示同意。次日凌晨，刘劭外穿朝服内着军装，和萧斌同车，侍从像往常入朝礼仪的样子，呼喊袁淑，袁淑不服被杀。进入万春门。按照旧例，东宫部队不准入城，刘劭骗门卫说奉皇帝命令讨逆贼，命令后队跟上，张超之等冲入云龙门和斋阁，直接登上合殿。文帝晚上一直与徐湛之密谋，这时蜡烛还没灭，卫兵们晚上睡觉还没醒，文帝见超之进来，举起茶几抵挡，五指被砍掉，遇害身亡。徐湛之、江湛等人相继被叛兵杀害。经过短暂交锋，刘劭部队击败了文帝卫队的抵抗，又杀潘妃和太祖亲信数十人，召刘濬率众屯驻中堂，刘劭以太祖名义召大将军刘义恭、尚书令何尚之及其他百官，然后即皇帝位，下诏称徐湛之、江湛等人弑逆被平定，但文帝身亡，大赦，改元太初。刘劭署置百官，又借机杀掉一些异己分子和不为自己喜欢的宗室，如长沙王刘瑾、临川王刘烨等人，收回原给诸王和各处的武器，封赏有功人员。刘劭还博访公卿，询问治国之道，开放可以开放的田苑山泽，贷给贫民，政变获得成功。

太子刘劭弑逆的消息传开后，普天同愤。文帝第三子武陵王、江州刺史刘骏正带领江、豫、荆、雍四州军队讨伐西阳（今湖北黄冈）的蛮族，他与沈庆之定议举兵，只花几天时间，内外整肃。荆州刺史南郡王刘义宣与司州刺史鲁爽等人举兵响应。讨伐军东下，传檄四方，使共讨刘劭，州郡纷纷响应。刘劭闻知四方起兵，宣布戒严，把诸王和大臣移到城内以便监视。元嘉三十年（453）四月底，讨伐军大将柳元景，率军从溢口（故址在今江西省九江市。溢，pén）出发，刘骏、沈庆之等率大军随后东下讨伐，刘劭拒绝了萧斌率水军西上决战或保据梁山的正确建议，反而采纳刘义恭固守京城的错误提议，讨伐军抵达南州，出降者接连不断，讨伐军进至新亭，刘劭令萧斌率步兵、徐湛之率水军，与鲁秀、王罗汉等率兵，围住新亭，刘劭将士都受重赏，士气很高，拼死战斗。讨伐军虽然水陆受敌，但士气很旺。刘劭部队快要攻克新亭垒时，鲁秀却击鼓退兵，讨伐军乘机反攻，大败刘劭兵，死伤很多。刘劭亲自带领部队来攻新亭，讨伐军又大败之，刘劭退还朱雀门，胆战心惊，逃回台城，部属如鲁秀、刘义恭也投降讨伐军。刘劭迎接蒋侯神像、苏侯神像到宫内，乞求保佑，让刘铄写祝文诅咒刘骏。五月，刘骏即皇帝位于新亭，给文武加官晋爵。讨伐军随即攻下建康，活捉刘劭、刘濬，获得彻底胜利。

刘劭杀父自立，后又杀宗室长沙王刘瑾、临川王刘烨及刘楷、刘颛、刘玠（jiè）等，还遣使至安成郡杀刘义康六子，又因刘义恭出逃刘骏，杀其十二子，刘骏胜利后又杀刘劭及四子，刘濬及三子，又因与刘铄素不相能，以毒杀之。从此，刘宋宗室自相残杀愈演愈烈，宋王朝也因而灭亡。

徐傅废立

宋永初三年（422），刘裕临死前令太子刘义符继位，以司空徐羡之、中书令傅亮、领军将军谢晦、镇北将军檀道济为辅政。少帝是刘裕长子，小时候多亲近左右小人，行为不端。由于刘裕是无学的武将，又长期忙于战争和争权夺利，根本不懂得也无暇顾及儿子的教育，加上老年得子，溺爱多于管教，几个儿子的德才都不很符合封建正统观念。刘裕死前就对刘义符很不满意。谢晦曾对刘裕说："你年纪大了，应考虑得远一点，皇位继承十分重要，不能让没有才能的人继位。"刘裕闻言，便命谢晦考察二儿子刘义真。谢晦又说义真有才无德，也不是个好皇帝的料子。因

为其他儿子尚在少年，刘裕未能考察，临终前还是让长子刘义符继位了。刘义符即位后，居丧无礼，游戏无度，不亲政事，喜欢军事操练，大肆兴造，浪费许多钱财，搞得国库空虚。大臣范泰上书谏少帝，认为少帝不应大肆操练，他的这些过失很可能会给内外反对势力以可乘之机。少帝却置之不理。

那时，被灭亡的晋宗室司马休之、楚之投降了北魏，司马文荣等人逃往河南，他们时刻不忘颠覆宋室。当时北魏又取临淄，围东阳，陷虎牢（位于今河南省荥阳市市区西北部汜水镇境内），攻占河南大片土地。在江南重地会稽郡又有富阳孙法光的叛乱。这时为南豫州刺史的武帝第二子庐陵王刘义真与大士族陈郡谢灵运、琅邪颜延之关系过分亲密，声称若当皇帝就以二人为宰相，这又是一股觊觎皇位的力量，很可能引发统治集团内部的矛盾和斗争。而刘宋建国才四年，根基未固，威信不著，朝野内外皆忧心忡忡。作为主要顾命大臣的徐羡之、傅亮，还担心统治集团内部可能发生分裂，因为高级士族对刘宋皇室并没有心悦诚服，缺乏真诚的拥戴，他们很可能趁机复辟晋室。低级士族和高级士族之间还存在着隔阂，刘裕虽以出身名门士族的陈郡谢晦为辅政，但对他也不放心，临终前告诫少帝要防范谢晦。因为他与不愿合作的高级士族之间存在着千丝万缕的联系，是否一直忠于刘宋皇室还不能十分肯定。但又由于他是最先靠拢新王朝的高级士族，以他为辅政大臣可以减少高级士族的对立情绪。就是徐羡之对谢晦也不放心，谢晦曾经得重病不能见客，徐怀疑他有异图，想把他杀了，因为傅亮坚决反对才作罢。这时，辅政大臣徐羡之、傅亮为了挽救宋王朝，也为了保住个人地位，决定废帝另立。如果另立，按次序该刘裕第二子刘义真继位。但义真德轻于才，而谢晦对刘裕说义真不是君主的材料，刘裕临终外调其为南豫州刺史以防其争夺帝位，还命少帝等人若义真不悔改就放黜他。刘义真不是做皇帝的合适人选。徐羡之、傅亮、谢晦等人利用少帝和义真的矛盾，先奏请废义真为庶人，徙新安郡，随即加以杀害。然后征南兖州刺史檀道济、江州刺史王弘入朝，告以废立之谋。景平二年（424）六月，以皇太后的名义废帝为营阳王，关押到吴郡，不久也加以杀害。这就意味着徐、傅悲剧的开始。

废少帝后，侍中程道惠劝羡之等人立刘裕第五子，即南豫州刺史刘义恭，因为他年纪小，便于控制。徐羡之、傅亮等人选中当时任荆州刺史的刘裕第三子宜都王刘义隆，认为他比较符合当君主的条件。因为论次序该轮到他，加之刘义隆平素声誉、名望不错，还有许多符瑞降到荆州界内。傅亮亲率大批官员奉皇帝銮驾到江陵（今湖北江陵）迎接宜都王。八月，傅亮等人抵达江陵，率百官上表刘义隆，呈玉玺，礼仪很隆重。刘义隆表示同意到建康去。而宜都王及左右这时听到少帝刘义真死讯，都犹豫不敢东下，只有其府佐琅邪王华、王昙首等人建议东下。他们分析指出：刘裕对天下有很大功劳，威名赫赫，四海折服。虽然继承人不好，但未失民心，徐羡之、傅亮等因刘裕提拔才飞黄腾达，受顾托，自然不会有异心。他们觉得刘义真严肃专断，怕将来不被容纳，知道殿下仁慈宽和、天下闻名，才越过老二立老三，希望得到感恩。而徐羡之、傅亮、谢晦、檀道济、王弘五人一同立功，一样地位，谁肯相让。即使他们怀有不轨之心，形势也不允许。废主若活着，担心将来受害，所以先下手为强，杀了废帝。他们也还想稳固握着的大权，因为少年君主需要他们辅持。刘义隆在原部属的严密保护下，也不敢和傅亮带来的百官和军队接近。刘义隆的护卫朱容子抱刀待在刘义隆的车船外边，几十天都不离左右，东下建康，就皇帝位，是为宋文帝。徐、傅废昏立明，安定了人心，使宋王朝得以转危为安。

徐羡之、傅亮等人在迎立文帝前后为持久控制朝廷，保住自己的权位，做了很多部署和准备。在宋文帝到京前任命谢晦为荆州刺史、都督，让他统领许多精兵旧将居外为援，仍以檀道济拥强兵镇广陵，徐羡之、傅亮在朝中秉权。文帝到京后，徐羡之正式任命宋文帝镇江陵时的心腹武将到彦之为雍州刺史，想让他长期在外，而这遭到文帝强烈反对，任命彦之为中领军统率皇帝的警卫部队。文帝即位后，按儒家经典服刘裕三年之丧，同时也为了稳住徐羡之等人，把大权仍交徐羡之等人掌握。徐羡之、傅亮对此采取了积极态度，在刘义隆为刘裕服丧期满时上表归政，三次上表，文帝才予以同意。这是他俩表示自己并无野心，以求文帝谅解得以保性命权位的一种手段。由于其下属的苦劝，才又开始管理朝务。

从刘裕掌权以来，士族高门由于无能与软弱，虽不甘心，也不得不俯首听命。少帝失德危及王朝统治时，他们多是袖手旁观，并不关心怎样挽救宋王朝。当出身经历为他们歧视的徐羡之、傅亮废杀少帝兄弟后，他们抓住"弑君"行径攻击徐、傅，蛊惑文帝，最后把他们赶下了历史舞台，重新夺回刘裕平桓玄以来丧失掉的大权。琅玡王华、会稽孔宁子，原为文帝镇江陵的属官，经常在文帝面前攻击徐羡之、傅亮，还大造舆论，陷害徐羡之等人。参与废少帝的琅玡王弘倒戈一击，为文帝出谋划策，并拉拢了名将檀道济站到文帝一边。文帝虽因徐羡之、傅亮而得帝位，但对杀害他两个哥哥的人感情上难以接受，也不甘心大权旁落，加之又担心重蹈覆辙。经过文帝和高级士族们的精心策划，在元嘉三年（426）下诏宣布徐羡之、傅亮等人杀害刘义符、刘义真的罪状，将傅亮处死，徐羡之闻讯自杀，谢晦据荆州起兵失败全家也被杀害。

宋王室内乱

刘宋初期，王室成员渐渐在统治集团掌握了巨大权力，占据着十分重要的地位。元嘉六年（429），宋文帝以弟刘义康入朝秉政，为司徒、录尚书事，后又加领扬州刺史，宗室重臣取代高门权臣执掌枢机。刘义康专总朝权后，尽心尽力，逐渐树立了权威，生杀由己，势倾天下。义康却不识大体，私置归属六千人也不告诉皇帝。元嘉十三年（436）文帝病危，安排后事，而刘义康亲信竟去查阅东晋成帝死立弟康帝的经过和仪注的档案，结果文帝却康复未死。刘义康的发展对文帝构成严重威胁，文帝特别加强了太子刘劭率帅的卫兵，以防备刘义康。元嘉十七年（440），文帝采取了果断措施，诛杀刘义康党羽，令义康出镇江州，剥夺了他的巨大权力。几年后，范晔等人图谋拥立刘义康失败，义康被废为庶人。元嘉二十八年（451），北魏军临江，文帝担心义康被人利用，终于下令处死刘义康，这是王室内乱的萌芽。元嘉三十年（453），文帝想废掉手握重兵的太子刘劭，谋事不密，被刘劭先发制人，杀其父文帝自立。文帝第三子刘骏时任江洲刺史，听说父亲被杀，传檄州镇声讨刘劭。讨伐军很快逼近建康附近，刘劭出兵，失利退守，江夏王刘义恭（刘裕第五子）弃家出逃，刘劭杀刘义恭十二子及有嫌疑的宗室长沙王刘瑾、临川王刘烨、桂阳侯刘觊、新渝侯刘玠，还曾遣使杀义康六子于安成郡。建康被攻破后，刘骏又杀其兄刘劭及其四子，兄刘濬及其三子。从此，王室间骨肉残杀的悲剧愈演愈烈。

等武帝刘骏即位后，不愿意让其叔父南郡王刘义宣（刘裕第六子）继续担任地广兵强的上游重镇荆州的刺史，下令内调刘义宣为丞相、扬州刺史。刘义宣据荆州10年，兵强财富，举兵反抗，联结江州刺史臧质、南豫州刺史鲁爽起兵，声势浩大，孝武帝用尽全力才勉强将叛乱镇压下去，杀刘义宣并其十八子。孝武帝因其弟南平王刘铄（文帝第四子）平素对他不太礼貌且曾为刘劭所用，用毒药把弟刘铄毒死；武昌王刘浑（文帝第十子）从小行为不端，后任雍州刺史，和左右人开玩笑写文檄自号楚王，并署置百官，孝武知道后，逼令其自杀；竟陵王刘诞，在平定刘劭和刘义宣叛乱中屡立大功，表现出了非凡的才干，因此遭到孝武帝猜忌，竟陵王也暗自防备，孝武帝派垣阆（láng）率兵偷袭，被刘诞所杀。孝武帝又遣派沈庆之率大军进围广陵，刘诞杀宗室刘遵考子刘琨之，并坚守三个月，城破被杀，大明二年（458）海陵王刘休茂出任雍州刺史，司马庾深之掌管府州事。休茂性急，想政由己出。庾深之等人每每压制，刘休茂经常怨恨，张伯超常犯过失，受到训斥，张伯超担心受处罚，力劝刘休茂杀庾深之等人以举兵自卫，纵使事败尚可逃入北魏为王，刘休茂就率张伯超等杀庾深之等人，征发民众，传檄各地。参军尹元庆杀刘休茂并其同党。

泰始元年（465），孝武帝刘骏死，子刘子业（前废帝）继位，杀孝武宠臣戴法兴等，刘义恭（刘裕第五子）等人阴谋废帝，被刘子业先发制人，杀义恭并其四子。刘子业猜忌晋熙王刘昶率兵讨伐，刘昶被迫聚众起兵，事败北逃，归降北魏。刘子业因嫉孝武宠妃殷淑仪，即位后赐死殷淑仪的儿子刘子鸾（luán）、刘子师并其女。刘子业杀南平王刘铄之子刘敬猷（yóu）、刘敬渊、刘敬先。刘子业不仅残杀骨肉，还杀了许多大臣名将、近臣密戚，搞得人心惶惶，朝不保夕，刘子业还计划把剩下的六个叔叔全部杀掉，这时宿卫将士也被刘子业的屠杀搞得惊恐不安，于是杀了刘子业，拥立文帝第十一子刘彧为帝，是为明帝。他第二天就杀废帝同母弟，豫章王子尚，妹山阴公主楚玉等人，刘子业在死前派人去杀弟弟，江州刺史晋安王刘子勋，因为他排行第三，又据江州，而其父刘骏就是文帝第三子，据江州起兵而得帝位。当时子勋仅仅十岁，江州实权掌握在长史邓琬手中，邓琬起兵反抗，明帝即位后，邓琬在浔阳（今江西九江）拥立刘子勋为帝。子勋弟郢州刺史临海王子绥（孝武四子）、荆州刺史刘子顼（孝武第七子。顼，xū）和会稽太守刘子房（孝武第六子）均由长史做主，起兵响应，雍州刺史袁顗、梁州刺史柳元怙、益州刺史萧惠开、广州刺史袁昙远、徐州刺史薛安都、青州刺史沈文秀、冀州刺史崔道固、淞州行事何惠文、吴郡太守顾琛、吴兴太守、晋陵太守、义兴太守等纷纷起兵，拥护子勋，爆发了一场规模浩大的以明帝刘彧为首的文帝系

697

诸王和以刘子勋为首的孝武帝系诸王的王室大内乱。明帝首先击败了会稽北上之军，生俘刘子房，结束了东线战役。之后，战争持胶着状态，由于明帝将领张兴世等偷袭刘子勋部军粮得手，使刘子勋军十余万人不战自溃，明帝杀子勋、子顼，陆续平定了上游，西线战役结束。明帝随后又把孝武帝剩余的儿子全部杀掉，这时徐州刺史薛安都等人见明帝大局已定，遣使归顾，而明帝却想向淮北人展示威风，派张永等人率大军进兵淮北迎接薛安都等，导致薛安都等人疑虑，纷纷投降北魏，宋朝淮水以北的广大地区沦陷于北魏，这样淮南就成为前线，南方从此衰弱了。

明帝即位后，并未停止残杀骨肉。泰始五年（469），柳欣慰谋反，欲立刘伟（文帝第八子）。刘伟与其来往联系，事后被降职，第二年被逼自杀。山阳王刘休范不善讨明帝欢心，明帝担心自己死后，幼主临朝，不好控制，就派人在射雉场杀了他，伪称坠马死亡。建安王休仁和明帝多年友爱，在前废帝时同经危难，后又平定诸王叛乱，屡建奇功，赢得朝野信赖。明帝却很不高兴，在病危时担心休仁危害其后嗣，就编造罪状，杀了刘休仁。刘休仁被杀时，巴陵王休若为荆州刺史，后被征为南徐州刺史，部下王敬先劝其举兵反抗，休若逮捕了王敬先，报告给朝廷，出镇京口。就是这样，明帝也担心休若得人心恐将来倾危幼主，赐死。明帝就这样把所有可疑的王族一个一个剪除了，只留下一个表面无能，又不为众所推服的桂阳王刘休范。

明帝死，子刘昱即位，是为后废帝。江州刺史桂阳刘休范认为自己与后废帝宗亲最近，应该当宰相辅政，却没有份儿，产生怨恨，就召集勇士，善治兵器，积聚力量，于元徽二年（474）举兵东下，朝廷经过殊死搏斗才将休范反叛镇压下去。元徽四年（476），建平王刘景素（文帝第七子宏之子）举兵反，景素素有贤能之名，文帝儿子辈都已死尽，孙子里以景素为大，又礼贤下士，朝野信赖，后废帝凶狂，日甚一日，内外都觉得景素应当皇帝。只有后废帝母后的亲戚猜忌，而杨远长、阮佃夫等近习贪权，恐不为景素所容，又嫉妒又害怕。刘景素据京口（今江苏镇江）起兵，不久失败，连同二子被杀。后废帝也因为无道被杀。权归萧道成，立顺帝。昇明三年（479），顺帝被迫禅位于齐，宋始灭。

南齐的建立

刘宋明帝为加强控制，大肆任用亲信寒人（门第低微的人）阮佃夫、王道隆、杨远长等典掌机要，掌握大权。明帝因儿子幼小，非常猜忌诸弟，相继杀害了刘休祐、刘休仁、刘休若等，只留下一个貌似无能的刘休范。明帝还把他认为可能危及幼主的大臣也杀掉不少，如大将吴喜、大臣王景文等。泰豫元年（472），明帝死，刘昱即皇帝位，褚渊、袁粲、蔡兴宗、沈攸之、萧道成并受顾命辅政。

萧道成，南兰陵人，其家族是宋武帝刘裕继母孝懿萧皇后的远宗。其父萧承之，宋代立功。萧道成初隶于萧后内侄萧思话。后来，明帝令萧道成镇淮阴，萧道成开始收养豪俊，继而升南兖州刺史。泰始七年（471）萧道成入朝，任散骑常侍，太子左卫率。明帝临死时，因大臣褚渊与道成关系很好，引荐道成同掌机密，升为右卫将军。萧道成进入统治中枢。

后废帝即位，年幼不能主政，由大臣执政，而皇帝身边的宠臣专权。江州刺史刘休范认为与皇帝关系最近，应当宰相，却不如意，十分怨恨。其典签（官名，又称主帅、典签帅或签帅）许公舆为其谋划，让刘休范折节下士（屈己下人，尊重有见识有能力的人），厚相资给，远近数万有雄心的人，都投奔刘休范。刘休范还准备兵器，朝廷也知道刘休范有野心，暗暗防备。元徽二年（474）六月，桂阳王刘休范据江州起兵，率众2万、马500匹从浔阳出发，昼夜兼程直奔建康，萧道成、张永率兵抵御。双方激战于新亭（今江苏南京南）。萧道成军不利，使用诈降计杀休范。但刘休范所遣进攻台城的军队大败朝廷军队，杀刘勔（miǎn）和王道隆，当时都传言台城已陷。白下、石头的朝廷军队也溃散，张永逃回宫中说新亭也沦陷于敌，吓得太后握着小皇帝的手哭着说完了。萧道成遣军入卫宫省，随后大败叛军，朝廷以萧道成为中领军。南徐州刺史、建平王刘景素，素有贤能之名。这时后废帝凶狂失德，朝野对景素颇为信赖，认为应由这样的人当皇帝。后废帝外家陈氏很憎恶刘景素，而杨运长、阮佃夫等人想长期擅权，不愿立年长之君，也想除掉景素。景素自己也倾财招接勇士，朝廷勇将黄回等人暗中与其通谋，杨远长等人派周天赐假装投奔景素，劝其举兵，刘景素却杀天赐送首级给朝廷。元徽四年（476）八月，刘景素因误信桓祖报告京师溃乱的消息，据京口起兵，成千的人都争着归顺景素，但景素不熟悉军旅，不擅长武略，很快被朝廷军队击败，并加以杀害。

后废帝在东宫时就喜怒无常，刚当皇帝时还害怕太后、太妃、大臣，不敢胡作非为。后来，就经常出宫游玩，有时竟夜宿旅馆，对统治国家毫不经心。景素败后，后废帝更加骄横，没有一天不出宫胡作非为的，随从都拿着武器，无论男女老少还是犬马牛驴碰上就杀，一天不杀，就不高兴。老百姓都很害怕，白天都关着门，商贩停业，路上几无行人。统治阶层的人士也担忧惶恐。阮佃夫与制局监朱幼等人想废帝另立，商议趁帝出城射雉，称太后命令，命其护卫回城，然后关闭城门，派人抓帝，然后废掉立安成王刘準（zhǔn），谋泄被杀。不久，后废帝亲率卫士诛夷大臣沈幼文等三家。太后几次教训后废帝，后废帝很不高兴，曾想毒死太后，为左右诡言劝止。后废帝入萧道成官府，当时天热，萧道成白天没穿什么衣服，后废帝便在他肚子上画了个靶，引满弓想射死萧道成，为左右劝止，去掉箭头，射了一下，正中肚脐，拔弓大笑。后废帝猜忌萧道成威名，必欲杀之而后快，为陈太妃制止。

在这种情况下，萧道成十分害怕，密与袁粲、褚渊谋废帝另立。袁粲不同意，褚渊不表态。其下属纪僧真力劝萧道成果断从事。有人劝萧道成出奔广陵（今江苏扬州）起兵。萧道成想让其子萧赜（zé）率郢州兵东下到京口（今江苏镇江）。又派人让青冀二州刺史刘善明引北魏南下，刘善明劝其以静制动，见机行事，不能离开建康。桓荣祖也劝萧道成留在建康。纪僧真、萧顺之、萧嶷都认为应在建康见机行事，于是萧道成停止外逃之谋，命令越骑校尉王敬则暗中交接废帝身边人杨玉夫、杨万年等二十五人在宫中伺机行事。元徽五年（477年）八月，后废帝忽然憎恶杨玉夫，咬牙切齿，要第二天杀他。当时废帝出入宫殿无规律，省内诸阁夜不关门。宿卫都逃避值班，上下无人管事，杨玉夫等趁后废帝睡熟后，和杨万年一起偷了后废帝的防身刀，杀了后废帝。然后把后废帝首级交给王敬则，由他转交给萧道成。萧道成闻讯入宫，召请诸大臣议事。下令迎立安成王刘準，是为宋顺帝。萧道成就这样掌握了宋朝内外大权。

司徒袁粲、尚书令刘秉、荆州刺史沈攸之见萧道成权势日大，并且有取代刘宋当皇帝的野心，都暗中策划反对萧道成。这年年底，沈攸之举荆州起兵，东下讨伐萧道成。湘州刺史王蕴因表还都，与袁粲、刘秉密谋诛杀萧道成，将帅黄回等人与其联谋。由于刘秉胆小害怕，提前携家属逃奔袁粲所据石头城，暴露了起事秘密，使萧道成有了充分的准备，双方经过短暂而激烈的战斗，袁粲父子俱死难，起事失败。沈攸之东下讨伐的军队受阻于郢州，后败归荆州。萧道成亲信、雍州刺史张敬儿偷袭并攻占了荆州江陵，沈攸之闻讯自杀。

萧道成平定沈攸之以后，就消除了代宋建齐的最后一个障碍。经过一系列传统的所谓禅代方式后，由宋顺帝下令进萧道成为相国，封齐公，加九锡。然后晋爵封王，形式上由宋顺帝下诏禅位，萧道成假装再三辞让，群臣再三吁请，萧道成终于在昇明三年（479）五月登上皇位，是为高帝，建国号曰齐。南齐建立，建康为都。

萧道成即位前后，杀尽刘宋皇族，以绝后患。萧道成为了缓和国内的阶级矛盾，巩固政权，针对宋末情况，曾减免百姓一些逋租（欠租。逋，bū）宿债（旧债），减轻市税。也曾下令禁断召募部曲，安抚流民还乡，检定黄籍，整顿户口。对于从军征战、未被录用和乡土沦陷的士庶，下令量才任用，并下令修建学校。这一切对当时的政治、经济、文化的发展都具有积极作用，从而给南方带来一段稳定时期。

寒人掌机要

所谓寒人掌机要主要是指君主委任出身寒门的亲信担任中书通事舍人一职，负责掌管奏章和发布诏命等机密要务。这始于宋文帝时期，兴于宋孝武帝时期，盛于宋明帝时期和南齐一代，衰于梁代，亡于陈代。

魏晋以来，门阀士族势力愈益发展，他们担任了一切高官要职。东晋一朝，君权软弱，门阀士族权力轮流掌权。高门大族可凭借其身份特权，平流进取坐至公卿高位，崇尚玄虚，菲薄吏治，并且拥有大量田庄，享受着悠闲舒服的生活，很少留心统治事务，结果实际的吏治均让晓习文法的下吏去办。刘宋王朝建立，君主专制恢复常态，君主为行使强大君权，常需委任亲信人等典掌机要。门阀士族子弟不堪驱使，且也多不为君主信任。君主只得引用寒人掌管中枢实权，于是实际的政权、军权就落到中书通事舍人与制局监的手里。

西晋年间在中书机构内设通事一人，舍人一人，属九品官，职掌并不重要。东晋初，改中书侍郎称通事郎，不久还称中书侍郎，而舍人称通事，合称中书通事舍人，掌呈奏案章。宋初置中书通事舍人四员，舍人直阁（gé）内；下有主事，本武官，宋改用文吏。

宋文帝时任用三吴寒人秋当、周纠为中书通事舍人（掌诏命及呈奏案章等事），参掌机要，但其权力和作用还不甚了了。宋孝武帝刘骏以方镇藩王身份夺取皇位，不相信大臣，揽取许多实际权力，单凭他个人又难以运用那么多权力，不得不任用他特别信任能干的寒人典掌机要，既可避免君权旁落，又能提高行政效率。戴法兴，会稽山阴人。父以贩纻（zhù，苎麻纤维织成的布）为业，法兴少卖葛（表面有花纹的纺织品）。辗转吏职，后为孝武典签。孝武即位，兼中书通事舍人，专管内务，权重当时。鲁郡巢尚之，人士之末。孝建初，兼中书通事舍人。孝武帝凡有重大事务如选官授职、升降官员、诛戮赏罚等，都和巢尚之、戴法兴商量。前废帝未亲政时，国家凡有需要处理的政务，全部由戴法兴决定；凡诏敕施为，行政机关尚书省事务，也由法兴一人决定。当时的录尚书事、废帝叔祖、江夏王刘义恭与尚书左仆射颜师伯只是挂名，不掌实权。所以民间戏称戴法兴为真天子，把小皇帝称作赝天子。明帝刘彧时，阮佃夫，会稽诸暨(jì)人，出身台小吏。后为湘东王世子师，后与吴兴乌程王道隆，临淮李道儿及制局监朱幼、中书通事舍人戴明宝等杀前废帝拥刘彧即帝位，因而深得明帝宠爱。王道隆本为主书书吏，李道儿为学官令，又有宣城怀安杨运长，本为宣城郡吏，四人皆兼中书通事舍人并执权柄，权势仅次于皇帝。连阮佃夫的仆从附隶都授有不该授的官位，给阮佃夫赶车的人官授虎贲中郎将，牵马的人授官员外郎。四人多劝明帝诛杀强臣，剪除藩王，以便自己揽权，对刘宋的灭亡有不可推卸的责任。

南齐继承宋制，也设此官，职掌扩大，不仅掌管表启章奏，发署诏敕，长于文章的还撰写诏文，侵占中书侍郎的职权。舍人四人置四户，其下有主书令史，人数无定额，都是左右要密，掌管国家文簿板籍(登记户口、土地的簿册)。外司领武官，有制局监，领器仗兵役，也用寒人。南齐皇帝对中书通事舍特别信任，齐初多用久劳及亲信。纪僧真，丹阳建康人，出自本县武吏，后长期跟随萧道成，建元时兼中书舍人。纪僧真举止行为，很像士族，齐武帝的几个掌权的亲信中他最得宠。刘系宗，丹阳人，少为侍书。永明中兼中书通事舍人，唐寓之起兵，宿卫兵东讨，武帝遣刘系宗随军慰劳，他跑遍了遭受战祸的郡县，对被迫参与叛乱的老百姓不予追究，还复民伍。武帝常称赞系宗擅长管理国事，抵得上只会读书的沈约、王融等饱学之士好几百人。吕文显，临海人，初为宋孝武帝斡直长，永明中为中书舍人，颇受皇帝信赖。茹法亮，吴兴武康人，出身为小吏，齐武帝时为中书通事舍人。吕文度，会稽人，宋世为细作金银库吏，竹局匠。齐武帝以为制局监，专制兵权，其上司领军将军仅挂名守位而不掌实权。武帝常说公卿中如有像吕文度这样忧国之人，又何忧天下不安宁。法亮，文度都势倾天下，太尉王俭常说自己虽有大位，实际权力却赶不上茹法亮。綦（qí）母珍之，职任舍人，凡所论荐，皇帝萧昭业没有不批准的，当时人说："宁可违背皇帝的命令，不能违背綦母珍之的指示。"可见其权势逼人。会稽人茹法珍，吴兴人梅虫儿，并为齐东昏时制局监，为皇帝亲信，多次参与诛杀大臣，口称诏敕，权势甚至超过皇帝，与中书舍人王㫉（xuǎn）之狼狈为奸，搞得国家混乱不堪，百姓民不聊生，导致齐灭亡。

梁承旧制，中书通事舍人职任还是非常重要。但梁武帝不再以寒人出任，改由较有才干的寒士出任。周石珍本为建康厮隶，世代贩绢为业。后来到梁武帝身边，后迁至宣传左右，因其擅长辞令应酬，官至制局监，投降侯景，为其信赖。

陈代中书通事舍人职掌依旧，限以才干，不问士庶。施文庆以吏门，沈客卿以寒流，先后任中书通事舍人。他们自取身荣，聚敛无厌，不识大体，不存国计。隋军饮马渡江之时，二人还说是边界常事，边将足以抵御，使陈军未能充分准备，最终导致陈代亡国。

这些人出身寒贱，不识大体，虽然一时得其力用，便招权纳贿，无所顾忌。虽然有像戴法兴，遇废帝无道，还很能禁制；也有像杨运长"质木廉正，治身甚清，不事园宅，不受饷遗（馈赠）"，但毕竟是少数，大多乘皇帝亲用他之机谋取私利。这对社会的破坏是灾难性的。戴法兴、戴明宝，收受贿赂，家产都积累值几千两黄金。阮佃夫，大肆贪污受贿，凡经其办事必须重贿才给干，少了就不搭理。他的宅舍园池，宗室亲王都赶不上。妓女数十，艺貌冠绝当时，金玉锦绣的装饰，连宫廷中的宫女都赶不上她们。綦母珍之任舍人时，内外要职和郡丞尉等官，都先谈好价钱而后再奏请皇帝，行贿的纷纷而至，几十天之间家产就值千金之上。吕文度，既受皇帝委任信用，大肆收受钱财，大兴土木、兴建住宅庭院，修筑的土山聚集了许多奇禽怪树，后房妻妾穿的罗绮，王侯都赶不上。茹法亮公然说："何必到外边寻求钱禄，我在这舍人位上一年就收百万以上。"

寒人掌机要是孝武帝以后政治局势迅速恶化的结果，是皇权加强独裁统治必要的强力手段之一。虽然暂时抑制了其他政治力量对皇权的威胁，但又进一步激化了已经十分尖锐的政治矛盾，使整个统治阶级包括掌机要的寒人和皇权本身都遭受巨大破坏。

唐寓之起义

唐寓之起义是发生在 486 年南齐时的一次农民起义。这次起义的直接原因是反对南齐政府的"检定户籍"。

东晋、南朝的户籍问题，由来已久。

西晋灭亡前后，北方南迁的世族和人民，在江南建立了许多侨郡（中国古代一种特殊的行政区划，在原有领土沦陷后在他地建立的侨制机构）、侨县。这些侨郡、侨县的土地和人口不在政府户籍上登记，自然也都免于向政府交租税和服徭役。东晋政府实行"土断法"，把侨寓的人登上户籍，强迫他们向政府负担租税、徭役。364—413 年，东晋政府两次大规模地实行"土断法"，把不少侨郡县裁去。南朝刘宋孝武帝时，继续推行土断法，一次就把雍州所属的三郡十六县，合并成为一郡。到了南齐时，土断法基本上在南方推行了。但是，户籍问题并没有因此得到完全解决。

当时，有一种"黄籍"，是政府掌握的基本户口簿。由于黄籍关系到南齐政府征收赋税、徭役，所以它被齐高帝萧道成称为"民之大纪，国之治端"。"黄籍"上面还详细注明编户祖上的爵位。因而它又是政府定"贵贱""尊卑"，判别世族和平民的依据，所谓"夫简贵贱，辨尊卑者，莫不敢信于黄籍"。但是，南齐时黄籍制度已经非常混乱，有些人偷注爵位，把自己改成"百役不及"的"世族"；有些人户虽存，但黄籍已消；有些人还在，黄籍上却注了"死亡"；有些人明明在家，却写着外出隶役等，名目繁多，不一而足。这些"改注籍状"，破坏黄籍制度的情形，归纳起来可以分为性质完全不同的两类：

（1）、一般非世族地主为了免除对政府承担的租税、徭役和隐庇更多的人户，而篡改黄籍。

（2）、自耕农民为了逃避政府沉重的租税、徭役剥削，不得已而迁徙去来，公违土断；"属役不满，流亡不归"，甚至"宁丧终身，疾病长卧"，这当然也破坏了封建政府的黄籍。

前者是地主和封建政府间，为了争夺对劳动人民的剥削权利，而进行的统治阶级内部的斗争；后者则是农民反抗封建剥削、压迫的阶级斗争。

为了扩大封建政府控制的土地、人口，增加收入，南齐政府从齐高帝时就专门设置了校籍官，严令全面检定"黄籍"。

在检籍过程中，被清理出来的作假的户籍，称为"却籍"。"却籍"的民户要全家补兵，罚充远役。一些官吏借检定户籍贪污作弊，趁机向人民敲诈勒索，发财致富。有钱的就"应却而不却"，没有钱的却"无须却而却"。结果，大受其害的仍然是广大人民。一人被检，十家都受牵连。被却籍的民户终于在唐寓之的领导下起义了。

486年，唐寓之利用会稽太守王敬则去"朝正（正月朝拜皇帝）"的机会，举兵起义。起义军首先攻下了富阳，"三吴却籍者奔之，众至三万"。接着，起义军袭破桐庐，进占钱塘、盐官、诸暨、余杭。唐寓之又派遣一支起义队伍攻陷东阳郡，杀了太守；另一支起义队伍由孙弘率领，攻取山阴，一直打到浦阳江（曹娥江，因东汉少女曹娥入江救父而得此名）。唐寓之攻下钱塘后，便称帝，设置百官，建立了吴政权。

齐武帝急忙派中央亲兵前往镇压。经过激战，唐寓之被俘牺牲，起义军也被残酷地镇压下去了。

萧齐统治者对起义区的人民大肆烧掠，跟随唐寓之起义的"却籍"人民被罚去修筑白下城，一部分人还被发配到淮河一带做戍卒十年。但是，人民反检籍的斗争却没有终止。490年，萧齐政权被迫停止检籍，宣布"却籍无效"，恢复刘宋末年户籍所注原状。唐寓之起义的成果应当是值得肯定的。

梁的建立

南齐建武五年（498），齐明帝病死，临终令太子萧宝卷继皇帝位，是为东昏侯。遗命以徐孝嗣、萧遥光、萧坦之、江祐、江祀、刘暄辅政，被称为六贵。萧宝卷在东宫当太子时，就不好学习治国之道，整日游玩无度，性格内向不爱说话。即位后，不愿接见朝廷大臣，专门亲近左右侍卫和宦官等。举动多失礼仪，父死应当悲痛，但东昏侯每临哭丧时，就称喉咙疼痛。羊阐哭丧十分悲痛，帽子落地，露出光头。东昏侯十分开心，还开玩笑。常想干些离经叛道的事情，辅政江祐坚决不许。萧宝卷十分不满，君臣矛盾日益加深。江祐等六贵密议废帝，在立谁的问题上争缠不休，久议不决。刘暄泄谋，东昏侯先发制人，杀江祐、江祀。从此，东昏侯更肆无忌惮，胡作非为，不理朝政，统治秩序十分混乱。萧遥光起兵废昏君，被萧坦之、曹虎等人平定。不久，萧坦之、刘暄、曹虎等大臣又被东昏侯杀掉。当时朝廷大臣人人自危，都担心飞来横祸。大臣徐孝嗣图谋废帝，久久未能决定。东昏侯又先发制人，杀徐孝嗣、沈文季等人。永元元年（499），江州刺史陈显达举兵浔阳，列举东昏侯的罪恶，东下讨伐，在采石大败朝廷军队，建康震动。继续进军讨伐，逼近首都，袭击宫城，东昏侯军队拼死抵抗，反败为胜，杀陈显达和他的儿子，挫败了陈显达起兵。

东昏侯诛杀陈显达以后，更加骄横，经常出宫游玩又不愿意让人见到。每次出游先让人敲鼓，沿途的人听到鼓声，必须马上逃走，违者立即杀掉。他一个月就出来二十多次，出来时不说去处，东西南北到处游玩。常在三四更时，四面击鼓，火光照红了天，吓得建康居民到处逃奔，把老人和小孩吓得边哭边跑。老百姓不能进行正常的生产活动，孕妇生小孩常被迫去外边生。有一次，东昏侯偶至沈公城，逢孕妇临产不能跑动，东昏侯竟然命人剖腹看是男是女。东昏侯喜好担幢之技（一种杂技），把高七丈五尺的白虎幢放到牙齿上支撑，牙齿折坏了也不厌倦。挑选黄门五六十人为骑客，挑选能跑的无赖追逐马匹。在建康周围设置296个射雉场，帷幢用红绿锦制成，用金银镂（雕刻）弩牙（借指弓弩），瑇（dài，同"玳"）瑁帖箭。

东昏侯给统治集团内部带来深重的危机，彼此怀疑，互不信任，导致互相残杀。永元二年（500），豫州刺史裴叔业知道东昏侯几次诛除大臣，心中十分不安，东昏侯也怀疑他有异志。叔业亲属在朝廷当官，都担心被杀、逃奔寿阳。不久，裴叔业举州投降北魏。东昏侯闻讯命崔慧景率水军讨伐寿阳，崔慧景领兵到半路时，发动兵变讨伐东昏侯，又与广陵守将崔恭祖合兵过江，攻占京口要地，奉江夏王宝玄进军建康，连败朝廷军队，攻克东府、石头（今江苏南京）等地，崔慧景子崔觉与崔恭祖争功、争东宫女伎，致崔恭祖叛降东昏侯，军心动摇。东昏侯又得到豫州萧懿率部增援，崔慧景兵败被杀，东昏侯杀降将崔恭祖，杀其弟萧宝玄等人，东昏侯又赢得了危险的胜利。

十一月，东昏侯杀为其立大功的萧懿，走上了最后灭亡的道路。萧懿的弟弟雍州刺史萧衍闻讯据州起兵，讨伐东昏侯。萧衍是一个具有杰出政治军事才能的人。早在东昏侯即位之初，就判断国家要混乱不堪，就开始在雍州秘密整修武备，招聚骁勇善战之士。密劝其兄萧懿早做准备，萧懿不同意。萧懿入援之初，萧衍派人劝说萧懿在军事成功以后废昏立明，不然也应还镇，万万不可在朝为官。萧懿没听萧衍的建议。萧懿死后，萧衍集合了甲士10000多人，1000多匹马，3000艘船舰起兵，上庸太守韦睿又、华山太守康绚、梁州刺史柳淡等纷纷起兵响应。这时南康王萧宝融为荆州刺史，萧颖胄行府州事，东昏侯派刘山阳率3000人去和颖胄合兵共袭萧衍。萧衍派王天虎到荆州江陵（今湖北江陵）给很多人带去书信，声言刘山阳想袭击荆、雍二州，萧颖胄得到书信很疑惑。萧衍又使离间计挑拨萧颖胄、刘山阳的关系，使刘山阳怀疑萧颖胄，导致萧颖胄计杀刘山阳，传檄京邑，举荆州之兵，声讨东昏侯之罪，荆、雍共讨昏君。萧颖胄派杨公则攻湘州，派邓元起向夏口进军。

永元三年（501）二月，荆州刺史、南康王萧宝融称相国。萧衍率兵东征，留弟萧伟总管雍州，荆州派邓元起带数千人与雍州兵会师于夏首，杨公则举湘州之众会于夏口。义军与朝廷军队僵持于郢州城和鲁山（今湖北武汉一带），同年四月，南康王即皇帝位于江陵，改元中兴，大赦，是为齐和帝。萧颖胄派席阐文慰问萧衍军，并告诉萧衍，出兵不利，已失军机。建议外连北魏，萧衍不同意，坚持原来的方针。雍州刺史张欣泰与弟张欣时密结将军胡松等人图谋废东昏侯，事败被杀。八月，郢州城守将邓茂、薛元嗣据城投降，萧衍终于扫平了东征途中的一大障碍，命令埋葬死尸，安抚生存者。萧衍派军攻取随郡，司州刺史王僧景举司州归附。义军立即顺流而下，进攻寻阳（今江西九江），江州刺史陈伯之犹豫再三后归降。东昏侯上游将领鲁休烈、萧赜大败萧颖达部将任漾之于峡口（今湖北省宜昌市），推进到上明（今湖北枝江东），威震江陵，萧颖胄请萧衍派杨公则率部回援，萧衍不同意。九月，萧衍军抵达芜湖（今安徽芜湖）。东昏侯军2万人弃姑孰逃走，萧衍进据姑孰。萧衍攻克江郢时，东昏侯依旧游玩驰骋，至此聚兵固守。萧衍派曹景宗等人进驻江宁，连败东昏军，萧衍进抵新林，又败东昏军队。十一月，东昏侯派王珍国等率军10万在朱雀航南立阵，派宦官王宝孙督战，开航背水，断绝归路，逼其死战。萧衍军英勇战斗，喊声震天，并纵火烧敌营，东昏军大败。萧衍军长驱直入，抵达宣阳门。东昏将军徐元瑜以东府城投降，青冀二州刺史桓和率部投降，从此，降者相继。萧衍镇石头城，命人马攻取台城。东昏烧门内营署、官府，驱赶居民入宫城，闭门自守。萧衍遣使到京口、广陵、瓜步等，守将都率部投降。萧颖胄病死于荆州，上游东昏将领萧颖等听说建康已被攻破，投降。从此，义军上下全都归心于萧衍。当时宫城内还有7万部队，东昏侯很吝惜钱财，不肯赏赐军队来提高士气。茹法珍叩头请求赏给部队。东昏侯竟说他们又不是只抓我一个人，为啥跟我要东西。有人请求把后堂储备物资用作城防，东昏侯想留着做宫殿用，不给。下属们都十分生气，不再出力卖命。围城时间长了，城中人都想早早逃跑，却无人敢先逃走。茹法珍等人又劝说东昏侯诛除大臣。守将王珍国、张稷担心祸难，就和萧衍取得联系。是年十二月三十一日夜，王珍国、张稷带兵入殿，张齐斩杀东昏侯，结束了这个作恶多端、罪该万死的昏君的性命。台城内送出东昏侯的首级，投降萧衍。萧衍逮捕并诛杀了东昏侯的宠妃潘氏及嬖幸茹法珍、梅虫儿、王日亘之等人。萧衍就这样掌握了齐政权。随后，与沈约、范云密谋商议灭齐当皇帝事宜。经过一系列传统的所谓的禅代方式，由齐和帝下令进萧衍为相国，封为梁公、备九锡之礼，置梁国百司。然后晋爵为王，由齐和帝下诏禅位，萧衍假装再三推让，最后受群臣之请登上皇位，建国号梁，大赦，改元天监。

萧衍受禅前杀齐明帝六子，即位后杀和帝萧宝融，但却宽大对待齐宗室成员，让他们在朝廷内担任大小不等的官职；重赏功臣，对于地主阶级内部的不同阶级和集团，分别实行不同的政策予以拉拢和任用；在农业方面，曾行籍田，以鼓励农民耕作生产，对流移他乡的农民，允许他们回乡，恢复原宅；多次减免租调赋税。这一切都对南方政治、经济、文化的发展起了积极的作用，使南方出现了四十多年的安定局面。

乱世英雄萧衍

建武元年（494）十一月，北魏趁齐朝内讧，大举南侵。建武二年二月，由刘昶、王肃率领的一支北魏军队，到达司州，猛攻义阳郡（今河南信阳附近）。萧鸾命江州刺史王广之率军增援，萧衍为冠军将军、军主，随援军北上，归王广之指挥。途中，大家仿佛看见一个长八尺余、衣肤皆白的神人，高呼："萧王大贵。"当时萧氏皇族封王者甚多，萧衍刚封建阳县男，离王爵还差好大一截，却暗暗高兴，想要建树奇功，以应天命。义阳之战中，萧衍先是夜率精兵，解救了陷在重围中的齐朝大将徐玄庆的人马；再是施离间之计，引起北魏将领刘昶、王肃的不和，趁机纵火夹击，大破敌军。北魏孝文帝听说后，忙致书刘昶、王肃，告诫道："萧衍善用兵，不要与他争锋，等我亲自对付他！"北魏皇帝如此重视萧衍，却令齐朝皇帝起了疑心。萧鸾本来已经委任萧衍为司州刺史，这时，不得不把萧衍调回建康，严加看管起来。

萧衍在建康任太子中庶子，领四厢直，镇守石头城。他知道自己处在萧鸾的监视之下，便韬光养晦，遣散家兵，乘着折角小牛车四处游玩。萧鸾见萧衍似乎胸无大志，才渐渐放宽了心。

建武四年（497）夏天，萧鸾得了重病。一天晚上，萧衍与张弘策醉醺醺地坐在凉席上，仰望星空，谈论国家大事。张弘策问萧衍："你看星象如何？有什么大事要发生？"萧衍答："汉北有失地之象，浙东有急兵之征。今冬北魏将南侵，届时汉北之地尽失；萧鸾久病多疑，人心不安，浙东王敬则必将兴兵，然而无功，由此引起天下大乱，西北边疆当有英雄出现。齐朝的天命，至此而尽。"弘策又问："乱世英雄，究竟是谁？"萧衍得意地笑道："东汉光武帝说得好：'安知非我！'"弘策大喜。

这年十月，北魏孝文帝果然亲率大军攻雍州（今湖北襄阳地区）。雍州刺史曹虎原是萧赜的心腹，不满萧鸾篡位弑君的罪恶行为，几次扬言要率州投降北魏。雍州是齐朝的西北大门，山河形胜，兵马强壮，如果为北魏所得，齐朝的天下将会大大动摇，萧鸾忙派萧衍和右军司马张稷星夜奔赴雍州，许以解围之后，以萧衍为雍州刺史，张弘策兴奋地对萧衍说："夏夜的预言开始应验了。"萧衍摆摆手，笑道："天机不可泄露。"

萧衍、张稷至襄阳，曹虎的官位高于他们二人，互不统属。萧鸾担心引起矛盾，派左民尚书崔慧景总督诸军，第二年（498）三月，崔慧景串联军北上，行至邓城（今河南邓州市），与北魏孝文帝亲率的10万大军突然遭遇。崔慧景惊慌失措，指挥不当，全军大败。萧衍所部被北魏将军宇文福击败，萧衍单骑逃回襄阳。至此，汉北之地尽失。

同一时期，萧鸾由于病越来越重，看到萧道成、萧赜的子孙，尚未被杀的日渐长大，终究是个隐患，便屠刀相向。河东王铉（xuàn）、临贺王子岳、西阳王子文、永阳王子峻、南康王子琳、衡阳王子珉（mín）、湘工王子建、南郡王子夏、桂阳王昭粲、巴陵王昭秀等先后都被杀死。王敬则在浙东心不自安，四月，举兵反，但五月即兵败被杀。

七月，萧鸾死，太子萧宝卷即位，是为东昏侯，改元永元。

萧鸾在死之前夕，想到与萧衍的一段患难之交，下诏正式委任萧衍为雍州刺史。萧鸾原指望萧衍能尽忠辅佐他的儿子，没想到萧衍早就有不臣之心了。

萧衍占据雍州之初，采取的是不慌不忙、坐以待变的态度。他把妻子郗徽及所生三女（萧玉姚、萧玉婉、萧玉嬛）接到襄阳，免得被东昏侯留作人质。郗徽怨自己没能给萧衍生个儿子，劝萧衍在这段时间内娶一房侧室。萧衍欣然同意，便娶一姓丁名令光的女子为妾。丁氏原籍谯国，世居襄阳，萧衍娶她为妾，也就团结了襄阳的部分土著，是一件一举两得的好事。永元元年（499）八月郗氏病死。此后，平静的生活结束了。

原来，东昏侯做皇帝后，吃喝玩乐，不务正业。扬州刺史始安王萧遥光、尚书令徐孝嗣、右仆射江祐、右将军萧坦之、侍中江祀、卫尉刘暄轮番值日，处理朝政，时称"六贵"。萧衍听说后，心中高兴，对张弘策道："一国三公，无所适从。今六贵是朝，必将引起权力之争。大乱一起，机会便来，必须早做安排。做不成皇帝，也得当个周文王。"于是，他一面招贤纳士，征兵买马；一面通知在建康做官的诸弟速来雍州聚会，还派人去益州与做刺史的长兄萧懿商量应变之计。

一些有识之士纷纷投到萧衍麾下，其中最有才干的是吕僧珍。他是萧衍父亲萧顺之官豫州刺史、领军将军时的老部下，初到襄阳，就被萧衍委以中兵参军的重任。他很会钻营（谋划运筹），协助萧衍招收武勇之士万余人，同时私招敢死之士数千人；协助萧衍广伐材竹，沉于襄阳之西的檀溪，储作造船之资，同时私造舟櫓数百张，准备将来兵员工具不够用时，突然献出，以博得萧衍的特别奖赏。

萧衍十兄弟，除长兄萧懿在益州，次兄萧敷、长弟萧畅几年前病死外，二弟萧融、三弟萧宏、四弟萧秀、五弟萧伟、六弟萧恢、七弟萧憺，均在建康做官。他们中间，萧伟和萧憺的胆子最小，听到兄长的召唤，急忙弃官归雍；其余四人，则认为兄长实在多虑，都不愿放弃做京官的机会，仍留在建康。

这时，萧懿刚由益州迁官郢州。萧衍知道萧懿对齐朝十分尽忠，特别委托张弘策亲去郢城（今湖北武昌）劝说萧懿。萧衍在信中写道："主上昏虐，臣下奸邪，互相猜忌，必有大难。我们兄弟如能同心，雍、郢联合，进可以攻，退可以守，废昏立明，易如反掌。"张弘策也反复陈说利害，直到口干舌燥。然而，萧懿一句也听不进去。

不久，六贵果然发生内讧。这时的东昏侯，行为非常乖僻，手段日渐狠毒。萧鸾临死前，曾对东昏侯说："做事不可在人后。"意思是说，凡事先下手为强，后下手遭殃。东昏侯铭记于心。此时，他瞅准机会，抢先下手。不多时，便将六贵杀得一个不剩。继而大诛朝臣，弄得人心惶惶，不知死所。

永元二年（500），豫州刺史裴叔业听说东昏侯诛戮大臣，内心甚惧，派亲信到襄阳见萧衍，询问自安之策。裴叔业在信中说：

"我觉得，留在齐朝，早晚会被杀，不如投降北魏，还可以封个河南公。"萧衍复信答道："小人当政，谋不及远。如果真的相逼，只需率兵二万断建康退路，天下大事，一举可定。投降北魏，东昏必以新人代守豫州。这样，北上本来不可久留，而南归之望又永远断绝了。"萧衍不愿过寄人篱下的生活，但裴叔业的想法不同，没过多久，他便投降北魏去了。东昏侯让萧懿代为豫州刺史。

这年三月，平西将军崔慧景发动叛乱，攻围建康，东昏侯飞书向萧懿求援。四月，萧懿挥师东下，击杀崔慧景，解了建康之危。东昏侯奖励萧懿，特别升他为尚书令。东晋南朝，尚书省是国家最高政务机构，尚书令是尚书省最高长官，相当于宰相。萧懿春风得意，踌躇满志。在建康的诸弟也都兴高采烈，同欢合庆。这时，萧衍却致书萧懿，告诫道："平乱之后，本应有大的封赏。但功高望重，即便逢明君贤主，也难自立。兄长所逢却是昏君暗主，再难免祸。如果愿意借平乱之威信，废昏立明，可建万世之功；不然，还望兄长速还历阳(豫州刺史治所)，以防不虞。一旦放弃兵权，逼留建康，后悔就来不及了！"萧懿认为萧衍纯属危言耸听，哪里听得进去。

东昏侯见崔慧景之乱这么容易就平息下去了，更加无忧无虑，追欢逐乐。宫殿的墙壁上绘满了春宫图画，与亲信反复观赏。把黄金凿成莲花，铺在殿内，让所宠的潘妃在上面行走。东昏侯最爱半夜出游，前呼后拥，鼓乐齐鸣，搅得建康官兵心神不安。为此，萧懿特任萧畅为卫尉，掌管宫门钥匙。东昏侯的行动受到限制，心里很恼火，手下宠臣茹法珍等对萧懿兄弟也极为不满。有人劝萧懿不要坐以待毙，趁早废黜东昏侯及其党羽，萧懿不从。消息传到宫中，东昏侯与茹法珍等马上制定了捕杀萧懿兄弟的方案。宫臣徐曜甫探明情况，急忙准备了一条小船，劝萧懿星夜逃亡襄阳，萧懿却正色道："自古皆有死，岂有叛走的尚书令！"诸弟不愿与长兄同死，但又说服不了长兄，都暗暗着急。永元二年十月，东昏侯终于赐萧懿自尽。萧懿临死前还想尽点愚忠，说："家弟在雍，深为朝廷忧之。"萧融也被捕获处死。萧宏、萧秀、萧恢及叔父萧崇之子，如同丧家之犬，在小巷里东躲西藏。萧懿的好友，领军长史徐勉，最后实在看不下去，便冒险把他们全部藏在自己家里。

噩耗传到襄阳，萧衍不得不提前采取行动。

梁武帝崇佛

梁武帝萧衍在位期间（502—549），采取种种形式和手段倡导佛教，抬高佛教的地位，梁武帝迷信佛教可说是达到愚蠢之至、疯狂已极的地步。萧衍是虔诚狂热的佛教徒，执着地追求出世的解脱和幸福，同时又是博学多艺的学者，始终高居皇帝宝座、贪婪人世间的权位和尊荣，这在古代帝王中是极为少见的。

梁武帝本出于道教世家，兼习儒教，由于长期受崇佛社会风气的影响，转为信奉佛教。在当皇帝的第三年，正式宣布舍道归佛，亲率僧俗两万人在重云殿，亲制《舍道事佛文》发愿信奉佛教，带头示范，并要求王公贵戚、平民百姓都信仰佛教，使佛教几乎取得了国教的地位。

梁武帝命令修建很多宏伟壮观的大寺院，如大爱敬、新林、智度、法王、同泰、仙窟、光宅、解脱、开善等寺院，奉送结寺院大量的土地，给寺院许多特权，允许他们供养数以千计的僧尼。

梁武帝还大造金、银、铜、石佛像。为了表示自己的虔诚，他下令铸造的佛像都消耗了大量的人力和物力。如同泰寺的十方金铜像、十方银像，光宅寺的丈八弥陀铜像，爱敬寺的丈八旃檀（zhān tán，一种古老而又神秘的珍稀树种，有"香料之王"之美誉）像、铜像等。就是这样梁武帝还频繁地做斋举行斋会，如水陆大斋、"四部"无遮大会、盂兰盆斋、无碍法善会，经常有数万人参加。梁武帝亲自讲经说法，为僧俗讲说《大般若涅槃（niè pán）经》《金字三慧经》等，宣扬佛教思想。由于梁武帝的特殊身份，其宣传影响是很大的。上行则下效，寺院纷纷建立，仅建康一地佛寺就达五百多所，僧尼十余万人，造像做斋会弥漫成风，迷信佛教的空气弥漫人间。

大通元年（527），梁武帝到同泰寺舍身（佛教徒为宣扬佛法，或为布施寺院，自作苦行），表示要出家当和尚，过了四天才回宫。大通三年（529）他又去舍身，群臣出钱二亿，才从同泰寺把他赎出来。大同十二年（546），他又去舍身，宣称把宫人以及全国都舍了，群臣又出钱二亿才算把他赎回来。中大同二年（547），他再一次去舍身，这一次竟多至三十七天，群臣又出钱一亿赎回他这个皇帝菩萨。在他赎身回宫那一天夜里，同泰寺的塔被烧毁。他宣称，这是魔鬼干的事，要做更广泛的法事来压制魔鬼。下诏称魔高一尺，道应高一丈，新造的塔要比旧塔高一倍才行。结果他下令大兴土木，役使大量民众，造十二层高塔，塔还没完工，就被侯景拘禁起来，不久就被饿死了。梁武帝这种惊人的表演，是为了表示其信佛的虔诚，壮大佛教的声势，扩大佛教的影响，抬高佛教的地位，让群臣用大量钱财赎回他，充实他喜爱的佛教的寺院经济，当然其舍身还有一些政治性的背景和原因。

梁武帝十分重视戒律，曾亲到无碍殿受佛戒，法名冠达，任命僧正，编定戒律，分发境内，命令执行，俨然以世间大教主自居。亲作《断酒肉文》，反复强调禁断肉食的必要性，以皇帝菩萨的身份劝导和严令僧徒执行，改变了佛教入中国后僧徒食三净肉的习惯，对佛教徒的生活影响很大。

梁武帝既然卖力宣扬佛教有神论，自然要竭力反对无神论。思想家范缜（zhěn）在齐代撰写了《神灭论》，否定佛教的因果报应说，王琰等人曾与之往复论难，梁武帝即位后一方面对之施加压力，令其改变态度，让大僧正法云出面，组织名流学士、王公朝贵六十多人对范缜进行围攻。

梁武帝十分重视佛经翻译，建梁不久，就命在梁的扶南沙门曼陀罗，僧伽提婆翻译佛经。后来又盛情邀请著名佛经翻译家真谛东来译经，译出许多经论，其中《摄大乘论》对中国佛教思想的发展有较大的贡献。

梁武帝博览群书，勤于著述，撰写了大量佛教著作，计有《发般若经题论文并问答》几卷、《大品注解》五十卷、《制旨大涅槃经讲疏》一卷、《三慧经讲疏》《净名经义记》《制旨大集经讲疏》十六卷，还有《金刚般若忏文》《立神明成佛性义记》等重要论文。梁武帝三次组织人编辑佛经目录，其中由僧祐撰写的《出三藏记集》最为完善。

梁武帝对佛教学说的一个重要创造就是三教同源说，说儒教和道教都源于佛教，把佛教列为最高，喻作黑色的月亮，把儒道列为次等，喻作众量，以佛为主，把三者结合起来，理论上互相贯通、实践上互相补充。梁武帝对佛学理论的贡献还在于他提出真神佛性论。

梁武帝由于迷信佛教，以不食鱼肉、断绝房事来标榜自己的清心寡欲、简朴节俭，每当杀人时总要涕泣以示怜悯众生的慈爱之心。由布衣登上皇位，这种地位的变化，使他滋长贪婪、增加幻想，想变为佛国菩萨，当时臣子上书都称其为"皇帝菩萨"，他制造对佛教的迷信，正是为臣属制造对他个人的迷信。梁武帝信奉佛教，可以说达到愚蠢之至、疯狂已极的地步，增添了他的愚昧和腐朽，其早年所具有的敏锐政治军事判断力日益减弱，到其末年"侯景之乱"时，更是完全丧失了应付危局的能力。在叛军围困都城时，仍斋戒不断，死时卧净居殿，以身殉教。

梁武帝奉行佛教是为了有助于实行儒家的"笃孝之治"，实质上是一种统治术，梁武帝建梁后，境内的统治不是很稳固，阶级矛盾始终是尖锐的，梁代四十余年间，农民自发的反抗斗争此起彼伏，用佛教的因果报应的一套说法麻醉农民，让他们安分守己，从而达到治国目的。

由于梁武帝的提倡、支持，佛教寺庙空前增多，僧尼人数增多，佛教盛极一时，而由此带来的后果是灾难性的，很多僧尼资产丰沃。沙门和尚收养白徒（佛教对俗人的称呼，僧衣黑色，故称俗人为"白徒"），尼姑就都收抚养女，都不入国家户口，不算编户齐民。全国的户口，流失了将近一半。而僧尼多干非法之事，还不受法律制裁，尼姑的养女都穿着精美的衣服，既伤风俗，又不合法。人们仰慕佛教，家家斋戒，人人礼拜忏悔，不勤于务农植桑，奢谈虚无缥缈的彼岸世界。商业转而发达了，游手好闲的人也增多了，耕地的农民却一天天减少了，织布的妇女也减少了。这都严重地影响了社会生产，加重了人民负担，败坏社会风气，大大削弱了梁国的物质力量、精神力量，加剧了社会矛盾，加速了梁王朝的崩溃。梁武帝提倡佛教是为了巩固统治，但佛教的过度发展也成为梁王朝崩溃的重要因素。

梁魏中原争夺战

梁中大通二年、北魏永安二年四月，魏郢州（今河南信阳市）刺史元显达向梁投降，梁帝命其郢州刺史元树，将军夏侯夔率军迎降。梁随即将魏郢州改称北司州，以夏侯夔为刺史，至此，魏梁争夺多年的战略重镇义阳及其周围地区尽入梁地。夏侯夔继之率军进攻魏毛城，威逼新蔡（今河南新蔡）。与此同时，梁豫州刺史夏侯夔也兵围南顿（今河南项城西南），再攻陈项，魏行台源子恭率兵迎击。不久，魏汝南王元悦、东道行台临淮王元彧、北海王元颢、北青州刺史元世偶、南荆州刺史李志等皆向梁投降。五月，梁将曹义宗兵围魏荆州（今河南邓州市），不克。梁军以堰蓄水灌城，只差数板未全部淹没。此时，魏内乱日益加剧，无力相救，城中粮食将尽，刺史王罴与士卒煮粥分食，每次出战，不披甲胄，对天高呼天若不祜（hù，受天之福）国家，令箭中王罴额，如此历经三年，大小战斗无数次，王罴仍安全无恙、率众坚持战斗。不久，魏以中军将军费穆都督南征诸军事，率兵解救荆州。十月，魏行台尚书左仆射于晖等率军数十万，进击叛将羊侃于瑕丘（今山东兖州东北），魏军收复泰山。

元颢投梁之后，被梁封为魏王，不久，袭占了魏之铚城（今安徽宿县西南。铚，zhì），并屯兵于此。梁中大通元年、北魏永安二年四月，元颢与梁将陈庆之乘虚自铚城攻拔魏之荥阳，遂进至梁国（今河南商丘南）。魏将丘大干拥众七万，分筑九域以拒之。陈庆之经过激战，攻拔丘大干三垒，丘大干向梁军投降。魏见元颢有西进之势，于当年五月，以东南道大都督杨昱、西阿王元庆、抚军将军元显恭、镇守荥阳（今河南荥阳东北），尚书仆射尔朱世隆镇于虎牢（今荥阳西北汜水镇），侍中尔朱世承防守𪩘岅关（今河南登封东南𪩘岭上。𪩘，è），以屏障京师洛阳东方的安全。五月十七日，元颢攻占梁国。随即以陈庆之为卫将军、徐州刺史，率兵西进，兵至荥阳，为杨昱七万守军所阻，荥阳兵精城坚，元颢军无法攻克。元颢派人游说杨昱投降，遭杨昱拒绝，旋即，魏将元天穆与骠骑将军朱尔荣率大军先后进至荥阳，梁军士

卒惊恐。陈庆之则鼓动众人说："我们到此攻城略地众多，大家杀人父兄、劫人子女无数，元天穆的部众，都是我们的仇敌，我军只有7000，敌众30余万，今日必须以必死的决心才能图存。而敌骑兵众多，长于野战，我应于敌大军尚未及集之前，即攻占荥阳，以据城而守，如若畏缩不前，将自取灭亡。"于是，士众拼死力战，经5天搏斗，终于攻占了荥阳，生俘杨昱。将魏军将领37人统统斩首，挖心而食，唯以杨昱是忠臣而免死。不久，元天穆等率军围攻荥阳，陈庆之率精骑3000，将其击败，元天穆等逃走，陈庆之随即进攻险关虎牢。虎牢守将魏右仆射尔未世隆、西荆州刺史王罴率骑兵1万，不敢与陈庆之数千之众交战，弃城而逃，陈庆之顺利攻占虎牢关。元颢军节节取胜，威逼洛阳，魏帝元子攸此时欲迁都长安，但长安已经残破，于是中书舍人高道穆向元子攸进谏说："元颢部队数量有限，乘虚而入中原，主要是由于我将帅无能，陛下如能率宿卫部队，以重赏招募精勇，背城一战，臣等竭尽死力，定能击败元颢。如若顾虑难以取胜，不如渡过黄河北上，征召大将军元天穆、大丞相尔朱荣。令其会兵合击，少则十日，多则一月，定可成功。"魏主决定北走，五月二十三日放弃洛阳，渡河至河内郡（郡治在今河南沁阳）。元颢顺利进入洛阳。

元颢虽占据了洛阳，但北魏的州郡仍很强大，此时元颢的后军都督侯暄屯兵于睢阳，魏行台崔孝芬、大都督刁宣率军急攻睢阳，将侯暄击败斩杀；魏上党王元天穆率兵四万攻拔了大梁（今河南开封北）；将军费穆率兵两万进击虎牢。但不久，元天穆惧怕陈庆之，率兵渡河北走，费穆降于陈庆之，陈庆之复夺回大梁、梁国。至此，陈庆之以7000之众，争夺中原，击破魏几十万大军，交战 47 次，夺城 32 座，可见其军气势之锐。

六月初二，魏主命大丞相尔朱荣率军南下，兵至黄河岸边，与元颢军隔河相对。六月十九日夜，尔朱荣命车骑将军尔朱兆和大都督贺拔胜利用木筏从硖石（今河南孟津西。硖，xiá）偷渡黄河成功，随即奇袭元颢之子领军将军元冠受，将元冠受擒获。元延明的部众得知此讯，纷纷溃散，元颢不知所措，率其左右数百骑向南逃窜，后来逃至临颍（今河南临颍西北），为士卒所杀。陈庆之收集步骑兵数千人，结阵东退。元颢、陈庆之所占诸城邑，又皆归降于魏，尔朱荣急追陈庆之军，陈庆之军死伤殆尽，陈庆之剔去鬓发伪装成和尚，抄小路潜回建康，梁争夺中原最终失败。

北魏统一北方

北魏建立政权之后，多次发动对外战争。拓跋珪在称帝前后，平定了内部分裂势力的叛乱，又征服了匈奴别部刘库仁、刘卫辰两部，同时在盛乐息众课田。在五原到稠阳一带（今河套地区），进行屯田。封建经济得到迅速发展。拓跋珪向西进行征服，每次都掠夺到大量人口和数以十万、百万计的牛、羊、马等牲畜。拓跋部在对外掠夺中迅速强盛起来。魏登国十年（395）参合之战中魏打败后燕慕容宝获"器甲辎重军资杂财十余万计"。拓跋珪乘胜长驱直下，尽有山西、河北之地，接着占领整个关东地区。到拓跋焘（太武帝）时，北方仅存的政权只有西秦、北燕、夏和北凉。魏神麚（jiā）四年（431）夏灭西秦、魏灭夏，魏太延二年（436）魏灭北燕，太延五年（439）魏灭北凉，完全统一北方，与南方的刘宋政权形成南北对峙局面。

均田制与三长制

　　均田制是产生于北魏中期的一种封建土地制度，由北魏始，历经北齐、北周、隋，至唐中叶被废弃，实行了近三百年，在中国封建社会土地制度史上占有重要地位。

　　北魏初年，道武帝既定中山后，迁徙山东六州的民吏与徒何、高丽、杂夷等少数民族共三十六万人，还有手工业者十余万口，安置在平城附近，随后又下诏"给内徙新民耕牛，计口受田"。明元帝拓跋嗣时，击破勤倍泥部落，又迁徙其二万余家至大宁（今河北省怀安县东），实行"计口受田"。"置新民于大宁川，给农器，计口受田"。这种给内徙之民一定土地、耕牛和农器，强制其从事农业生产的制度，就是"计口受田"制，它的实质是按人口分配土地。随着北魏版图的拓展，这种制度的实行范围也由京畿向外逐渐扩大，这种制度本身也发生了一些变化，到景穆帝拓跋晃时，各农户家庭成员和所种地的数量，皆令官府登记在簿。又令各农户在各自地首立石标题姓名，以便官府督察。北魏统一北方之后，农业成为最主要的经济部门，其政治、财政、社会秩序诸方面的状况皆与农业经济联系起来，迫使北魏王朝不断调整政策，以适应中原的封建生产方式。太和元年（477），冯太后听政，曾下劝农诏："一夫制治田四十亩，中男（未成丁的男子）二十亩，无令人有余力，地有遗利。"就是为适应新情况而制定的新政策，既规定有占田数量，又扩大了"计口受田"的范围。

　　实行均田制，也是北魏王朝扩大国家编户齐民的需要，西晋末年以来，一些固守本土的豪强地主把同族或当地人武装起来，以保护地方安宁和自己的利益，各地都出现了"坞壁"的组织形式。拓跋部入主中原后，认可了这种地方组织的合法性，并以宗主督护的形式向农民征收赋税。豪强地主依靠宗主督护的特权，大量划分农户，集数十家为一户，缴纳一户的赋税，大大减少了政府的收入，政府曾多次"检括户口"，但仍不能较彻底地解决问题，使农民摆脱豪强地主的束缚。

实行均田制，也有利于缓和日益尖锐的阶级矛盾和民族矛盾。北魏建国以来，拓跋军事贵族与汉族地主争相兼并土地，"富强者并兼山泽，贫弱者望绝一廛（chán，古代城市平民的房地）"，广大人民"贸易田宅、质卖妻子，呻吟道路，不可忍闻"，导致武装反抗和起义屡屡发生。因此满足贫苦无地农民对土地的需求，也是缓和阶级矛盾尖锐化的重要经济手段。北魏政府当时控制着大量荒田，军事行政力量强大，具有强制推行的能力，凡此种种，又构成实行均田制的客观条件。

北魏太和九年（485），给事中李安世上书冯太后与孝文帝，建议均田。这年十月，北魏政府正式颁布均田令，并下诏派遣使者巡行州郡，"与牧守均给天下之田"。

均田令规定：男子年十五以上受露田（不栽树的田）四十亩，妇女二十亩。畜奴之家，奴婢受田数量与常人相等。有牛之家，牛一头，可受田三十亩，以四牛为限。所授之田，以便轮种，据土地肥瘠，露田加一倍或加二倍授给。凡民到缴纳课税年龄就可受田，到年老免缴课税的年龄或死亡者，则需将田还给政府。牛和奴婢所受之田，随时随其数量增减决定受田或还田。

初次受田者，男子一人另给桑田二十亩，须种桑树五十株，枣树五株，榆树三株。不适宜种桑树的地区，每人只给田一亩，种枣树五株和榆树三株。奴隶受桑田数与常人同。所授桑田，限定三年种毕，三年种不完者，收回剩余空地。规定应归之田，不得种桑树和其他树木，种者以违令论处，收回土地重新分配。

在适宜种麻织布的地区，男子到课税之年，另给麻田十亩，妇人给五亩，奴婢与常人同，这些田与露田相同，有还田、受田的规定。

举家都是老幼或残废者、体弱多病者，其中年十一以上和体弱多病者，以正常男子受田数量的一半授给。年过七十者，不还所受之田。寡妇不嫁者，以妇女应得田数量授给，免除其课税。

诸民有新迁居者，三口人给地一亩，作为居室之地。奴婢五口给田一亩。因其地分，每人必须种菜地二分。

受田或还田手续，只在正月办理。

诸桑田都属世业，代代相传，身死不还。盈者可以出卖多余之田，不足者可以按规定数量买地补足，但分配给的桑田不许出卖，不足者所买地也不能超过规定数量。

土广民稀之处，允许任力垦播，官府尽力帮助。地狭民稠之处，有添丁增口而其家不乐意迁往土广民稀之处者，则以其家的桑田作为露田分给新丁。还不足者，不授给倍田，又不足者，分减其家人田以补之。愿意迁徙者可随意迁往空荒之地，不限于异州他郡，但不允许避劳就逸，由土广人稀处徙往地少人稠处。其地足之处，不得无故迁徙。

犯罪流配远方者，或无子孙户绝者，其田收回为公田，以供重新分配。重新分配的次序是，先满足其亲戚，由近而远。

地方官吏在所在地授给公田，刺史十五顷，太守十顷，治中别驾各八顷，县令、郡丞六顷。官吏之田，离职时留交下任，卖者以触犯刑律论处。

均田制颁行后，北魏政府又于次年颁布了与均田制密切相关的三长制和新租调制。

北魏初期无乡党之制，基层地方行政组织即宗主督护制。自耕农依附于宗主名下，成为荫附民。荫附民没有官役，但是所受豪强剥削，要数倍于公赋。为与豪强争夺自耕农，进一步推行均田制，太和十年（486），给事中李冲上书建议，应依据古代乡党制，五家立一邻长，五邻立一里长，五里立一党长；邻长、里长、党长三长皆从地方豪强中选拔。邻长免除其家一人徭役，里长免除其家二人徭役，党长免除其家三人徭役。长的职责是检查户口，管理均田农民，征发租调力役。三长三年无过错，提升一级。

同时李冲又建议实行新租调制。均田制实行以前，北魏的租调制是"九品混通"的租调制，每户每年缴纳租调是，帛二匹，絮二斤，丝一斤，粟二十石。另交纳帛一匹二丈，归藏州库，"以供调外之费"。常赋之外，有时还有杂调，横调等，非常苛重。太和八年（484），因颁发百官俸禄，每户又增收帛三匹，粟二石九斗，还将调外帛增为二匹。李冲建议实行的新租调制与旧租调制大不相同，其内容是：每年一夫一妇交纳帛一匹、粟二石。年十五以上而未婚嫁者，四人出一夫一妇之帛粟，从事耕织的奴婢，八人出一夫一妇之帛粟。耕牛二十头，也出一夫一妇之帛粟。其麻布之乡，一夫一妇每年交纳布一匹，此外年十五未婚嫁者、牛、奴婢交纳的布，比例与上相等。百姓所交纳的布帛，政府把十分之二作为调外费，十分之三作为内外百官俸禄，此外十分之五作为杂调。另外民年八十以上者，免除一子的徭役。孤独、癃（lóng，年老衰弱多病）老、笃疾、贫穷不能自存者，由三长合力供养。

李冲的方案出来后，冯太后与孝文帝召集百官讨论，众大臣意见不一，中书令郑羲、秘书高祐等人认为此方案"言似可用，事实难行"。郑羲还说："不信臣言，但试行之，事败之后，当知愚言之不谬。"太尉拓跋丕却支持这个方案，认为如推行三长制和新租调制，于公于私皆有益。以著作郎傅思益为首的许多人持另一种意见，他们认为九品差调之制，实行已久，"一旦改法，恐成扰乱"。冯太后坚决支持李冲的提案，指出有"课调有常准，苞荫户可出，侥幸之人可止"三大好处，由是定议实行。推行三长制和新租调制之初，百姓均嫌麻烦，豪强者尤其不情愿。但这套制度实行不久后，发现承担的赋税徭役比从前大为减省，又都反过来称赞此制度好。

均田制、三长制、新租调制实行之后，政府控制的编户齐民比过去猛增，至北魏正光年间（520—524），北魏的户口数达到五百余万，比西晋太康年间的两倍还多。户口数量的增长，相应引起政府财政收入的增长，因此到孝文帝迁都洛阳后，才有了库藏盈满的现象。同时三长制的出现，又健全了地方行政组织，完善了北魏的中央集权制度，保证了北魏的统治和各项政策法令的实施。尤其是此三制的实行，在一定程度上缓和了激烈的民族矛盾和阶级矛盾，使许多拓跋部人也变成均田户，这对发展社会生产力和加速拓跋魏的封建化来讲，显然都起到了积极作用。

孝文帝迁都和改革

孝文帝名拓跋宏，也叫元宏，是北魏的皇帝之一。其父魏献文帝拓跋弘是个不热衷功名利禄之人，他虽年轻，倒也治国有方。

但冯太后是个野心勃勃的女人，她虽还政给献文帝，却遇事总插言，说话算数，实际上操纵着朝政，献文帝郁郁寡欢，所以他仅当了6年皇帝17岁时就把皇位"禅让"给了5岁的儿子拓跋宏，自己以太上皇的身份，总理国家大政，历代"太上皇"之名便由此而来。

471年，孝文帝即位，仍由其祖母冯太后临朝执政。冯太后虽然生活放荡，但不可否认她是一个很有才能的政治家。在她主持下，北魏进行了一系列改革，挽救了国力衰微的局势。冯太后死后，孝文帝亲政，他勤于政事，无论大小事情，他都躬亲必问，不知疲倦。他做事公平，奖罚分明，对臣子很宽容大度。吃饭时，一个进食子一不留神，将滚烫的汤羹泼洒在他手上，那个进食子吓得连忙跪地乞求恕罪，孝文帝一边吹着烫伤的手，一边含笑挥手让进食子起来。

魏孝文帝酷爱读书，常常书不离手。他饱读诗书，十分喜欢与臣下谈论庄子和老子的文章，尤其擅长诠释词义：文章也写得好，常常一蹴而就，素有"大手笔"之称。自486年以后的北魏诏册，均出自孝文帝之手。

孝文帝之前，北魏官吏一律不给俸禄，结果许多地方官吏向百姓索取贿赂，搜刮民财，私吞公款。针对这种情况，孝文帝于484年六月，下决心实行俸禄制，同时制定了相关法律，对于贪官污吏严惩不贷。他先后处死四十多个贪官污吏，受到百姓的称赞。从此，北魏的吏治出现了新局面。

孝文帝十分爱惜人才，改革中，他多次下诏广纳贤才，并能量才录用，对于这些人的建议，他总是虚心听取。

485年十一月，孝文帝和冯太后采纳了谋士李世安的建议，实行均田制，即男子十五岁以上受露田（只种谷物的田）四十亩，妇女二十亩，一夫一妻共受六十亩。男子还受桑田二十亩，用以种桑、枣树等。露田不得买卖，死后归还官府，桑田是世业，可传子孙，也可买卖其中一部分，奴婢受田与良人相同。一头牛也可受田三十亩。

487 年二月，他又接受内秘书令李冲的建议，创立"三长制"，代替原来的以宗族为单位的宗主督评判。三长制规定：五户为一邻、设一邻长；五邻为里，设一里长；五里为党，设一党长。"三长"本身可兑官役。

488 年，孝文帝采纳了李彪的建议，立农官。同时，孝文帝又调整了租调制度，减轻了农民负担，调动了农民的积极性。

490 年九月，冯太后驾崩。孝文帝亲政后第一件大事，就是迁都洛阳。但鲜卑贵族大都反对迁都。为了达到迁都目的，493 年，孝文帝以南伐为名，率大军 20 万南下洛阳，其实他南征是假，迁都是真。到洛阳后，他佯装继续南伐，群臣们纷纷跪倒在马前，劝阻他不要再南伐了。他乘机说道："这次南征兴师动众，怎可无劳而归，不南征，就迁都。"无奈，群臣只好同意迁都。

迁都后，孝文帝又进行了一系列改革，改官制、禁胡服、断北语；改姓氏、定族姓，大力推行汉化政策。他首先带头把拓跋氏改为元氏，还娶了汉族大姓女为后。这些措施有力地促进了北方社会经济的发展和民族的融合，对于我国这个多民族国家的形成和发展做出了积极贡献。

499 年四月，孝文帝在南伐途中病死，时年 33 岁。

三省制的形成

汉建安十九年（215），曹操为魏公，置秘书监"典尚书奏事"。三国魏黄初元年（220），曹丕代汉称帝，改秘书监为中书省。从此，中书省与秦汉以来形成的尚书、门下同为中枢机构，这就是隋唐三省制的雏形。

中书省长官为中书监、中书令（同三品）各一人，属官有中书侍郎（五品）四人和中书舍人（七品）等。中书省是决策中枢的机构之一，主官尚书进呈皇帝的章奏等文书，代皇帝草拟诏命。门下省之称始于西晋，东汉为侍中寺，长官是侍中（三品）四人，属官有给事黄门侍郎（五品）四人和门下舍人（七品）等。与门下职权相近的散骑官名义上亦隶属于门下省，长官散骑常侍（三品）四人，属官有散骑侍郎（五品）四人，又有通直散骑常侍、通直散骑侍郎、员外散骑常侍、员外散骑侍郎等员。门下省也是决策中枢的机构，以充任皇帝顾问、审阅尚书呈奏文书和复阅待发诏书等形式参与决策。尚书省之称亦始于西晋，东汉以来称尚书台，长官为尚书令，副长官为尚书仆射（或左、右仆射），下设尚书五至六人（总数八人，称"八座"，同为三品），分管吏部、五兵、度支、左民和客曹。尚书令、仆的属官有左丞、右丞（六品）各一人；诸尚书的属官有尚书郎（六品）三十四人及诸曹典事（八品）、尚书令史（九品）等。尚书省是行政中枢，全部章奏文书经它呈送，呈送前提出处理建议；皇帝诏令经它颁发，颁发时制定实施办法。三省的事务围绕纳奏出令运转，共同完成由决策到施行的程序。

魏晋南北朝时期三省机构尚未确定,各省官吏的员数与官品历朝都有变化,尚书诸曹的设置也稍有不同,南朝无客曹,增都官;北朝无客曹、左民,增殿中、都官、仪曹(又称祠部)。而各省地位的高低、作用变化更大。

魏晋中书省权力最大,"内握权柄""号为专任"。曹魏中书监刘放、中书令孙资任职二三十年,深受皇帝信任,军国大政无不参与。西晋中书监荀勖(xù)在位二十四年,升任尚书令,"勖久在中书,专管机事,及失之,甚罔罔(心神不定)怅恨"。有人去表示祝贺,他说:"夺去我的凤凰池,诸君来祝贺我呀!"张华任中书监,"遂尽忠匡辅,弥缝补阙,虽当暗主虐后之朝,而海内晏然(安宁、安定),华之功也"。东晋皇权衰微,执政的权臣多兼任中书监、令,以控制皇帝,专制朝政。

南朝中书监、令之职虽然"清贵华重",都由宗室亲王或门阀士族担任,实际上清闲无事。皇帝为加强集权,专用出身卑微的寒人任中书舍人,执掌机要。中书舍人本掌呈奏,接近皇帝,皇帝因其身份,易于控制,便用他们参与决策。宋、齐间中书舍人的地位扶摇直上,手握重权,势倾天下。齐称"舍人省",俨然为新中枢。梁、陈舍人省规模庞大,中书舍人五人,领主事十人,书吏二百人;书吏不足,另置助书;分为二十一局,与尚书二十一个部门对应,实行对口领导。

北朝门下省最为重要。北魏孝文帝在决策军国大政时,主要依靠侍中、给事黄门侍郎。孝文以后,移中书事于门下省,进一步扩大门下省的权限,既审阅章奏、复审诏令,又兼草拟诏书,因而执政者必居侍中之职,如于忠"既居门下,又总禁卫,遂秉朝政,权倾一时""诏命生杀,皆出于忠"。侍中元又"专综机要,巨细决之"。北齐或称门下省为"内省"，入内省者典掌机密，参与决策，如祖珽为侍中，入内省，左丞相斛律光甚恨之，常对诸将说："盲人（指祖珽）入掌机密以来，一点也不听我们的意见。"韩凤兼侍中，"入内省，典机密"。

尚书省主持日常政务，拥有政治、经济、军事、文化等全面的行政职能。一般来说，自下而上的决策是由尚书省提出建议的，但自上而下的决策则与尚书省无关，尚书省唯奉诏执行而已。魏晋以后，朝议废弛，尚书官吏不得当面奏事，与皇帝的关系疏远，故尚书省不能不受制于中书、门下。东晋门阀士族日益腐化，尚书令、仆、丞、郎崇尚玄虚，鄙薄实际政务。南朝此风弥盛，尚书事务成于都令史、令史之手。北朝尚书省集体议政制度化，有八座议事、尚书博议等形式，尤其是尚书、门下和其他机构官吏合议制的出现，对隋唐影响尤大。

西魏恭帝三年（556），执政宇文泰改革官制，废除三省、寺卿，仿效《周礼》建立"六宫"，即天官府、地官府、春官府、夏官府、秋官府和冬官府。名称虽改，但在西魏及后来的北周起作用的实际上仍然是魏晋以来形成的三省机制。隋开皇元年（581），刚刚即帝位的隋文帝杨坚立即废六品，实行三省制。